8 Practical Lessons
of Building
Training System

培训体系建设的

8节实战课

邓玉金 著

中国法制出版社
CHINA LEGAL PUBLISHING HOUSE

　　卓有成效的个人学习是从学校毕业之后真正开始的，而对个人学习最具推动力的就是企业组织的学习培训项目。个体发展的天花板是从个人对自己的成就感到满足，并享受生活开始。同样，一家企业的天花板是从企业老板或者高管团队对其所取得的成就感到满足，并停止学习开始。在个人成长的过程中，有些人会在小学、初中、高中、大学、研究生的不同阶段停止求学，而他们的能力水平也就停止在那个停止求学的阶段，并享受那个水平的生活。所以，毕业后还在坚持学习的人员成就会更高。

　　2004年，笔者曾在一家民营企业工作。该企业的总经理的目标是，个人收入达到2000万元就开始享受生活。2005年，总经理的收入超过了2000万元，于是他转让公司股权，开始享受生活。2020年，我们见了一面，他又开始折腾了，不过现在的市场形势已经变了，他的理念不再适用于当下的社会生态了。企业老板的格局决定企业的格局，老板的天花板在哪里，企业的天花板就在哪里。

　　所以，企业无论大小，都需要学习。世界500强企业中流传着这样一条知识折旧定律："一年不学习，你所拥有的知识就会折旧80%。你今天不懂的东西，到明天早上就过时了。现在有关这个世界的绝大多数观念，也许不到两年的时间，将成为永远的过去。"哪怕是学习速度比竞争对手慢了，都有可能会被淘汰。

　　有统计数据显示：日本企业平均寿命12.5年，美国企业平均寿命8.2年，中国企业平均寿命只有3.9年，而中国的中小企业的平均寿命更短，只有2.5

年。企业的生命本来就不长，如果不通过学习来续命，创业者的经营预期想要达成就只有靠缘分了！

本书基于笔者20多年的人力资源管理工作实践和10多年的授课经验，目的是为广大的国内企业老板和学习管理部门提供一个简单、实操、落地的培训管理体系建设逻辑，可以让大家少走弯路。企业培训组织是一个战略活动，源于公司的业务战略。而很多学习管理者连一般的培训活动都很难搞定，让他们站在公司战略的高度来组织管理学习项目，那更是难上加难。本书所提供的思路简单易行，读者参考此书会快速上手。

笔者写书的套路是：

- 工作中是这样做的，还比较顺畅。
- 课程中是这样讲的，还比较实战。
- 视频中是这样录的，还比较风趣幽默。
- 书也是这样写的，争取比较好看。

本书总共分为8节课：

第一节课：人力资源管理的实战模型

本节课介绍了人力资源管理的逻辑模型和人力资源的管理模型。人力资源管理的逻辑模型可以归纳为一句话：人力资源管理的所有工作都是从业务派生出来的。人力资源的管理模型的核心内容：人力资源职能战略的展开逻辑、人力资源各模块的推导关系。本节课同时还介绍了企业管控的3种模式和人力资源管控对应的3种模式。

第二节课：培训体系建设的关键点解析

培训体系是企业培训工作的依据，是培训效果的有力保障。本节课主要介绍企业培训发展的3个阶段特点，介绍企业培训的直接目的和战略目的。有针对性地介绍培训体系建设的6个关键点，并对各个关键点的注意事项作了解析。同时介绍了设计培训体系的4个步骤。

第三节课：培训模型的搭建

生产类企业的培训注重管理与生产的流程和员工的岗位技能与操作技术，所以生产类企业较多采用岗位模式设置模型。贸易类企业注重管理和营销，所以在培训模型中销售人员培训占很大比重。服务类企业的人员整体素质很重要，员工的能力素质培训是培训模型的重点内容。设置培训模型需要考虑企业的具体情况，不能脱离实际情况。

本节课主要介绍企业培训组织的前世今生、培训模型的设计模式和培训模型的注意事项。

第四节课：培训需求分析

很多企业的学习项目普遍强调学习内容和学习方法，但不说清楚为什么要学习这些内容，能够给学员带来什么好处；如果还需要学员主管的支持，也不说清楚项目会给部门和经理带来什么好处。成人的学习目的性很强，学以致用是底层的支撑，一切不能回答能给受训者带来什么好处的学习项目，都很难取得成功！

本节课主要介绍企业如何做好培训需求分析工作，以及培训需求分析的方法和工具。

第五节课：培训计划的管理

编写培训计划一般要经历调研、分析、制订、沟通和修改等流程，一份高效务实的培训计划作为公司培训工作的指导性文件，可以起到事半功倍的效果。本节课主要介绍制定培训目标、编写培训计划、配置培训课程、配置培训资源、制定培训预算、确定评估方式和培训计划执行的保证等内容。

第六节课：培训课程开发

培训课程开发是整个教学活动的载体，它的好坏直接影响学习项目的效果。业务结果导向的培训课程开发是最适合企业实际需要的。本节课主要基于成人学习的特点来介绍业务结果导向的课程开发的逻辑、课程设计的内容和教学教法。

第七节课：培训讲师的管理

学习管理部门是企业的赋能单位，是企业的人才生产基地。而培训讲师作为人才的生产者和赋能者，在企业的培训学习过程中显得尤为重要。企业内外部培训讲师队伍的管理是企业培训体系建设至关重要的一环。本节课主要介绍培训讲师的胜任力模型和内外部培训讲师开发与管理的套路。

第八节课：培训项目实施与效果评估

培训项目实施是验证培训设计有效与否的直接手段，只有将学习转化纳入学习过程的培训学习项目，才有可能真正落地。当然学员主管的绩效支持动作是学员行为转化的关键点。如果学习过程完整，学员主管到位，效果评估也就客观、公正了。本节课主要介绍如何设计学习的完整过程、如何有效地实施学习项目，以及训后学习转化的要点和培训评估的实操技巧。

培训体系建设随着新时代的到来和新技术的不断应用，形式一定会越来越多样，效果一定会越来越贴近工作实际。学习管理部门一定要基于发展战略或者业务结果开展培训学习活动，这是亘古不变的主题。

邓玉金

目 录
contents

1

第一节课

人力资源管理的实战模型

通过研究一些成功企业我们会发现：企业成功的原因除企业发展跟上了时代的大趋势外，还依靠着强有力的领导者和强有力的人才梯队建设。通过阅读人力资源管理大师戴维·尤里奇（Dave Ulrich）和拉姆·查兰（Ram Charan）的相关著作，我们也会发现，人力资源管理，尤其是企业人才梯队的建设，是企业领导者最优先考虑的事情。

为了弄清楚人力资源管理的内在逻辑，本章节先介绍几个人力资源模型。

本章节学习内容：

- 人力资源的逻辑模型
- 人力资源的管理模型
- 三种企业管控模式
- 三种人力资源管控模式

一、人力资源的逻辑模型

做企业要有商业模型，做业务要有业务模型，做人力资源也要构建几个务实的人力资源模型。人力资源工作属于职能模块的工作，想要做出彩的话，人力资源经理人头脑中一定要有经营意识，努力经营好公司的人力资源工作，而不仅仅是做好人力资源事务性的工作！

企业经营大体上可以分为经营客户和经营人才两条线：经营好客户能带来比较好的经济收益；而通过人才发展体系的构建来培养员工和经营人才，使员工心甘情愿地服务企业客户，必然会提高客户的忠诚度，这时企业经营的经济性目标反而成了副产品。

笔者依据经营人才的理念设计了人力资源的逻辑模型，如图1-1所示。

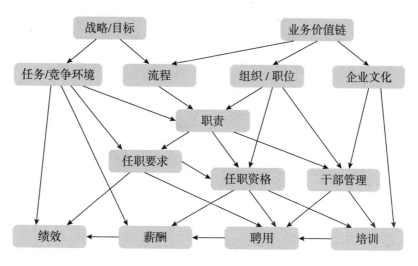

图1-1 人力资源的逻辑模型

上述逻辑模型的最下方是人力资源的4个核心模块：培训、聘用、薪酬和绩效。除此之外，人力资源工作还包含任职资格、干部管理、企业文化、员工关系、职位管理、人力资源规划、组织发展等模块。这些都是人力资源管理的核心内容。展示这个模型的目的不是告诉各位读者人力资源有多少个模块，而是想说明人力资源部门所有的工作，都是从模型最上面的两个模块派生出来的，即企业的战略/目标和业务价值链。

企业人力资源所有模块的工作，究其源头一定是业务，是从企业的业务目标需要派生出来的。如果企业人力资源管理的工作与企业的战略/目标、业务价值链不一致，其一定是违背企业经营初衷的。所以，人力资源从业人员在企业内部开展人力资源工作的时候，一定要先判断如下几个问题：

- 企业的基本状况怎么样？
- 企业处于生命周期的哪个阶段？
- 企业的战略目标是什么？
- 企业当下的主要工作目标有哪些？
- 企业业务价值链是怎么展开的？
- 企业当前对人力资源工作的需求有哪些？

只有弄清楚上述几个问题之后，我们在开展人力资源工作的时候才会做到有的放矢，不会给企业的生产经营带来比较大的非正常的内部干扰。

在企业发展的不同阶段，人力资源工作的侧重点也不尽相同。

企业在创业初期，人力资源最主要的工作就是业务模型的设计，在明晰业务模型之后，需要界定业务目标。在将业务模型和业务目标清晰化之后，接下来的工作是人员梯队的搭建。创业初期主要是业务团队和技术团队的搭建，不需要搭建特别大的职能团队。然后把人和资源集中投入到目标业务中，开疆辟土。所以，在创业初期，企业人力资源的主要工作是人员招聘和新员工的培训，迅速地为企业的发展招募到质优价廉的人才以及战略型人才，同时培养新人，使其快速适应企业中的角色，发挥其价值。

企业在发展稳定期，业务和人员相对比较稳定，人力资源最主要的工作是薪酬激励、绩效激励、人才的保留和培养、企业文化建设。这个阶段企业业务成熟，流程规范，薪酬在同行中一般是跟随型，不占优势，所以人员的激励和人才梯队的搭建显得尤为重要，要为企业以后的发展保留和培养足够的人才。

当企业进入衰退期后，人力资源最主要的工作是配合企业业务的转型和退出，做好裁员和稳定工作。在这个阶段，企业的大方向应该是培育新的增长点和战略的转移，原有的业务如果不能创新，那么就需要逐步退出经营、维持稳定或者整体出售给其他企业。

梁宁在《增长思维三十讲》一书中把企业的发展按照规模分为四个阶段：草莽企业、腰部企业、头部企业和顶级企业。企业的每个阶段对公司老板和人力资源的要求是不一样的，如表1-1所示：

表1-1　人力资源要求

企业发展规模	人员规模	对公司管理者的要求	对HR
草莽企业	几个人到十几个人，是一个家庭	你得靠自己	招聘能打仗的人，而不是招聘没有经验的人来培养
	几十个人，是一个部落	你是在管理战斗力	招聘能打仗的人，而不是招聘没有经验的人来培养
腰部企业	几百个人，是一个村庄	你是在管理资源、规则、节奏	要社招和校园招聘同时进行，逐步建立人力资源的管理制度体系
头部企业	成千上万个人，是一个城市	你需要建立基础设施和秩序，用基础设施为所有人赋能，用秩序保证发展	要搭建企业人才培养的体系，内生式地培养人才、使用人才、发展人才，以保证良将如潮
顶级企业	管理数万人的企业，你可以假设你是在管理一个国家	战略与文化	人力资源的工作是战略的重要一环，人是资源

笔者的人力资源系列图书就是在尝试解决人力资源从业人员的角色定位、工作方向和工作要求等问题。

那价值链是什么呢？如图1-2所示，这是一个基本的价值链分析示例。

图1-2 一般价值链示例

从图1-2我们可以看到，价值链的基本活动包括市场、研发、生产、销售和客户服务。

1.市场环节

企业要通过市场活动找到市场需求（产品和服务）。企业存在的核心目的是通过分工和协作提高生产效率，为客户提供更多、更好的产品和服务。所以，市场需求分析是价值链分析的首要工作。

2.研发环节

要想发现市场需求，企业内部要判断能不能研发出合适的产品和服务来满足客户的需求；企业的技术部门或者研发部门要做可行性分析，从技术上和经济上判断产品和服务的可行性。企业在此基础上再做定制性开发。

3.生产环节

企业产品研发出来了，那能不能生产出来？如果不能生产出来，怎么办？当然，现在互联网企业的价值链不再是直线型的，大部分是弯的，企业自己不能生产产品也不再是问题了。它们可以把生产外包出去后，接着做好供应商的管理即可。在这方面，苹果公司和小米公司做得非常好！合格的供应商管理成为关键能力。

4.销售环节

产品生产出来之后，如果不能销售出去，实际上就变成了库存，成为沉没成本，这对企业是非常不利的。有市场需求，说明市场中有企业的客户，但不一定是你的客户。互联网企业的客户和客户的价值差异是比较明显的，如果不能把用户转化成你的客户，那么生产的越多，问题就越大，所以销售环节很重要！

5.客户服务环节

通过前面4个环节，产品到达客户手中，再通过技术服务和客户服务让客户满意，以达到重复销售的目的。

以上5个步骤是企业价值链的基本活动。一般企业做战略规划时，都会从这几个方面去考虑，确定年度计划时，也会从这几个方面去设计。但是，当战略规划或者年度计划在企业实际经营过程中展开后，我们会发现有遗漏项目：

- 在哪里生产？这会涉及厂房或者设备，属于行政管理范畴。
- 谁来生产？这属于人力资源管理范畴。
- 用多少钱来生产研发？这属于财务管理范畴。
- 公司的业务流程顺不顺？这属于信息化管理范畴。

以上这些在价值链上属于辅助活动，将主要活动和辅助活动相结合，推导出的结果就是毛利，这就是价值链。

弄明白了企业的价值链，人力资源经理人基本上就能明白企业的运营和各部门的重点工作所在。只有懂运营的人力资源经理人才会在开展工作的时候不被业务经理所忽视，也才能够参与到企业的运营中，体现其价值。

所以，人力资源从业人员一定要清晰地判断自己所服务企业的战略和业务价值链，在合适的时机配合业务推出得力的人力资源政策和项目，推动业务向前发展，成为业务发展的助力。如果人力资源从业人员在企业内推进的人力资源项目或者开展的工作，跟公司当下的业务需求不匹配，就一定会给企业经营带来困扰，给各级经理和总经理带来不必要的麻烦。那么，他们对人力资源工作一定是不满意的。因此，人力资源经理人一定要发自内心地悟明白一件事：人力资源所有的工作都是从业务派生出来的！人力资源的工作来自业务，要为业务服务，不能给业务带来干扰，只有这样，公司的人力资源工作才能高于业务，人力资源的工作价值才会得到真正的体现。

二、人力资源的管理模型

人力资源的逻辑模型讲述的是人力资源职能工作和企业业务经营的内在关系，即企业人力资源工作源于企业业务需求。而人力资源的管理模型着重介绍由业务目标到人力资源的诸多模块的内在关联关系。

笔者给出的人力资源的管理模型如图1-3所示。

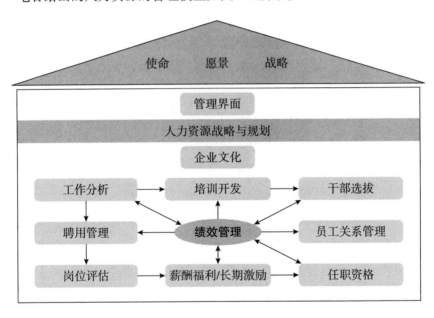

图1-3　人力资源的管理模型

这个模型分屋顶和房间两个部分。屋顶是使命、愿景和战略，中间用管理界面切分了一下，房间是人力资源的相关职能模块。

1.使命

企业经营的源头是使命，人力资源工作的源头也是使命。什么是使命呢？使命就是企业存在的理由。使命是由外部因素驱动的，就是外部世界看这个企业是做什么的。企业的使命是在不断进化的。当企业规模很小的时候，它的使命只有一个：挣钱。当企业发展壮大了，尤其是人员数量超过100人，销售额在1亿元的时候，企业的使命就已经细化了，变成企业今后较长一段时间内或者百年企业所追求的那种价值了。比如：

- 麦肯锡公司：帮助杰出的公司和政府更为成功。
- 沃尔玛公司：给普通人提供机会，使他们能买到与富人一样的东西。
- 英特尔公司：成为全球互联网经济最重要的关键元件供应商，包括在客户端成为个人电脑、移动计算设备的杰出芯片和平台供应商；在服务器、网络通信和服务及解决方案等方面提供领先的关键元件解决方案。
- 华为公司：聚焦客户关注的挑战和压力，提供有竞争力的通信解决方案和服务，持续为客户创造最大价值。
- 百事公司：立志将百事公司建为世界首屈一指的、主营方便食品和饮料的消费品公司。在为员工、业务伙伴及业务所在地提供发展和创收机会的同时，我们也努力为投资者提供良性的投资回报。诚信、公开、公平是我们所有经营活动所遵循的原则。
- 西门子家电企业：为消费者和股东创造价值。

2.愿景

愿景是企业在使命的引领下所要达到的美好情境，即企业将来发展成什么样子。愿景是由企业内部因素驱动的，就是企业为了达到外部客户的期望，需要做些什么，做到什么程度。比如：

- 西门子家电企业：成为行业标杆。
- 华为公司：丰富人们的沟通和生活。
- 联合利华：每一天，我们都致力于创造更美好的未来。
- 百事公司：在环境、社会、经济等各个方面不断改善周围的世界，创造更加美好的未来。
- 英特尔公司：超越未来。

3.战略

战略是企业达成愿景的路径。一般情况下，企业的战略周期有3年、5年或者10年，时间跨度视企业的管理偏好而定。一般情况下，10年的战略都是不太靠谱的。一般管理能力好一些的企业能做好3年的战略规划，并逐年滚动发展是比较好的。战略是由组织能力和KPI驱动的。当然，企业业务战略的优劣也决定了企业人力资源战略的优劣。凯洛格公司的董事长王成在《战略罗盘》一书中提到关于决定企业战略优劣的四大问题：

- 战略有没有？你有战略吗？如果有，你能用一句话说清楚公司的战略吗？这是计划视角要解决的核心战略问题。
- 战略好不好？你所拥有的战略是个好战略吗？战略不仅有高下之分，还有好坏之分。这是定位视角要解决的核心战略问题。
- 战略实不实？战略不能务虚，任何战略都需要充分的资源和扎实的能力作为战略落地的基石，这是能力视角要解决的核心战略命题。
- 战略快不快？天下武功，唯快不破。在剧变时代，你不仅需要科学规划战略，更需要加速进化战略。这是学习视角要解决的核心战略命题。

所以，人力资源职能战略的"有、好、实、快"也取决于公司的战略规划能力。

4.管理界面

屋顶和房间的中间是管理界面。对于HR来说，大家对"管理界面"这个名词实际上是陌生的。一般企业发展到一定规模之后，管理者就会对管理界面这个词熟悉起来。尤其是建立分支机构之后，随着分公司和子公司的跨区域建设，管理界面的概念和应用就会浮出水面。管理界面的内涵包括：总部有哪些权力，分支机构有哪些权力；总部部门有哪些权力，分部部门有哪些权力。管理界面的划分是总部的权力和分部的权力的界定。这就意味着，如果企业总部权力大，那么总部聘用的人员的能力要强，并且编制要多，相应的分支机构的编制和人员会少一些、能力弱一些；而如果分支机构权力大，那么分支机构聘用的人员能力要强一些，编制也要多一些。

实际上，管理界面的确定就是权力的划分。HR基于此去做人力资源战略和规划，即人力资源规划。

5.工作分析

在确定完企业战略目标和年度计划目标之后，公司的各级经理就需要研究以下4个内容：

（1）研究本公司需要多少个业务条线、多少个一级部门、多少个二级部门和多少个岗位，每个部门和岗位需要具备什么样的职能，才能支撑公司的战略目标和年度目标。这一步是定岗工作。

（2）研究各部门、各岗位需要配备多少人员，才能达成工作目标。这一步是定编工作。

（3）盘点公司现有人员：哪些人员需要晋升？哪些人员需要技能提升培训？哪些人员需要裁掉？然后确定公司人员缺口，并制订招聘和培养计划。这一步是人才盘点工作。

（4）研究为了保留、激励和发展现有人员以及拟招聘人员，应该制订哪些人力资源计划。

6.聘用管理

招聘包括内部招聘和外部招聘。基于工作分析结果，人力资源部门配合业务部门做好员工的甄选工作。只有合格的人员到岗之后，企业的正常经营才能开展。

聘用管理的内容包含8个章节，笔者在《招聘的8节实战课》一书中做了详细分析。

7.岗位评估

在做完工作分析的基础上，明晰了组织架构、部门的职责和岗位说明书之后，要做岗位评估工作。

岗位评估是要评估各岗位在公司内部价值贡献上都处于什么样的水平。根据价值贡献把企业内的岗位等级划分出来，同时结合企业的职系和岗位/职位等级，把岗位等级按管理、研发、营销、设计、生产等划分出来，就形成了薪酬结构。然后再结合薪酬调查、绩效的策略，设计企业薪酬体系和福利策略。

8.绩效管理

房间的正中间是绩效管理。绩效管理是企业战略落地的工具；绩效管理的源头是企业的战略目标和年度计划目标。企业为了达成目标，首先要搭建企业的三级目标体系，基于目标体系形成配套的KPI指标体系，然后配套资源形成计划；基于企业的目标做工作分析；基于工作分析形成的编制预算做人员的配置（含招聘工作）；基于工作分析形成的岗位说明书做岗位评估，形成薪酬结构和薪酬体系；基于人员的配置会涉及人员的猎取和发展，人员的发展实际上包含干部的选拔和培养，在做干部选拔和培养的时候，会涉及素质模型、任职资格的设计、培训体系的搭建。所以，绩效管理模块可以说是一个平台模块。

当然，绩效考核的结果会应用在员工的培训、晋升、薪酬晋级、评优、人员的进出（员工关系管理）等方面。绩效管理的内容包含8个章节，笔者在《绩效管理的8节实战课》一书中做了详细分析。

9.企业文化

企业文化模型具体如图1-4所示。

图1-4 企业文化模型

人力资源管理的模型源头一定是企业的使命、愿景和战略，然后才是围绕着绩效管理去展开的。当然，还有一个模块是企业文化。企业文化这个模块比较特殊，是糅合在所有的管理模块中的。图1-4是企业文化模型：核心是价值观，落地靠制度文化，布道要有表层文化。这部分笔者在《业务领导者的人才管理课》一书中有详细阐述。

以上就是人力资源的管理模型，这个模型说明企业的人力资源的各个模块之间是相互联系的，是有内推关系的。

三、三种企业管控模式

我们要想把人力资源工作做好，一定要先弄清楚企业的治理逻辑，然后配置合适的人力资源管控模式。企业的管理界面不同，管控的模式也不同，企业的人员配置也是不一样的。企业如果有总部、分支机构，从总部与下属公司的关系、管理目标、总部的核心职能三个方面，按照分权和集权的比例大小，可以将企业管控的模式分为三类：第一类是财务管理型；第二类是战略管理型；第三类是操作管理型（如图1-5所示）。

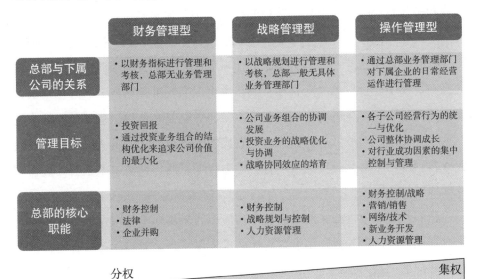

图1-5　企业管控的三种模式

1.财务管理型

在财务管理型的企业，总部与下属公司的关系是以财务指标进行管理和考核，总部没有业务管理部门，总部对于下属公司的管理，只有财务上的指标，每年做到多大的盘子或者挣多少钱就行。财务管理型企业通过资产的配置来实现集团管控的目的。

财务管理型企业的管理目标是追求投资回报。企业投出去的资金，给企业带来什么样或者多少回报要提前测算；然后通过投资业务组合的结构优化来追求公司价值的最大化，这也跟公司的风险喜好程度相关。财务管理型的企业总部可能不会过问被投资企业具体的管理动作，但对于投资的业务组合会仔细研究，这些业务之间通过配比高风险和低风险资产比例，来达到追求价值的最大化或者风险适合的目的。

总部的核心职能就是财务控制、法律和企业并购。财务控制就是要控制财务风险，在战略管理型和操作管理型中总部都有财务控制职能，从这一点上看企业经营的核心目的之一是挣钱。

总部的第二个核心职能是法律。由于财务管理型企业主要是通过投资的模式跟被投资企业发生关系，管控的手段不多，最多签个对赌协议，管理的风险还是比较高的，经营中可能会出现被投资企业要赖的情况。为了控制风险，财务管理型企业一般都会设立法律事务部，主要是对风险进行管控，包含投前、投中、投后的风险管理，当然也可以委托外部律所，不过内部法律事务部门是必不可少的。这块职能很重要，尤其是在法律法规不是很健全的国家，企业采用财务管理型方式还是有比较大的风险压力的。因为总部没有业务管理部门，对其投资的资产管控能力很弱，所以要有一个很强的法律事务部门来防范风险。

总部的第三个核心职能是企业并购。因为采用财务管理型的企业追求的是投资业务的组合。投资给谁、为什么投、风险怎么管控、怎么合规，都是投资并购部门要考虑的问题。而投资并购本身也是这类企业最主要的业务，所以选项目、控风险、投后管理的这几个关键步骤要走好。

从总部与下属公司的关系、管理目标、总部的核心职能三个方面来看，财务管理型的企业，总部一般没有什么业务管理部门，几个核心部门人员也比较精简、高效。所以，这样的管理模式，要求总部投资部门、法律部门，还有企业并购部门的人力资源的配备要精简，人员能力要高，至少以一当十。

2.战略管理型

在战略管理型企业，总部与下属公司的关系是以战略规划进行管理和考核的，总部一般没有具体的业务管理部门。这跟财务管理型企业稍有区别。财务管理型企业虽然其总部也没有具体的业务管理部门，但是总部要做战略规划。总部根据大的战略规划提出每年的规划目标，下属单位依据总部的战略要求部署本单位的具体的业务工作，年中、年底根据目标达成的情况，总部对下属单位做目标考核。而财务管理型企业多数是通过法律条文的形式做约束：如果下属单位达到一定规模或收益的话，按照约定应该怎么处理；如果达不到一定规模或收益的话，要怎么处理。一般情况下，需要通过对赌协议进行约束。

战略管理型企业的管理目标是协调发展公司业务组合，优化与协调投资业务的战略，培育战略协同效应。例如，绿城是一个综合性的房地产公司，它除了是开发商之外，前几年还创新了一个代建业务，即在土地储备不足的情况下做其他地产商的代建业务，给其他房地产开发公司做地产的开发建设，包括做前期的设计（因为绿城有设计院），施工过程中的物料采购（因为它有采购平台），另外做建设施工，包括监理这方面的管控。这种操作实际上意味着其他开发商拿了一块地，绿城代建可以把开发做完，甚至连销售也包了。这就要求绿城的设计、采购到后续的施工，甚至到销售环节，都是协同的，能共享优势资源，充分发挥设计院、采购平台等环节的资源共享优势。

战略管理型企业总部的核心职能包含财务控制、战略规划与控制和人力资源管理。在这里没有提到法律，因为此种管理模式下对于下属单位的管控，总部要委派高管，如总经理、副总经理、财务总监、董事或监事。这样总部就可以有比较直接的管理控制动作。

战略管理型管控模式，在当下国内是比较多的。总部对下属单位有管控，管控是从大的方向去把握，既不是放手不管，也不是一竿子管到底。下属单位有相应的权限，而大的战略方向、财务控制、高管的委派和考核，总部也能抓起来。

3.操作管理型

在操作管理型的企业，总部与下属公司的关系是通过总部业务管理部门对下属企业的日常经营运作进行管理。这是对下属公司控制最强的一种管理模式。一般下属单位有什么部门，总部就有什么部门，而且总部有专门的业务管理部门。

操作管理型企业的管理目标之一是各子公司经营行为的统一与优化，各子公司的行为都是一样的，就像双胞胎。要达到步调统一与优化，公司各单位整体协调成长，需要通过对行业成功因素的集中控制与管理，达到集中管理的目的。基本上要求子公司的哪些部门怎么干，什么时候干，在哪里干，甚至干成什么样，都要听总部的指令。

操作管理型企业总部的核心职能包含财务控制/战略、营销/销售、网络/技术、新业务开发和人力资源管理。实际上公司运行的每个模块都被总部统筹了，下属单位就是总部的一个部门或者派出单位，权限很小。

财务管理型、战略管理型、操作管理型这三类企业，由于采用的管控模式不同，总部和分支机构人员的配备、人员的数量、人员的能力也是不同的。所以，人力资源经理人开展人力资源管理工作的时候，一定要搞清楚本公司总部和分支机构的管控模式。如果搞不清楚，在做人员配置的时候，就会出现能力超配或者能力不足的情况。

管控模式的不同，决定了总部和下属单位用人的能力水平和数量的多少。

- 财务管理型企业：总部人员能力很强，且人员数量少，下属单位人员能力强且人员数量多。
- 战略管理型企业：总部和下属单位比较均衡。人力资源经理人一定要帮助总经理梳理清楚企业的管理模式，以便做好人员配置工作。

- 操作管理型企业：总部人员数量多且人员能力强，下属单位人员数量少且人员能力一般。

四、三种人力资源管控模式

与企业的财务管理型、战略管理型和操作管理型三种模式对应的企业人力资源管控模式可以归纳为松散管理型、政策指导型和操作指导型三类（如图1-6所示）。这三类人力资源的管控模式将按照特点、优点和缺点依次介绍。

	松散管理型	政策指导型	操作指导型
特点	·总部对分/子公司人力资源管理基本没有管控，或者只有框架性的政策指导 ·分/子公司自行决定并实施各自的人力资源策略及运作方法	·总部对分/子公司进行人力资源管理政策的指导 ·分/子公司在总部统一的人力资源政策下进行各自的管理操作	·总部不仅对分/子公司进行人力资源管理政策的指导，并在具体操作层面上给予指导 ·分/子公司在人力资源管理政策和具体操作上均比较统一
优点	·各分/子公司完全按照自身特点有针对性地决定其人力资源管理策略和模式	·总部通过人力资源管理政策的指导更好地贯彻实施总部人才管理策略，便于人才流动 ·总部与分/子公司在人力资源管理方面分工明确，效率提高 ·总部对分/子公司的控制力度加强	·各分/子公司间能够保持人力资源管理政策的一致性，便于人才的流动 ·提高总部对分/子公司的管控力度
缺点	·不同的人力资源模式阻碍了全公司间的人员流动，不利于合理的人员配置 ·造成类似业务单元间的不公平 ·总部对分/子公司控制力度弱	·统一的人力资源管理政策可能忽略分/子公司独特的业务和行业特点 ·对总部人力资源管理的能力提出较高的要求	·统一的人力资源政策可能忽略分/子公司独特的业务和行业特点 ·总部在人力资源操作方面的管控深度需明确界定

图1-6　三种人力资源管控模式

1.松散管理型

- 特点：总部对分/子公司人力资源管理基本没有管控，或者只有框架性的政策指导；分/子公司自行决定并实施各自的人力资源策略及运作方法。

- 优点：各分/子公司完全按照自身特点有针对性地决定其人力资源管理策略和模式。
- 缺点：不同的人力资源模式阻碍了全公司间的人员流动，不利于合理的人员配置；造成类似业务单元间的不公平；总部对分/子公司控制力度弱。

松散管理型的人力资源管理模式实际上是放养，基本上属于放任自流。一方面可以发挥各下属单位的主观能动性，但另一方面很容易出现经理人控制的现象。这和财务管理型的集团管控模式只追求财务指标，不追求企业掌控权的特点相对应。

2.政策指导型

- 特点：总部对分/子公司进行人力资源管理政策的指导；分/子公司在总部统一的人力资源政策下进行各自的管理操作。
- 优点：总部通过人力资源管理政策的指导更好地贯彻实施总部人才管理策略，便于人才流动；总部与分/子公司在人力资源管理方面分工明确，效率提高；总部对分/子公司的控制力度加强。
- 缺点：统一的人力资源管理政策可能忽略分/子公司独特的业务和行业特点；对总部人力资源管理的能力提出较高的要求。

政策指导型的人力资源管理模式属于大的方向上根据公司业务战略和人力资源策略的需要做整体管控，但又不是非常深入，大的方向上不出问题即可。但是对于人力资源经理人的要求极高。这同战略管理型的集团管控模式追求大的战略协同，小的经营运作放手的原则相对应。

3.操作指导型

- 特点：总部不仅对分/子公司进行人力资源管理政策的指导，并在具体操作层面上给予指导；分/子公司在人力资源管理政策和具体操作上均比较统一。
- 优点：各分/子公司间能够保持人力资源管理政策的一致性，便于人才的流动；提高总部对分/子公司的管控力度。

● 缺点：统一的人力资源政策可能忽略分/子公司独特的业务和行业特点；
总部在人力资源操作方面的管控深度需明确界定。

操作指导型的人力资源管理模式实际上是眉毛胡子一把抓，啥都不放过，总部基本上是："我的地盘我做主，你的地盘我也做主。"管理的量非常大，管理界面如果再不清晰的话，很容易出现母/子公司扯皮的现象。这也对应了操作管理型的集团管控模式的特点。

企业管控的模式不同，影响到企业人员配置的数量和质量。只有搞明白企业的管控模式，再配以合适的人力资源管控模式，企业的人力资源管理工作才会顺畅，才会给企业的经营带来助力，而不是干扰。

为什么能力比你差的人，挣得比你多？

经常会听到周围的同事或者朋友用愤愤不平的语气说道：

"×××，就是走运！"

"×××，就是个拍马屁的！"

"×××，就是长得好看！"

……

人们总会对身边人的成就和机会予以负面的评价。这是为什么呢？

一、羡慕和嫉妒

离得远的羡慕，离得近的嫉妒；

比自己强很多的就羡慕，比自己强一点儿的就嫉妒；

跟自己没有利益关系的就羡慕，跟自己有利益关系的就嫉妒；

所以可以归纳总结一下，嫉妒心理一旦形成，实际上是对自己无能的身体和心理的准确反应！

嫉妒心强的人，只能选择和不如自己的人做朋友，因为他们的满足感需要建立在别人不如自己的基础上，于是他们生活在一群不如自己的人当中。

有一位美女，就是这样的风格，特别喜欢跟不如自己的同学和朋友相处，特别喜欢成为人群的中心。一旦有同学和朋友比她成就高，或者比她显得年轻漂亮，她就会背后诋毁他们，或者用谎言来包装自己。一旦事情暴露，她就会用大发雷霆来掩饰，同时拉黑所有知情的人……

而那些善于欣赏和学习的人，则永远都会往上一个层次迈进，因为他们不会因为不如别人而痛苦。相反，他们很享受和这些人相处的过程，因为这样才能进步，所以他们喜欢生活在一群比自己更优秀的人当中，并且跟随学习，慢慢达到对同行人和自我的超越。

二、积极和消极

有些人进入职场之后，很积极，有目的地去摸索从学生到职场人的转变，积极与同事、领导和周围的环境友好相处。出现问题或者出现差距，不会抱怨，而是积极寻求解决办法，解决当下存在的问题，同时积极规划自己的职业未来，不断地树立标杆，不断地实现职业梦想。

而有些人进入职场之后，跟巨婴一样，迟迟不能完成职场人的转变，跟周围的同事、领导和环境格格不入，并且不会化解，也不想化解，每天早上醒来的第一件事就是不想上班，或上班如上坟……

这两类人员，前面的一两年看不出来工作成就的差距，从同学聚会的面相上可以看出高兴或者苦恼的意思。但是基本上到了十年左右的时候，这两类人的差距就会天差地别。

有可能是曾经的发小，一个功成名就、桃李满天下，或者生意做到了海内外；而另一个还在自己的家乡为了生计发愁，过着朝不保夕、送水为生的日子。有朝一日朋友碰面，那是何等的尴尬和惆怅啊！

三、懒惰和勤奋

职场中存在两类比较有对比性的人：

其一，无论领导给他们安排什么工作，他们都会积极接受。

会干的工作会说："行，领导您放心，您交给我好了！"

不会干的工作会说："领导，我们先商量一下，如果有问题再向您请教哈！我们先试试！"

其二，无论领导给他们安排什么工作，他们的第一反应就是拒绝！

会干的工作会说："领导，我这忙得不行，您能不能交给隔壁的老王啊！"

不会干的工作会说："领导，这么难的工作您交给我，不是难为我吗？你就是打死我，我也做不出来啊……"

试想一下？公司的经理们会喜欢什么样的员工呢？

第一类人员，慢慢地就会在工作中出类拔萃了，升职提薪是不可避免的；

第二类人员，慢慢地就会被边缘化了，他们慢慢地也会变成"滚刀肉"，或者离职。

我们再回扣一下文章主题：为什么能力比你差的人，挣得比你多？

你们在说这句话的时候，是出自哪种状态呢？

2

培训体系建设的关键点解析

培训体系的建设有两个层次：

第一个层次是建设具有战略功能的培训体系，是基于企业发展战略和人力资源规划，为完成企业所需的人才培养与人力资源开发工作而建立的一套动态系统和机制。该体系包括培训机构、培训内容、培训方式、培训对象和培训管理等内容。

第二个层次主要是指，为完成企业所需的各项培训任务而进行的一系列管理过程。在企业建立培训模型并进行了需求分析的基础上，培训体系的设计包括制定培训目标、编写培训计划、配置培训课程、配置培训资源、确定培训预算、确定培训评估要求六个方面的基本内容。培训体系是企业培训工作的依据，是培训效果的有力保障。

本章节学习内容：

- 企业培训发展的三个阶段
- 企业培训的目的
- 培训与开发的系统运作
- 培训体系建设的六个关键点解析
- 设计培训体系的四个步骤

一、企业培训发展的三个阶段

公司的人力资源工作是由业务派生出来的，当然培训工作亦是。所以，企业的发展阶段不同，其培训需求也不一样。培训工作要适应业务发展的需求，要匹配公司业务发展的阶段。

了解企业培训阶段的目的是要清楚企业对人力资源的要求和企业的业务需求。当公司领导和业务经理提出培训需求时，笔者一般都会问这样一个问题："这个培训项目满足了业务上的哪些需要？"没有想到的是，许多公司领导都回答不出这个问题，因为他们根本没从这些角度考虑过培训问题。有些管理者仅仅是重复了他们的培训需求："我需要一场关于阳光心态的培训。"这种情况的出现是因为培训是他们众多解决方案中的潜在方案之一。所以企业发展阶段不同，管理者的水平也不一样。这就需要我们在做培训工作的时候弄清楚本企业的培训发展阶段，同时还需要培养本企业的管理者对于培训的认知。

根据笔者20多年的人力资源管理经验，笔者把企业培训发展粗略地分为三个阶段：零散阶段、聚焦阶段和学习型组织阶段。三个阶段对应的企业发展状况是不同的。

1.零散阶段

这个阶段企业没有培训计划，人力资源部即使做了年度培训计划，也获取了培训预算，设计好了课程，也得不到业务部门经理的支持，需要"求"着业务部门的经理或员工来上课。关于培训的一切都是"求"来的，无论是课程、参训者，还是培训费用。

一般情况都是总经理、副总经理、部门经理或销售总监提出具体的培训需求，如果他们不提，就没有组织培训的机会。有时候，提出培训需求，他们会对培训效果百般担心。培训管理部门选择讲师的要求很高：既要形象，又要学历；除工作履历外，还要有课程的落地方案；有可能一个2天的课程，确定方案就用了3个多月的时间，等到需要实施的时候，才发现需要培训的部门已经被裁掉了……

从笔者10多年的培训咨询经历来看，笔者发现有不少企业，尤其是小企业处于这个阶段，它们的项目需求响应起来是非常痛苦的。这个阶段的HR在企业内部开展培训工作实际上是很困难的。所求的就是"稳、准、狠"，每一个项目都要做成样板，否则就会时不时地"背锅"，越做越没信心，你都不知道领导和业务管理者的需求到底是什么。其实，很多创业阶段的企业老总也不知道要什么，但是他们倒是挺喜欢折腾HR的，所以在这个阶段做培训工作要有比较强的抗挫能力。

2.聚焦阶段

到了聚焦阶段，企业已有一定的规模，业务发展得也不错，业绩一般在1亿元左右，人员过了百人的大关。企业在做年度计划之前，老板会提一些具体要求，这些都是下一年的工作重点。而人力资源部门要根据公司的业务重点，拟定支撑业务的培训学习项目。针对培训这一模块，老板可能会提一些方向性的要求，比如，今年要做管理年，或者文化年，或者规章制度建设年等。人力资源部门或者培训学习管理部门需要根据老板的要求设计培训学习方案。这是从上而下的培训需求，属于高管层面的培训需求。因为是响应老板的要求，所以这些项目申请培训费用是相对容易的。

除了响应高管的需求，人力资源部门还需要在年初或者年底的时候，跟每个部门做培训需求访谈。不能只是发培训需求调查表做访谈，通过调查表收集上来的信息大多是虚假的。人力资源的从业人员千万别太官僚，不能脱离群众，要时不时地跟业务部门聊一聊，例如问一问：你们今年年度计划目标是什么？有哪些重点工作？人员够不够用？现有员工的能力需要提升吗？要不要出几门相关的课程？这就是由部门层面提出的培训需求。

在访谈高管需求和部门需求的基础上，再去做全员的培训需求调研，效果会好很多。发问卷之前，让业务部门的领导给员工讲这件事情的重要性。如果直接给全员发调查问卷，收集上来的信息大多是虚假的。例如，有的员工说想学英语，因为他将来想出国或者去外企；有的员工说想学厨艺，因为夫妻关系不融洽了，想给老公做几顿饭缓和一下。这些需求都不靠谱。

聚焦阶段的培训一般都是公司规范发展和业务拓展的真实需要，跟零散阶段相比，无论是培训计划出台，还是培训项目执行都靠谱多了。

3.学习型组织阶段

在学习型组织阶段，企业已经搭建了非常好的职业生涯双通道或者多通道，员工也很清楚企业内有哪些发展通道，清楚进入企业后到底往哪个方向发展，并且员工的部门经理每季度或半年会定期跟员工进行面谈：上半年业绩怎么样？年度业绩怎么样？做得好的要表扬，不够好的要改进。至于怎么改进，操作方式和解决方案在企业内都有具体的课程或者学习方式对应。

在学习型组织阶段，员工想往哪儿发展，怎么发展，企业都有清晰的模板或模型。例如，惠普、摩托罗拉等企业的企业大学，都做得非常好。但是这个阶段的教育成本非常高，有些企业就是因为做得特别好所以做死了，如摩托罗拉。也有做得比较好的企业，像华为就是基于胜任素质模型和任职资格进行职业成长管理，给员工指明成长方向，也让培训与员工职业发展双通道契合，针对员工职业发展双通道将教育培训员工的职责在华为大学和业务部门之间进行了有效的分工，有力地支撑了华为员工职业发展双通道机制的运作，保障员工能够获得更多的机会去实现职业成长和自我提升。

综上所述，企业的培训发展阶段不同，服务和支撑业务的重点和工作方向是有差异的。企业的学习管理部门一定要审时度势，根据业务需求推出学习项目。

二、企业培训的目的

在给学员上课的时候，笔者有时会问学员：
"各位学员，你们认为企业给员工做培训的目的是什么？"

"公司每年组织那么多培训，想达成什么样的目标呢？"

大多数的学员刚开始听到这样的问题会比较诧异，然后会想当然地说：

"提升员工/经理的技能啊！"

笔者会接着问：

"还有呢？"

"就这些吗？"

大家就茫然了……

如果管理者连培训的目的都搞不清楚，说不明白，就去做培训，这样的培训跟没搞清楚目的地就开车出发有什么区别呢？难道企业的培训就是一次说走就走的旅行吗？！

笔者总结培训的目的有两个：直接目的和战略目的。

1.培训的直接目的

培训的直接目的是带来行为的转变！如果培训不能改变参训人员的行为，不能帮助参训人员建立良好的工作习惯，那么这样的培训是无效的！

各位想象一下：学员如果课后把组织的培训活动，讲师或者管理者提到的工作技能和注意事项，当作无色无味的气体抛之脑后，那么培训学习的价值和意义何在呢？

如果培训过后，员工哪怕是虚假地一直按照培训的要求去工作，是不是就达到了培训的目的？！有些企业为了保证培训效果的转化和落地，会调整公司的规章制度和行为规范，因为价值观虽然极难改变，但是支撑价值观的管理制度和行为规范是可以约束员工行为转变的，尤其是奖惩部分的强制规定，可以让员工产生符合企业价值观的行为。

笔者原来在企业内做培训管理工作的时候，特别希望能做系列培训，即使每一个培训的时间不长，但是要反复做。今年做过的培训项目，明年可以换个题目再给员工讲一遍，或者让不同的人（如主管、部门经理、副总等）来分享，这样重复性地灌输，渐渐地就让员工养成习惯了。

不仅如此，还要转变培训的方式。例如，企业文化的培训，建议不要直接讲给员工听，这样效果不好。有一种比较有意思的企业文化培训的方式：研讨式。新老员工都参加，分成4~5组，每组5~7人，可以先观摩录像，然后小组研讨；也可以直接让小组讨论：我们这么卓越的企业应该有什么样的价值观？讨论时间在20分钟左右。20分钟的时间最好结构化一下：思考5分钟，研讨5分钟，形成方案5分钟，再次质疑5分钟。讨论的研讨结果由组长汇报，其他小组可以提出质疑。整个讨论结束后，我们会发现，每组汇报的价值观80%是与企业的价值观相一致的。这样的方式会比向员工直接宣讲灌输有价值得多。

但凡能实际操作的工作技能的培训，都要让员工在课堂上直接上手练，而不是滔滔不绝地跟员工讲。成年人听讲师连续讲15分钟是个极限，超过10分钟就需要调剂一下，或者换一个话题，或者讲一个笑话，否则，学员就会溜号，即使认真听讲，也会迅速遗忘。笔者有个经验数据：在给企业做培训的时候，如果是一天课，企业要求的知识点很多，只能全程灌输，没有时间实战演练，那么一般过两周之后再跟学员沟通课程内容，通常学员对笔者的课程内容印象只剩下两个了：男学员说邓老师挺幽默的；女学员说邓老师挺帅的。所以，技能类的培训一定要多组织学员实战演练，演练部分的比例应该在50%左右。最好能够在课程结束之后，给学员安排课后行动计划，并且创造学员可以转化的工作环境，让学员能够有机会将所学的内容转化为工作习惯。要不然，行为转变是很难达成的。

2.培训的战略目的

笔者有一门线下实战课程：目标与计划管理。该课程里有一部分内容讲的就是从目标到计划的过程。年度目标设定有如下七个步骤（如图2-1所示）：

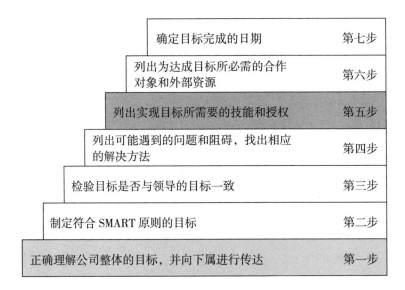

确定目标完成的日期	第七步
列出为达成目标所必需的合作对象和外部资源	第六步
列出实现目标所需要的技能和授权	第五步
列出可能遇到的问题和阻碍，找出相应的解决方法	第四步
检验目标是否与领导的目标一致	第三步
制定符合 SMART 原则的目标	第二步
正确理解公司整体的目标，并向下属进行传达	第一步

图2-1 目标设定的七个步骤

第一步：正确理解公司整体的目标，并向下属进行传达。

各部门、各单位制定部门的目标或者本子公司、分公司的目标时，要先理解公司的大目标，然后再向下属传达。这样效果会好一些。不能没吃透上级单位的意图，就直接向下转发文件。

有一个比较有意思的统计数据：公司的计划目标设定得非常清楚，并且也已经传达到位的那些企业中，部门之间的冲突或者跨部门的矛盾，有40%是因为部门经理们对于公司的目标理解不一致造成的。所以，正确理解公司的整体目标，并向下属传达很重要。有很多中小型企业有目标，但只有老板或者财务总监、销售总监知道，其他人都不知道，目标制定完毕之后就锁在老板抽屉里，不向下传达，为什么？怕泄密！是不是很有意思？

公司的战略目标和年度计划目标，不但要正确理解，还要在本单位有效传达，最好能够组织下属研讨，并切实有效地分解这些目标。

第二步：制定符合SMART原则的目标。

SMART的意思如下：

• S代表具体（Specific），指目标是具体的，不能笼统。

• M代表可度量（Measurable），指目标是数量化或者行为化的，验证这

培训体系建设的8节实战课

些目标的数据或者信息是可以获得的。

- A代表可实现（Attainable），指目标在付出努力的情况下可以实现，避免设立过高或过低的目标。
- R代表相关性（Relevant），指目标与工作的其他目标是相关联的；目标是与本职工作相关联的。
- T代表有时限（Time-bound），注重完成目标的特定期限。

设定的目标必须符合SMART原则，可以通过表2-1检验是否是按SMART原则设定的目标。

表2-1　SMART练习

☞ 请你设定一个定量的目标	☞ 请你设定一个定性的目标
☞用SMART衡量（请从你设定的目标中找出SMART各要点）	
S:	S:
M:	M:
A:	A:
R:	R:
T:	T:

第三步：检验目标是否与领导的目标一致。

部门经理要看自己的目标是不是跟公司目标一致，而员工要看自己的目标是不是跟部门目标一致。就如前面提到的员工培训需求，学英语和插花厨艺这些需求跟公司有关系吗？

还有一个统计数据：员工日常工作中有30%的工作内容跟公司的目标一点关系都没有。这是不是很可怕？所以，目标的一致性非常重要。目标管理工具OKR[①]就强调在目标设定完毕后，有目标对齐的动作，不但上下级之间目标要对齐，有关联的部门之间目标也要对齐。只有这样操作，目标在实施的过程中才不会出现"深井"效应。而传统意义上的企业月度经营例会和季度述职会议，从本质来讲也是目标对齐的过程。

第四步：列出可能遇到的问题和阻碍，找出相应的解决方法。

这一步是目标到计划的关键步骤，目标设定好了，下一步工作不是执行，而是分析如果执行目标，需要配备哪些资源，包含人财物信息等各种资源准备，还有组织准备度和人员的技能水平；可能会遇到哪些问题和障碍，以及克服障碍和解决问题的套路有哪些，这些都需要提前筹划。这就是所谓的运筹帷幄的过程。

第五步：列出实现目标所需要的技能和授权。

要完成这些目标，公司应该具备哪些能力，部门应该具备哪些能力，岗位人员应该具备哪些能力。企业年初制定年度计划目标时，需要先盘点这些目标，企业需要设计多少个部门，每个部门的职责是什么；每个部门设计哪些岗位，岗位职责是什么，岗位的编制是多少。设计完之后要跟在岗人员做匹配，盘点现有人员能力能否达到，如果达不到，就要做能力提升的培训计划。

同样的道理，要根据在岗人员的职务和能力做好授权工作。

① OKR(Objectives and Key Results)即目标与关键成果法，是一套明确和跟踪目标及其完成情况的管理工具和方法，由英特尔公司创始人安迪·葛洛夫(Andy Grove)发明。并由约翰·道尔(John Doerr)引入到谷歌使用，1999年OKR在谷歌发扬光大，在Facebook、Linked in等企业广泛使用。2014年，OKR传入中国。2015年后，百度、华为、字节跳动、佐佳咨询等企业都逐渐使用和推广OKR。

第六步：列出为达成目标所必需的合作对象和外部资源。

目标设定的过程不但要考虑内部因素，还要考虑外部因素。目标计划的设计过程一定要考虑周全，否则会出现计划很完善很漂亮，但是一推就死的情况。因为计划制订的过程中过于自闭，没有考虑外部合作对象的利益和处境，从外部资源获取的机会和能力都大大低于预期的情况。

即使在计划制订的时候，列出为达成目标所必需的合作对象和外部资源，但是计划跟不上变化的情况时有发生，所以计划也要考虑弹性。

第七步：确定目标完成的日期。

第七步不需多说，但是又特别重要。很多企业每年都制订计划和目标，但是真正能够完全达成目标的企业比例不大。有份美国企业的统计数据显示：8%左右的美国企业可以达成年初的计划，92%的企业完成得不好，分析其原因主要是组织准备度不够。所谓组织准备度，通俗地讲，是公司各单位、各部门、各岗位的组织能力达标情况。组织能力不达标，无论如何是支撑不了目标达成的。我们经常讲的组织发展（Organization Development，OD），其实是为了提升组织能力而服务的。而基于培训的员工发展和学习项目就是提升组织能力和员工技能的一个有效手段。所以，培训的战略目的很简单，就是达成战略目标或者年度计划目标。

所以，培训的战略目的就是达成战略目标或者年度计划目标。培训的直接目的是带来行为的转变，所有的培训如果不能带来行为转变的话，培训的效果是可以忽略不计的。

三、培训与开发的系统运作

1.培训与开发的系统运作

从本节课前面的内容我们已经知道：培训最核心的目的是达标，其次是带来行为的转变。

图2-2是培训与开发的系统运作图。这张图的房顶部分是培训与战略开发，即培训与战略开发的关系，培训的目的是达成战略目标，为达成战略目

标服务。

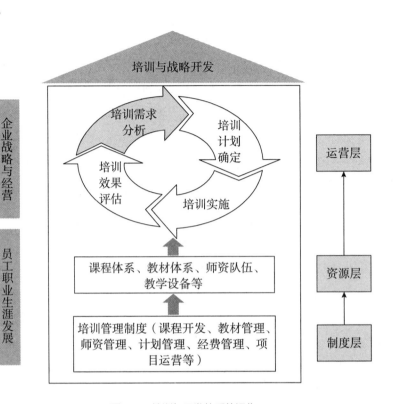

图2-2　培训与开发的系统运作

房顶的下方首先是培训活动开展的流程，属于运营层面的工作，包括培训需求分析、培训计划确定、培训实施和培训效果评估，这是培训管理的闭环。为了达成战略目标或者年度计划目标，企业应该给员工或者部门做哪些培训，培训的运营过程又如何是运营层要关注的问题。

运营层的下方是资源层。要想做好培训需求分析、培训计划确定、培训实施和培训效果评估，企业学习管理部门不能是一穷二白的，需要弄清楚企业有没有课程体系，教材有没有，师资队伍在哪儿，教学设备行不行。不管学习项目在培训教室上课，还是露天上课，想做好培训，必须具备这些条件，这属于物质层面的要求，如果连物质层面的东西都不具备的话，培训活动真的没法开展。

最后需要有制度层面的保障。在零散阶段，培训是一次性的工作，做完就拉倒；而在聚焦阶段和学习型组织阶段，一定要有规范化的培训流程和管理制度，包括课程开发、教材管理、师资管理、计划管理和经费管理等内容，这些环节全部要建设起来，"东一榔头，西一棒槌"，培训做完的结果跟没做差不多，因为培训没有逻辑。《上接战略，下接绩效：培训就该这样搞》是用友大学原校长田俊国写的，他提到的培训基本上就是基于年度计划目标展开的，一切培训项目都是战略导向的，追求最佳效果。这本书写得非常好，培训的需求一定是基于屋顶的企业战略目标或者年度计划目标，要看业务部门需要什么，然后再去设计学习项目。

图2-2的左边部分是企业战略与经营、员工职业生涯发展。这两个部分放在图中，大家看着会不会感觉有点突兀？企业培训的战略目的是达成目标，培训的直接目的是带来员工行为的转变，那么意味着培训工作要想顺利开展，这两个出发点要先解决。培训的战略目的是提高组织准备度，在前面已经介绍清楚了。和员工职业生涯发展有什么关联呢？假如在北京刚毕业的大学生平均工资是6000元，来企业工作了三年后，准备跳槽的时候发现只能挣4500元了，这就是企业把员工给荒废了，没有做好员工经营工作。如果企业基于公司的发展需要，有计划、有目的地帮助员工设计职业发展通道，同时通过学习项目提高员工的工作技能和知识，并且在适当的时机给予员工认可、工资晋级和职务晋升，那么员工的行为一定能并且愿意符合公司的业务需要和价值观的标准。职业生涯规划也就是个人战略。所以，企业培训学习的目的既是满足战略需要，也是满足员工个人战略的需要。

如果企业的发展快于员工的发展，企业就需要从外部猎取人才；如果企业人才培养快于企业，企业就会出现人才的外溢，这倒不一定是个坏现象。例如通用电气（GE）的绩效考核按照"271"的比例，20%是优秀人才，20%中有最优秀的5%是企业会想尽办法留住的，而另外15%的优秀员工，企业会鼓励他们走出去。据说美国500强的企业的CEO中有40%是GE培养的，而这些人加盟其他企业后，也从侧面宣传了GE的人才发展系统。所以，经营员工不一定非得是所有员工都留下，企业要有开放的心态，如果可以为整个生态系统培养人才，那么企业的生意也会非常好做。

2.培训系统中的各个角色分工

哈佛大学曾做过一个调查：有70多家机构的专家参与了这个调研，是关于培训相关工作重要性的调查，把学员、讲师和主管在培训前期、中期、后期的重要性进行了排序。结果如图2-3所示。

	学员	讲师	主管
培训前	3	5	4
培训中	6	7	9
培训后	2	8	1

图2-3　培训相关工作重要性的调查

在培训发展的聚焦阶段中，提到有一部分培训需求是从经理和主管那获取的，在图2-3中我们也可以看到，培训后的主管是第一重要的。作为主管，首先要明白部门工作重点是什么；其次配合领导，基于公司的年度计划目标设计部门的工作目标，然后基于工作目标设计衡量目标体系的KPI系统；再次盘点下属，哪些人能胜任，哪些人不能胜任，胜任的人需不需要晋升，不能胜任的人该如何培养，培养哪些内容，等等；最后将培训需求反馈给培训管理部门，由培训部门规划课程、匹配讲师。但是，学员在培训后有没有行为转变，有没有落实培训要求，第一责任人就是学员的主管。主管不但要监督学员的训后落实，还需要创造让学员转变的工作环境。如果学员学习回来之后，主管不管不问，甚至蔑视学员的学习行为和学习过程，那么行为转变发生概率很低，企业投入的成本也就浪费了。

第二重要的是培训后的学员。学员要把学到的知识在培训后转化为日常的工作行为。培训的直接目的是让学员的行为发生转变。如果学员不能在培训后转化培训成果，那么培训就仅仅是一场培训活动而已。笔者曾经给山东的一家机构讲过几次公开课，班上的一部分学员是当地某国企的经理，他们在课下给笔者反馈，他们参加培训是因为公司给他们的福利……如果企业这样操作培训项目，那么学员的行为转变概率是很小的。HR 设计培训项目的目的是促进业务成果的达成，而不是花掉培训预算。如果目的不清晰，那么结果必然不尽如人意。

第三重要的是培训前的学员。学习项目的出发点是业务结果，落脚点是执行业务活动的各级员工。业务目标清晰，组织能力不足是企业目标完成不好的主要障碍。所以，企业才会选择培训作为解决方案之一。为了保证培训有一定的针对性和良好的学习效果，笔者建议在培训前，一定要对主管和学员进行访谈，只有这样才能保证培训方向不跑偏。同样地，对于培训组织方，一定要在前期摸清需求，安排讲师与学员和业务领导者做需求沟通，提升学习项目与业务的关联性。这样既能提升满意度，又能提升投入产出比。

还有一个小技巧：培训结束后，主管一定要让参加培训的学员给部门其他员工分享。为期 2 天的课程可以分享半天，为期 1 天的课程可以分享 1~2 个小时。强迫学员输出的同时，也能让下属之间达到同频的效果。

培训系统中的制度层、资源层和运营层各有重点，但是工作的来源一定是公司的战略目标和年度计划目标。我们组织培训学习活动，无论是单次培训还是项目式培训，都不要简单地在培训事务性工作上进行打磨，一定要琢磨做这个培训的原因。

同时，培训的各种角色一定要发挥作用，尤其是要克服国内培训的病态：经理有病，员工吃药！

参训员工的经理务必发挥作用，在员工参加完培训后，一定要督促其将培训的成果转化出来，最好是能给下属或者同事分享一下，同时把学到的技能应用在实际工作中。如果参训员工的经理不关注员工的实际欠缺和培训的成果转化，培训是不能达到效果的。

四、培训体系建设的六个关键点解析

培训体系建设的六个关键点具体如下。（如图2-4所示）

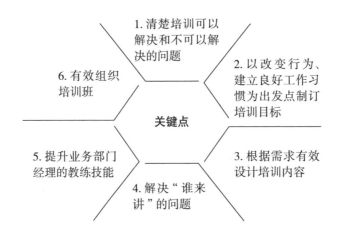

图2-4　培训体系建设的六个关键点

第一，清楚培训可以解决和不可以解决的问题。这点很重要，人力资源工作者如果这一点弄不清楚，会很吃亏。因为有很多问题是学习项目解决不了的。

第二，以改变行为、建立良好工作习惯为出发点制订培训目标。学习活动一定要带来行为方面的转变，学员最好在课堂上就能上手。笔者的课程基本都是实战课，会有50%左右的时间让学员演练所学的技能。学员基于岗位工作情景，练多了，练会了，也就能带到工作中去了。如果只是讲授理论，学员回到企业里还是不会做。

第三，根据需求有效设计培训内容。需求是业务需求，不仅仅是培训目标，培训内容也应和培训需求相匹配。

第四，解决"谁来讲"的问题。是从内部找领导、专家或同事分享，还是聘请外部的老师，具体谁来讲，还是要看实际需求。

第五，提升业务部门经理的教练技能。如果业务部门经理掌握了教练的技能，在日常员工辅导中也就不会打怵了。

第六，有效组织培训班。

下面笔者依次做详细解释。

1.培训能够解决的问题

图2-5 培训能够解决的问题

一个人的胜任素质包含冰山上的部分和冰山下的部分。

培训能够解决的问题一般如下：一是知识，现在很多在线课程基本就是解决知识层面的问题；二是工作技能，如销售、绩效管理、面试等技能；三是行为，如商务礼仪等；四是态度。

价值观是极难转变的，一个人的价值观在十三四岁时就基本形成了，是父母教育出来的。要想改变难度非常大，需要做有针对性的设计。当然，可以在企业文化模型的设计上增加相关的技巧。

自我形象、个性品质、内驱力、社会动机是培训没法儿解决的问题。以企业文化培训为例。企业文化的核心是价值观，做了企业文化的培训后，员工的价值观会发生改变吗？几乎不可能。

同样的道理，冰山下的素质靠选拔，培训转化的概率很小。所以，培训经理不要把无能为力的培训项目承揽过来。

2.以改变行为、建立良好工作习惯为出发点设计培训目标

以改变行为、建立良好工作习惯为出发点设计培训目标具体如下。（如图2-6所示）

培训体系建设的8节实战课

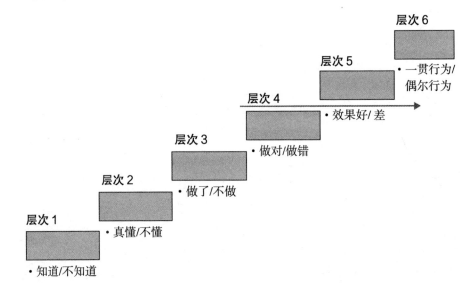

图2-6 以改变行为、建立良好工作习惯为出发点设计培训目标

培训要解决的第一个层次是知道或不知道，第二个层次是真懂或不懂，第三个层次是做了或不做，第四个层次是做对或做错，第五个层次是效果好或效果差，最后一个层次是一贯行为或偶尔行为。

如果组织的培训项目不是为了改变行为，建立良好的工作习惯，那么这样的培训是无效的。有时候为了保证培训项目的落地，甚至需要调整公司的规章制度或行为规范。因为价值观是极难改变的，但是可以把价值观的内容糅进企业制度流程里，在奖惩部分体现价值观的分量，这样可以引导员工做出符合企业价值观的行为。

对于企业学习项目，笔者特别希望企业能做系列培训，尽管每一个培训的时间不长，但是要反复训练员工。今年做过的培训，明年可以换个题目再给员工讲一遍，或者让不同的人来分享，如主管、部门经理、副总等。在重复灌输的基础上，员工渐渐地就养成习惯了。

生产经营的过程中会制造废品。学习项目如果不能产生理想的效果，就会制造废品，我们将其称为"学习废品"。"学习废品"是指那些有人参加却没人实践（并以此提升绩效）的培训。缺少实践的学习就相当于不合格的产品，无法满足客户预期，例如，无法满足企业领导对于绩效改善的预期。学习废品和生产废料一样需要支付成本，它既耗费了有形成本，如劳动力（讲师和学员的时间）、差旅、材料、技术、供应商等成本，也耗费了无形成本，如机会成本。这样会导致管理者的不满。

学习废品是由四个原因造成的：

● 无用的培训。培训解决不了的问题，却试图利用培训来解决。

● 错误的培训。培训对象错误，或者对象正确但时间错误。

● 培训执行不力。培训设计有缺陷或者实施过程有问题。

● 缺少培训后的跟进。对学习转化的支持不够，责任分工不明晰。

学习培训项目是否有效的直观依据就是训后学员的行为有没有发生转变，没有转变的一定是废品。培训内容要紧贴业务特点，跟业务结果直接相关，这是一条根本原则。除此之外，对培训内容，我们要区分知识、技能和态度，对不同类别的培训内容，要采取不同的培训方式。

如果是知识性内容，当然可以通过讲授的方式，学习管理部门最好对知识进行归纳分类、替学员精加工、在课堂上不断重复。传统的考试是检验学员是否掌握知识的好办法，但如果培训的内容涉及技能和态度，说教还有用吗？

有关改变态度的培训内容，一定要用场景、问题、案例或游戏来挑战学员固有的信念系统。一般来说，设计的场景或游戏的结果会与学员固有的信念形成强烈反差，然后，讲师再通过反差激发学员的讨论、质疑和反思。只有这样，才能得到想要的效果。

技能类的内容则一定要让学员有机会当堂练习甚至是反复强化，不要怕花费时间。把技能练熟练，让学员下课后有强烈的练习冲动，才能达到良好的培训效果。如果一个技能，在课堂上要练习三四遍，甚至把课程分为几个阶段，每个阶段对同一技能设计不同形式的练习，那么效果是不言而喻的。

3.根据需求有效设计培训内容

培训内容如果不是学员想要的，会出现以下这些情况：

- 老板不满意，认为HR乱花公司的钱。
- 部门经理不满意，认为培训浪费了员工的时间。
- 学员自身也不满意，认为这些内容根本没有价值。

所以，一定要根据需求设计培训内容。具体可以从以下五个角度入手：

图2-7　根据需求有效设计培训的内容

第一，培养符合公司价值观的行为。不是将员工的价值观转化成企业的价值观，对于成年人来说，价值观是选来的，不是培养出来的。如果招到的人的价值观跟企业价值观不一致，就需要保证员工在企业的行为跟企业价值观的要求是一致的。例如，企业的价值观一般都会有"客户第一"这一条，企业可能要求员工电话响三声必须接起来。企业在商务礼仪培训的时候会讲这个内容，也会要求员工在平时的工作中做到位。有些企业的业务领导者会挨个分机打电话检查，未按照规定执行的，可能会被扣绩效。这就属于管理制度的规范，要求员工必须做的行为，不做就给予处罚。

华为有个机制：如果一个部门没有完成相应的任务，导致正职无法晋升，那么副职也就不能晋升。因为如果经理升不上去，副经理却可以，他如何尽职尽责地协助正职的工作？同样，这个部门的经理无法升职加薪，员工也没有这样的机会，因为你们也承担了部门的业绩，要与部门所有人荣辱与共。但如果你说，经理限制了我个人的发展，我要调到更好的部门里面去，可以，只不过，鉴于你以前部门的水平，你到任新的部门，要自动降一级使用。这是一个机制上的保证，不能只在纸面上"提倡"。另外，诚信也是如此，文化也是如此，如果只有口号，没有指标，或者指标和利润没有连带关系，那就都是无效的管理。

第二，完成工作所需的知识、技能和态度。只有完成了岗位或者部门的工作，企业的目标才能达成。组织能力的打造和员工能力的提升，都是围绕着完成工作需要具备的知识、技能和态度来展开的。每年员工盘点的重点也是员工的岗位胜任能力，知识、技能和态度是员工胜任能力的核心要素，也是员工工作绩效能否达标的保证。员工知道岗位工作所需要的知识，掌握工作必备的技能，同时也愿意完成工作目标，那么一切就顺畅了。

第三，团队的凝聚力。随着更愿意彰显个性的"90后""00后"进入职场，团队建设已引起越来越多的企业的重视。

第四，组织与个人职业生涯规划匹配。如果组织运营与员工个人发展不匹配，那么员工可能会离职。某位老板倡导只用便宜人，不养懒人，到最后发现企业高管基本在五年之后一个都没留住。所以，组织发展要和员工个人的职业生涯匹配。即使老板不懂这个道理，人力资源部也必须主动影响老板。

第五，提升员工的个人胜任素质。员工的能力只有与岗位的要求相匹配，才能提高工作效率，从而创造更大的价值。

总而言之，培训最终要落到知识、技能和态度上，让员工养成习惯，这才符合企业的需要。国内有一些企业很有意思，这些企业的经理们基本什么类型的课都听过，什么类型的讲师都见过，学员喜欢在课程上挑衅老师，但是在工作中，该怎么干还是怎么干，什么都没有改变，这就是培训废品。所以，培训内容一定要优于培训形式。也就是说，即使实战、研讨形式的培训效果好，内容也一定要符合现实的需要，为业务服务。不能随波逐流，看市面上流行4D领导力①、教练、九型人格，就也做这些，可是钱花了却没有效

---

① 4D领导力即一个坐标四个维度、八项行为，以改变团队背景为目的，培养卓有成效领导者的方法。它是由美国宇航局（NASA）科学家、天体物理负责人、哈勃望远镜项目负责人查理·勒佩林博士以卡尔·荣格的理论为基础，用科学的方式，测评报告研发出来的一套完整的体系；它的测评需20~30分钟完成，能够呈现团队或者某个领导人的状况，以及团队亟待解决的问题是什么。

果，这是会被老板质疑的。

4.解决"谁来讲"的问题

一次失败的培训除组织因素和学员因素外，绝大多数都是因为聘请的讲师不到位造成的。当然，培训组织这个部分各个方面都可能会出问题。

图2-8　解决"谁来讲"的问题

例如，有些企业做培训的目的只有一个：把年度的培训工作量完成，把预算花完，至于员工需求和业务部门的需求都不重要。笔者曾经给国内的一家国企做内训课程，在跟对方的培训主管交流时发现，虽然公司有将近3000人的编制，但是公司培训的组织管理人员除了部门总经理，就只有他一个人在负责培训工作。而每年的培训量有将近200天，不说培训的设计规划工作，仅仅执行完培训量，已然不错了。

也有人力资源部门在年初就做完了培训计划，只是跟业务部门简单沟通一下，他们觉得行就行，这种培训一般效果也不太好。参加无效培训的次数多了之后，学员会把对培训部门的怨气发到培训讲师身上，给老师打分极低，或者在课堂上提一堆乱七八糟的问题。

就目前国内的情况，不仅是培训部门，乃至整个人力资源部，整体受重视的程度不高。即使培训本身还行，但业务部门也会挑点小毛病，或者告个小状。培训经理或培训总监虽然每次在做培训前都会格外谨慎，详细地做培训调研，但是由于业务部门经理不重视或者不信任他们，调研出来的结果往往是不准确的，这样的结果反馈给上课的老师，其效果也就可想而知了。

于是企业内训会出现这种情况：选完大纲，选讲义；选完讲义，选讲师背景；选完讲师背景，选讲师形象；选完讲师形象，选价格……

"谁来讲"虽然很重要，但是需求要先行。培训是最佳的解决绩效差距问题的方式，剩下的才是谁来讲的问题。关于内部讲师、外部讲师如何选择的问题，笔者的建议是，对于通用管理类的课程，如领导力建设、团队协作、DISC[①]、教练技术之类的课程，一般找外部老师讲，除非是集团性的公司，集团公司的领导或者专职讲师可以给管理干部或者后备干部上课；对于专业技术和技能的培训，笔者建议从企业内部找人讲，但是一定要找业务能力突出的人来讲。国内某知名互联网企业的员工内训，一般都是找业务干得最好的人来讲，这样的人本来就是员工的榜样，能起到激励带动的作用，讲完后的效果自然就好，员工的幸福感指数也会提高。当然，企业最好能提前选拔好内部讲师，给内部讲师上TTT[②]的课程，这样内部讲师就会知道如何开发课程，如何设计授课方法，如何控制课堂节奏和突发事件等。随着内部讲师、外部讲师课程的授课，几年积累下来，企业培训的课程体系和讲师体系就逐步形成了。

基于最近十年自由讲师的经历，笔者发现培训经理是企业培训的软肋。在课前跟培训负责人沟通需求之后，根据他们的要求设计出来的课程，经常会出现跟学员或企业业务需求不一致的情况。有时候，课前跟培训经理沟通之后，再跟学员和学员的经理沟通，会发现他们的需求好像是两家公司的。导致这种现象的主要原因可能是培训经理不懂行，也可能是业务能力不够。就像在企业招聘中，面试官往往是企业招聘的软肋，因为面试是有流程和技巧的，而企业的面试官大多没有经过正规的训练就上岗了。而能把培训撑起来的培训经理或培训总监，一线城市年薪不会低于50万元，所以薪酬水平是判断培训做得好与不好的重要标准之一。

---

① DISC理论已被广泛应用于世界500强企业的人才性格评估。
② TTT是国际职业训练协会(IPTA–International Professional Training Association)的培训师认证课程【国际职业培训师标准教程】(Training the Trainer to Train)的英文缩写。

5.提升业务部门经理的教练技能

如果业务部门经理不能很好地监督员工，那么培训效果很难有保证。这就要求业务部门经理要熟悉下属所要参加的培训的内容和技能，否则很难服众，也会遭到下属的挑衅和轻视。所以，业务部门经理的教练辅导能力是培训体系的重要部分，包括识别能力、挖掘员工潜能、发现员工绩效的差距、制订实施计划、进行教练和辅导以及评估结果。这些能力可以保证员工在其岗位期间能够有效地激发出他们的工作积极性和有效性。在为员工提供技能培训时，最好用内部讲师。这里的内部讲师实际就是业务部门经理，如果业务部门经理能边带下属边辅导，效果会更好。

有人把经理分三个等级：

- 第一个等级是自己会干，干得还不错，但不怎么会带人。
- 第二个等级是自己会干，还能把操作流程写出来，员工看流程就像看说明书一样，对比着做就可以了。
- 第三个等级是自己会干，也能写流程，还能为员工提供相应的辅导和教练。

当下职业经理有一个发展趋势：经理的内训师化。企业的部门经理最好都能成长为内训师。培训效果转化是员工经理责无旁贷的任务。有时候员工学了什么，经理不知道，或者没听过，这样员工就很难有效果转化的氛围和动力。

更有甚者，有的员工在参加完培训之后跟经理汇报的时候，还会遭到经理的质疑。员工想把自己所学到的应用到工作中，却发现没有氛围，久而久之，其会气馁并再也不想参加培训了。

6.有效组织培训班

有效组织培训班包括培训的方式、教务教学、培训组织、后勤支持等，例如，培训地点（是在企业内部还是企业外部）会影响培训的满意度。笔者特别不喜欢的一种培训形式是，在企业内部找一个教室，手机也不统一管理，这样全靠讲师的人品和技能吸引学员，只要稍有疏忽，或者讲得不精彩，学员们就开始翻手机接电话，或者课间一休息，就有很多人迟到。

培训最大的成本不是培训场地费用和培训老师的费用，而是参训学员当下的时间。所以，能在企业外部组织培训，就不要在企业内部实施培训活动。特别是在培训环境不太好的公司，最好将学员统一拉到外面相对封闭的地方，上课的教室最好手机没有信号，让学员除了培训没有其他事情可以做。

培训老师需要的材料要准备齐全，如白板纸，笔等到做练习的时候才发现没有。同样，学员的衣食住行也要安排合理。

开展培训项目的时候，HR过分依赖个人不太成熟的经验，会影响公司的业务发展。所以，HR做培训工作时一定要抓住重点和关键点，稳妥推进为好。

五、设计培训体系的四个步骤

设计培训体系的四个步骤具体如下。（如图2-9所示）

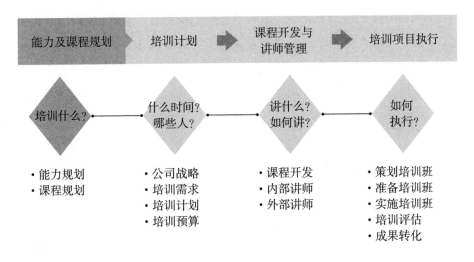

图2-9 设计培训体系的四个步骤

第一步，能力及课程规划，即培训什么。一是能力规划。要想达到企业的年度计划目标，一定弄清楚企业、部门、岗位等存在的问题。二是课程规划。所需开展的课程一定要对员工的能力有所提升。

如果企业培训的发展阶段经过了零散阶段和聚焦阶段后，培训管理者就需要将培训的工作进一步规范化和细致化，逐步建立企业各职级、各职系的培训内在逻辑模型，可以是基于胜任素质，也可以是基于任职资格，也可以是基于经理人的自画像（也就是领导梯队）的样式。企业管理不是很规范的时候，不建议采用任职资格或者胜任素质模型来搭建培训体系，因为它们对企业人力资源管理者和企业的各级经理人的要求会比较高，另外该体系维护升级的成本比较高。

最简便的方式是按照职级或者职系，由企业人力资源、经理人和外部专家共同对企业员工的能力体系进行共创，也就是行动学习，建立一个简单的能力范式，基于平衡轮的逻辑去规划能力提升的课程体系，这样会比较快速、有效。同时，也可以把公司战略目标和年度目标进行有效的结合，体现实效性。

第二步，培训计划，即在什么时间培训，都有哪些人参加。这就需要涉及公司战略、培训需求、培训计划和培训预算等。

培训计划的制订一定要基于公司战略和年度目标的要求，因为人力资源的工作是从业务派生出来的，必须要服务于业务。那么，企业在制订培训计划时一定要考虑企业的战略发展趋势，同时要看企业当年的年度计划需求是什么，组织的能力有哪些欠缺，基于组织能力的不足来做培训需求，根据培训需求拟定培训的计划方向，要尽量少而精，每年有几门匹配战略的精品课程即可。不要让培训占据员工太多的工作时间，同时也考虑企业的实际预算情况，不管我们拟定的培训方案多么科学、合理、有效，也不能在没有钱和人的情况下实施，毕竟巧妇难为无米之炊。企业的人力资源管理人员一定不要认为自己无所不能，大多数培训是真的要花钱的，真的要从外部请老师的……

第三步，课程开发与讲师管理，即讲什么，如何讲，包括课程开发、内部讲师和外部讲师队伍建设。课程的设置是否和业务部门的需求紧密相关，是否需要定制性开发，要判断哪些课程由内部讲师讲，哪些由外部讲师讲。像专业技能一般是由内部讲师来讲，但如果是讲行业发展的趋势，也可以从外部请专家来讲。

课程开发是企业培训体系建设特别重要的一个环节，无论前面规划得多么科学，如果课程开发不出来，那也枉然。所以，在整个体系建设的过程中，一定要时刻注意每一门课程的来源在哪里，我们自己内部可否开发，内部是否有合适的讲师资源可以匹配。这样既降低了预算成本，也可以培养内部讲师的课程开发能力。但是无论如何不要过于勉强，因为企业经理人是在岗人员，如果没有经过系统的培训，课程开发和课程呈现的能力总会有不足。如果每次培训内部讲师都存在不足，那么学员参加培训的积极性是会下降的。同时，每个人的知识体系也是不一样的，例如，擅长讲专业技术的经理，可能不太擅长讲管理技能。另外，如果在内部讲师的薪酬、晋升、奖励等方面缺乏科学化的规范，内部讲师实际上是不愿意去开发课程的。

很多企业的高层管理者，认为不应该给予内部讲师过高的课酬，实际上，这不利于高水平和高级别的领导去开发课程，即使去开发了，投入度也不会特别高。

第四步，培训项目执行，即如何执行，包括策划培训班、准备培训班、实施培训班、培训评估和成果转化。

企业培训体系的最后一个环节是培训项目的执行。这个工作是一个细致的工作，貌似不是那么重要，但是如果执行中出现了错误，会影响整个体系的完美度。尤其是后期的成果转化部分，如果培训策划组织实施都没有问题，最后学员学习完之后，该怎么干怎么干，该忙什么忙什么，实际上效果等于零。

所以，培训后的成果转化特别重要！各级经理一定要发挥辅导和激励作用，把员工的所学与工作实际结合起来。

总而言之，培训体系建设实际上有两个关键维度：课程体系和讲师体系。搭建课程体系不要搞得太复杂，如销售人员的培训，有固定的十门课，每年升级一下就可以了。课程太多，员工难以消化，例如，像性格分析的工具有DISC、九型人格、PDP[①]等，如果都培训了，员工最后就不知道该用哪一

---

① PDP的全称是Professional Dyna-Metric Programs(行为特质动态衡量系统)，它是一个用来衡量个人的行为特质、活力、动能、压力、精力及能量变动情况的系统。

个工具了。

讲师体系就是内部讲师和外部讲师队伍管理。内外部讲师的选择一定要基于公司实际情况，不能一味地追求高级，也不能完全自我开发，要充分发挥内外部讲师的作用和积极性，特别是需要定制化开发的课程，一定要跟外部讲师同步，不能出现不必要的意外情况。

这两个关键维度就是培训的资源，有了资源的保证，再把制度流程搭建好，培训基本不会有什么大的意外。

无论你的性格内向还是外向，
都能成为一名高情商的职场沟通高手

同事或者领导向你征求意见时，你会怎么做？知无不言，还是话到嘴边留一半？

情景：

刘经理是公司新来的行政经理。法务部的助理小李有一天过来找刘经理抱怨原来的行政经理不会做人，刘经理不想参与公司的是非，就随口附和了一下。没过几日，公司里传出了这样的言论："新来的行政部刘经理对前任行政部经理口出狂言，轻视蔑视。"此事发生后，虽然公司的领导没有反馈，但是也让刘经理郁闷了很长一段时间，法务助理小李倒是跟没事人一样……

如果把刘经理换成刚毕业的大学生，估计该出意外了。要么他把小李打一顿，要么他更加畏惧跟同事沟通……

所以，职场沟通真的不是那么随意的。

我们在职场的沟通有向上沟通、平级沟通和向下沟通三种方式。每种方式侧重点都不一样。

一、向上沟通

职场中，如果能很好地解决向上沟通的问题，就能创造轻松、愉悦的工作场景。

如果我们在工作中遇到问题、琐事或者有成就的事件就可以跟自己的领导分享，那么个人在公司会有很强的安全感。有时候，好领导比好公司还难遇到。

如何创造轻松、不压抑的向上沟通的工作氛围呢？笔者有两点建议：

1.提升工作技能

无论在什么类型的公司上班：无论是国企、民企还是外企，无论是顶级企业、头部企业、腰部企业还是草莽企业，职场人士都需要具备必要的工作技能。职场人士如果连最基本的工作技能都不具备，在任何公司、任何岗位都会非常煎熬。一上岗就掉链子，给人的感觉是吃啥啥都香，干啥啥不行。

具备了基本的岗位技能，在和领导沟通时，心里不会发虚，你记得一定要做到侃侃而谈，不要有任何的不好意思。因为你的岗位设置就是处理这些事情的，不管事情大小，总需要人来做，你能做，那就说明你能胜任，那就大声地把所做和应该做的事情说出来。

当然，如果公司业务变更，或者岗位提出新的工作技能要求，你应该主动去学习，或者向领导提出培训的需求，保证自己的胜任能力。记住：不会可以学，千万不要装！千万不要不会装会，那会毁了你在领导心目中的形象。

无论在什么情景下，都要保证自己胜任岗位的工作。如果离开这一点去谈向上沟通，那都是歪门邪道！

2.端正工作态度

每个人在成长的过程中，都会经历被长辈或者领导批评责骂。如果出现这种情况，你怎么办呢？

默不作声？

六神无主？

还是生硬地怼回去呢？

我觉得最好的办法是积极地接受批评。

上下级之间最差的关系不是领导对你的批评，而是领导对你的冷漠！如果你的上级连批评都懒得批评你，那工作环境应该是冷若冰霜吧。

所以，要虚心地接受领导的批评，做得不对的地方要积极改进。如果被领导误伤了，大不了在事后跟领导解释一下。

二、平级沟通

平级之间因为没有汇报关系，缺少了权力线的约束，沟通貌似很简单，实际上是最难的。

企业沟通有"深井"，最主要的原因是企业跨部门沟通障碍重重！经常会出现当面不说，背后乱说，或谁也不说，公司利益受损的情况。

跨部门沟通最主要的操作办法是沟通的时候先沟通利益，再沟通感情。而我们大多数的职场人士在平级沟通时，都是先沟通感情，再沟通利益，或者根本不沟通利益。要知道同事之间的感情是很容易消耗殆尽的，有过几次无利益沟通之后，基本不会有人平白无故地帮助你了。

平级之间沟通要先沟通利益："李经理，这次事情按照老板的要求主要工作职责在我这边，您负责配合我的工作。不过，我觉得咱们可以好好商量一下，如何把事情做得更漂亮，将来项目结束之后，咱们奖金五五分成。"如果是这样沟通，我想李经理一定会很乐意跟你合作。项目结束之后，两个部门再聚个餐，感情自然就会升温了。

所以平级之间沟通，一定要尽可能地通过利益分配策略，多交一些朋友，这样才会创造比较融洽的跨部门氛围。

三、向下沟通

向下沟通，即便你已经是领导，有一定的心理优势，也一定不要让下属感到处于受害者的地位，否则上下级之间的心理距离会拉大。

上下级之间的沟通一定要从工作的互动上多下功夫，上级领导要在工作技能和工作资源上给予下属支持，帮助下属成长，同时也要关心下属的生活。

上级要尽可能创造较为宽松的工作氛围，不能让下属每天都有上班如上坟的感觉。要让下属尽可能承担有挑战的任务，"逼迫"员工成长。要了解下属的基本个人情况、家庭情况，在力所能及的情况下，既让下属做好本职工作，又不影响其生活质量。

还有很重要的一点是：一定要管理好自己的情绪，千万不要因为自己是上级就为所欲为，随便发脾气。有些不太成熟的经理人，因为很难控制自己的情绪，给一些职场新人带来永久的伤害。

综上所述，职场沟通总结为16个字：对上要有胆，对下要有心，对平级要有肝。

3

第三节课

培训模型的搭建

生产类企业的培训注重管理与生产的流程、员工的岗位技能与操作技术，所以生产类企业较多采用岗位模式设置模型。贸易类企业注重管理和营销，在培训模型中，销售人员培训占很大的比重。服务类企业的人员整体素质很重要，员工的能力素质培训是培训模型的重点内容。设置培训模型需要考虑企业的具体情况，不能脱离实际情况。

本章节学习内容：

● 企业培训组织的前世今生

● 企业培训模型的设计

● 设计培训模型需要考虑的几个问题

一、企业培训组织的前世今生

1.企业业务发展影响培训组织演进

企业发展按照规模分为四个阶段：草莽企业、腰部企业、头部企业和顶级企业；按照成熟程度可以分为创业期、成长期、成熟期和持续发展期（衰退期就不提了）。企业在不同的发展阶段，有不同的战略目标和人才需求。培训作为支撑企业人才战略的基本工作，在不同的阶段有不同的模式和相应的特点。

企业在创业期，规模较小，生存为主，培训需求也较小，主要是一些基础人员的培训工作，没有必要配备专职的培训岗位，与此相适应的培训组织形态是行政部、人事部和综合部。进入成长期，随着人力资源工作需求的增加，企业把人力资源部从其他部门分离出来，设立专职的培训岗位，开始规划年度培训计划，并根据组织发展和岗位需求选择培训课程，因为单独的培训岗位不足以支撑企业对培训针对性、系统性的需求，培训体系的建立需求日益强烈。随着企业规模和业务拓展，单纯的培训岗位已经不能满足企业业务发展的需求了，设立独立的培训部门成为必然的选择。组织的建立和完善，推动了企业培训体系的建设和完善。如果企业发展到盈利和规模成长迅速的成熟期，需要人力资源战略支持业务战略的时候，建立企业大学的需求就会十分迫切。这时企业就可以在培训中心或学习与发展中心的基础上，着手建立企业大学，以支撑战略发展的诉求。这个阶段的企业大学应以内向型为主，在培训对象方面应以中高层管理人员为侧重，有基层技能培训需求的企业可建立单独的学院进行培训，然后逐渐发展到覆盖企业培训的各个层面。

企业大学的成功，关键不是硬件设施，而是其内涵和软件。这里的软件建设通常包括：企业大学的组织结构、运营流程、管理制度和培训资源等；硬件建设则包括企业大学的场地以及配套的培训设施、人员配置等。作为企业的战略部门，企业大学要有自己的愿景、使命和价值观，其工作重点在于战略定位、组织运营策略、资源建设和管理、培训日常运营和基础行政工作。企业大学的运营体系应着力于课程设计体系和内部讲师体系的建设，这是企业大学未来的竞争优势，也是向外向型企业大学转型的基础。当企业在这方面具备足够的能力，同时在战略上有整合供应链需求的时候，企业大学的服务对象就可以拓展到企业客户、供应商和合作伙伴的层面，这是统一供应链文化，降低交易成本非常好的一种途径。

2.培训组织演进

培训组织的特点具体如下。（如表3-1所示）

表3-1　培训组织的特点

培训组织演进	培训组织的特点
行政部/综合部	没有专职培训岗位，没有明确的培训计划，领导让做什么就做什么，流行什么就学什么，培训缺乏效果
人力资源部	设立了专职培训岗位，开始规划年度培训计划，根据组织发展和岗位需求选择课程，并着手建立培训体系。即使成了培训部门，也隶属于人力资源部
培训中心	已建立相对完善的培训体系，开始重视员工的职业生涯，并着手定制企业内部的培训课程，建立讲师体系，成了独立于人力资源部的培训机构
内向型的企业大学	组织形态上具备独立的组织架构，明确战略定位和运营策略硬件上有独立的培训基地，先进的教学设施、设备和人员配置软件上有健全的培训体系，独立的课程设计体系和讲师体系，完善的管理制度等
服务于供应链的外向型企业大学	具备强大的课程设计体系和师资体系，服务企业内部已有剩余，服务对象拓展到供应商、客户、合作伙伴、利益相关者等，能够支撑供应链整合和业务发展
服务于社会的外向型企业大学	具有优质的培训资源和品牌影响力，具备服务对象拓展的机会，能够提升企业形象并实现盈利，成为利润中心

二、企业培训模型的设计

1.企业课程设计的3C[①]

世界500强企业中流传着这样一条知识折旧定律："一年不学习，你所拥有的全部知识就会折旧80%。你今天不懂的东西，到明天早晨就过时了。现在有关这个世界的绝大多数观念，也许不到两年的时间里，将成为永远的过去。"华为董事长任正非关于学习说过："一天不进步，就可能出局；三天不学习，就赶不上业界巨头，这是残酷的事实。"目前，知识型员工遍及工作场所，在不同的产业和职业中，对知识型员工的首要关注是，他们所掌握的知识寿命周期不断缩短，因此需要不断更新他们的技能，否则，知识型员工掌握的技能和知识就不能创造价值。组织的关键目标是为其员工提供不断更新知识和技能的能力。

从比较长的企业发展周期和当下企业的普遍培训需求来看，珍妮·C.梅斯特在《企业大学》一书中提到大学核心课程体系，应该是具有通用性的，强调员工在三个广泛领域发展，即3C：

（1）企业公民。向所有层次的员工反复灌输企业的文化、价值观、传统和愿景。企业公民意识蕴含的意思是员工要认同企业的价值观，做一个跟公司司品一致的人。

（2）环境框架。让所有员工能够正确地评价企业的业务、顾客、竞争对手和其他企业的最佳实战。员工了解公司的产品和服务，了解企业的技术特点，了解企业的价值链，以及竞争策略等。员工了解如何学习一流企业的最佳实践，以开放的心态参与到竞争中去。

（3）核心职场能力。培养员工具有一组界定企业核心竞争优势的核心职场能力。这些能力包含：学会学习、沟通与合作、创造新思维与解决问题、技术能力、全球化经营能力、领导力培养和职业生涯自我管理。

---

① 3C，即企业公民（Corporate Citizenship）、环境框架（Contextual Framework）、核心职场能力（Core Workplace Competencies）。

学会学习：美国培训与开发协会界定了学会学习的技能，并将其分解为4个技能要素：

- 问正确的问题。
- 识别复杂思想中的基本要素。
- 发现非正式的方法来衡量一个人对有关资料的理解。
- 应用这些技能，追求完成特定工作任务的目标。

职业生涯是持续的价值交换的过程，员工必须采取学会学习的态度，使自己成为组织的关键贡献者。企业鼓励员工学习，更需要为员工提供学习新技能的框架和自我管理的工具。

沟通与合作：个人日益依赖于团队，个人绩效日益与良好的沟通和合作技能联系在一起。这些技能不仅包括传统的倾听技能，与同事进行有效沟通的技能，还包括了解如何在群体中工作的技能，与团队成员合作以在组织中公开分享最佳实践的技能，以及与顾客、供应商和价值链上关键成员进行沟通的技能等。

创造新思维与解决问题：组织越来越灵活，由原来的科层制逐步向大中台演变，员工由原来的执行角色逐步向顾问角色转变。员工能够认清和界定问题、执行解决方案、提出新的想法、采取行动，以及追踪和评估结果是维持企业竞争优势的基本要求。最重要的是，员工需要具备创造性解决方案所需的认知推理能力。

技术能力：基本的技术能力是员工利用技术与团队成员进行联系，与新的专业人员进行沟通，研究组织的最佳实践，了解全球化市场上其他企业和竞争对手的行动等。互联网的运用能力越来越成为员工的必备技能。

全球化经营能力：员工要具备基本的运营常识，要具备投入与产出的意识。业务领导者要能看懂财务的三张报表，除了企业运营的知识，还需要掌握基本的资本运营的知识，能够评估业务的价值。企业要给管理者普及全球市场的竞争态势。

领导力培养：引导团队树立共同的愿景，通过辅导与激励给团队赋能，共同达成预期的目标是业务领导者的必备技能。通过行动学习项目，或者群策群力，不但解决了问题，达成了目标，还培养了领导者，是很多一流企业的领导力培养的常用方案。

职业生涯自我管理：终身任职能力将取代终身雇佣，成为企业新的社会契约。现在企业的本质变化很快，对于员工而言，通常不再存在明显的职业生涯路径。想在企业内部发展的员工必须知道如何管理自己的职业生涯。企业要建立鼓励和支持职业生涯自我管理的文化，同时又要维持员工的忠诚，这是一个很大的挑战。这就要求企业管理者对员工自我发展的观念做出承诺，要求企业建立一种让员工认识到持续学习必要性的职场文化，也要求企业为员工和管理者开发自我管理项目。

2.企业培训模型的搭建

无论做什么工作，都应该有个模式。例如，经营企业一定要有企业的商务模型或者商业模型。如果没有模型，容易混乱。不同类型、不同规模的企业，搭建的企业培训模型是不一样的。一般来说，企业培训模型按照职务体系、培训岗位和培训方式有三种不同的搭建类型。无论采用哪种模式，企业的3C是企业培训的底层逻辑，是基础项目。

企业培训模型是企业培训的基础和依据。培训模型主要解决培训是什么，依据什么去做，理论指导是什么这三个问题。

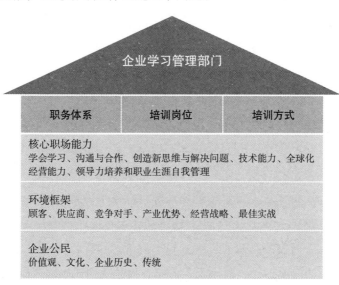

图3-1 企业培训模型

（1）根据职务体系搭建

可以按照层级搭建，从基层员工、中层经理、高层领导到决策层来逐层搭建；也可以按照业务类型搭建，从销售、生产、研发、设计到客服等来逐步搭建。大多数企业采用这种类型搭建，类似于矩阵式。

（2）根据培训岗位搭建

根据企业岗位的数量和岗位的类型来搭建培训模型。有些企业的某些岗位比较集中，所以他们会把这一个系列的岗位拉出来，按照从最基础的岗位到最高级别的岗位设计课程。这种类型的针对性更强，基于胜任素质或任职资格的模式搭建是做得最精准的形式。

（3）根据培训方式搭建

企业的培训方式多种多样，例如面授培训、资料学习、在线课程、读书会或者在岗辅导等，按照不同的方式搭建培训模型也是可以的。

模型的屋顶部分是企业学习管理部门。随着企业的发展和企业规模的扩大，培训最终还是会落实到企业大学这个层面。只有这样，企业培训学习的高度和综合性才能体现出来。中小型企业在做企业培训时，不是必须发展成为企业大学，但是内部的培训逻辑一定要清晰，需要明确企业是按照培训性质、培训岗位还是培训方式来开展培训的。培训设置一定要清楚，企业领导和业务部门的负责人是不会认可稀里糊涂、缺乏逻辑的培训项目的。

3.按照职务体系模式搭建培训模型

按职务体系模式搭建的培训模型（如图3-2所示），是按照时间、专业、层级及全员必修四个方面的内容来设计培训模型的。包含基本技能（新员工培训和个人能力素质提升）、业务技能、管理技能三类。一般情况下，企业无论是有意识还是无意识地做培训体系建设，基本上都是按照这个逻辑。这是一个比较便捷的方法，比较适合中小型企业的培训体系搭建工作。目前，国内的中小型企业占到总企业规模的97%以上，所以这个方法还是比较普遍适用的。搭建的成本不高，因为企业各级经理的通用基本能力模型差不多。

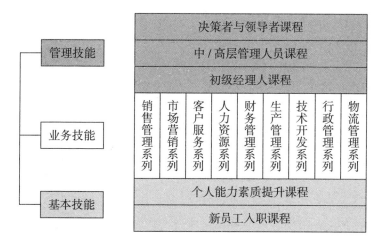

图3-2 根据职务体系规划培训

（1）新员工培训

新员工培训是企业培训必不可少的一个类型，它满足两个方面的需求：

一是公司对员工的期望。公司希望新员工经过培训之后，能够成为合格的企业公民，并且初步满足环境框架，从而提高企业的运作效率。

二是员工需求。员工希望公司提供相关知识、技能的培训，以更快地适应新环境和新工作。

具体的内容有职前介绍、入职培训和新员工带教三个步骤。

为了使新员工更快地熟悉企业和部门的情况，更快地投入工作中，人力资源部和用人部门应该在新员工入职培训之前做好接待引导工作，如入职欢迎、接待手续办理、公司环境介绍、人员介绍和工作内容介绍等。这些属于职前介绍的工作。

入职培训包含公司情况介绍、组织机构、规章制度、企业文化、工作环境、人员介绍、岗位职责和工作流程等方面。开展入职培训的目的是把企业的价值观、行为准则和岗位职责传达给每一位新员工，以指导新员工快速适应环境，开展工作。

新员工带教就是传统的师徒制和导师制。新员工虽然经过了入职培训，但是对公司的情况还是会有不适应的地方，这个阶段叫"不适应期"。给新员工安排一位导师指导新员工的工作行为规范，传授一些知识、技能，分享一些工作经验，或者现场指导新员工的工作，能够让新员工感受到公司的温度，加快其成长速度。

案例：华为的新员工培训[①]

员工加入华为首先要接受新员工培训，新员工培训大致分为三个部分：大队训练营、岗前培训和岗位培训。

华为训练营目前由华为大学负责实施。大队训练营主要是给新员工宣讲华为的企业文化、核心价值观和规章制度，让新员工对华为有更深入的了解。这个阶段会伴随半个月的军训，通过这种方式来培养员工规则意识。还有一条特别的规定，所有与软件相关的员工被统一安排编程规范方面的培训，如"一二一软件训练营"，公司所有软件编写所用的语言、模式都是统一的，包括文档格式都是统一的。这种基础训练使员工能够规范编程语言，减少沟通不畅导致的时间浪费。

大队训练营之后是岗前培训。华为的岗前培训内容涉及企业文化、产品知识、营销技巧及产品开发标准等方面。针对员工的级别和类别，华为大学也制订了不同的培训计划，为每个员工的事业发展提供了助力。这个阶段因为涉及了解员工分配意向，会给员工安排导师。

岗位培训（也叫部门培训）则是在员工的部门和地区确定之后，针对具体工作内容的培训，培训内容是与学习相关的业务知识，了解可能要去的国家和地区的法律法规等。部门培训根据部门类别分为四类：

- 技术服务、营销类
- 研发类
- 供应链、终端类
- 管理、技术、财经类

每个类别的学习内容不同，时间也不一样。部门培训阶段会给员工安排思想导师和导师。思想导师经验丰富，会负责整个部门的新员工引导工作，可以利用自己的经验和能力化解新员工初入职场或进入新环境的各种问题；

① 孙科柳、丁伟华：《华为大学：用优秀的人培养更优秀的人》，电子工业出版社2019年版。

导师则是以一对一的形式辅导新员工，帮助新员工尽快上手。

华为的新员工培训是一个闭环，在培训结束之后会安排转正答辩来检验员工的能力。华为新员工转正答辩的流程大致如下：

- 个人总结。总结培训期间的收获和心得体会。

- 制作答辩PPT。

- 用15分钟介绍实习情况。

- 答辩组成员提问。

- 答辩组对员工做出评价，并提出改进建议。

- 给出答辩成绩，成绩分为A、B、C、D四档，前三档表示通过，D档表示未通过。D档员工将被解除合同。

员工答辩成绩会与薪酬水平直接相关，A档转正后能够得到调薪的机会。转正答辩活动，不但检验了员工的基本工作能力和工作技能，也给员工一个正向的反馈，让大家知道入职培训不是走过场。这跟大多数企业不一样。

（2）业务技能培训

业务技能包括销售、市场、研发、生产、客户服务、人力、财物等方面的技能。一般情况按照职能模块来划分，在一般的企业是分部门划分的。业务技能的培训包含三个基本内容：知识培训、技术培训和素质训练。笔者在2015年的时候给某集团公司做过一个人力资源条线的培训项目，如表3-2所示：

表3-2　人力资源条线培训

一级模块	二级模块	课程名称	拟聘讲师	学时（天）
视野提升	打造卓越组织能力	战略执行		
	领导力创新	互联时代下的人才培养		
人力资源专业课程	人力资源规划	人力资源战略规划及人才培养体系构建		
	招聘管理	岗位分析和面试官实战课程		
		人才甄选与聘用管理实战技巧		
	培训管理	培训计划制订之实战解析		
		基于战略的培训体系建设		
	薪酬管理	薪酬管理实用技巧		

一级模块	二级模块	课程名称	拟聘讲师	学时（天）
		温暖人心的员工关系技巧		
		薪酬体系设计及实施		
	绩效管理	绩效管理实务技巧		
		绩效指标体系建设与绩效辅导实战		
人力资源通用领导力	自我管理提升	经理人角色认知&时间管理		
		有效沟通		
	工作管理提升	有效授权		

培训体系建设的8节实战课

（3）管理技能培训

管理技能包括初级经理人课程、中/高层管理人员课程、决策者与领导者课程。一般在讲授线下课程时，笔者会让学员做一个15分钟的小练习，让大家写一写本企业按照职务等级规划的培训课程有哪些。

很多企业的HR写的时候会六神无主，写完之后基本上就跟没写是一样的，写得太凌乱、太简单。这说明企业内部的培训基础比较差，基本没有预算，也没有课程。针对业务技能和管理技能这两块没有课程，肯定写不出来。图3-3是管理人员培训阶梯，比较有借鉴意义。

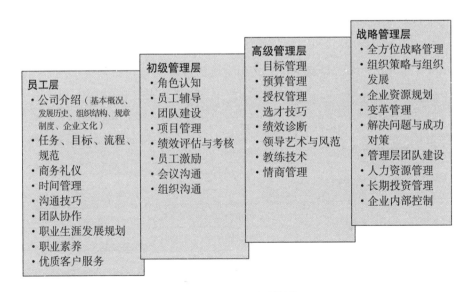

图3-3 管理人员培训阶梯

第一类是员工层，包括新员工和老员工，如果老员工没有做过培训的话，企业在设计完新员工培训的课程后，要安排老员工轮训。像笔者工作过的一家集团公司，培训中心成立之后，重新规划了新员工培训方案，执行之后效果很好。员工培训清单中有公司介绍，包括基本概况、发展历史、组织结构、规章制度和企业文化等。这块内容一般会播放一些企业视频，也可以请企业大领导来讲课，尤其是企业文化的培训部分，如果公司规模不是特别大的话，最好安排企业老板来讲。企业将知识、经验、技能符合公司需求的人招进公司，但员工能不能留下来，靠的是企业文化和价值观的一致性。所以，新员工培训第一节课安排老板讲企业文化和核心价值观，并且明确提出员工如果认可就留下，如果不认可请尽快离开，这样做的目的是节约企业时间成本，不合适的人留在企业无论对员工本身还是企业来说，都是有损害的。除了公司介绍，还包括任务、目标、流程、规范、商务礼仪、时间管理、沟通技巧、团队协作、职业生涯发展规划、职业素养和优质客户服务等。这些内容都是应知应会的内容。如果企业职业生涯规划这个环节能做到位，能讲好的话，企业的整个培训体系建设也就不存在问题了。

第二类是初级管理层，主要着力点在：

● 角色认知，认清角色定位，分清责任，定准方向，演好角色。

● 员工辅导，不仅要给员工派活，还要在过程中给予员工指导。

● 团队建设，根据团队中的不同角色，打造团队能力。

● 项目管理，如何推进项目的进展，如何整合资源。

● 绩效评估与考核，评估员工干得好与不好的能力。

● 员工激励，员工不会干，需要辅导；员工不愿意干，需要激励。

● 会议沟通，会开会才能抓住人心。

● 组织沟通，做好向上、向下和平级的沟通。

第三类是高级管理层，一般会涉及：

● 目标管理，目标实施的PDCA过程管控。

● 预算管理，和年度计划目标相配的预算制定与实施管控。

● 授权管理，不能事事亲力亲为，应该有效地向下授权。

● 选才技巧，作为面试官，要通过内部招聘和外部招聘为企业选拔和培养干部。

- 绩效诊断，分析绩效问题产生的原因，匹配合适的解决方案。

- 领导艺术与风范，领导能力是一名高级管理者的关键能力，需要持续打造。

- 教练技术，通过教练的工具教育和辅导员工，提升员工的能力。

- 情商管理，情商的高低在一定程度上决定了员工的长远发展。

第四类是战略管理层，包括：

- 全方位战略管理、组织策略与组织发展，根据内外部情况拟订企业的长期发展战略，同时基于战略目标和年度计划目标做组织能力规划。

- 企业资源规划，建立在信息技术基础上，以系统化的管理思想，为企业决策层及员工提供决策、配置好资源。

- 变革管理，企业变革的核心是管理变革。

- 解决问题与成功对策，决策层要控制好四肢，多用头脑。

- 管理层团队建设，如何做好管理团队的激励，如果管理层的团队建设不好，公司一定是山头林立。

- 人力资源管理，人才是企业最关键的核心资源，企业规模越大，对人才的依赖性越强。

- 长期投资管理，有钱了企业才能存活下去，除了生产经营活动，集团化的公司资本运作也是很重要的业务，"产业＋资本"才是公司高效发展之本。

- 企业内部控制，如果企业内控这个环节出了问题，那不单单是企业受损，有可能还会做出违法的事情。

管理人员培训阶梯看着挺简单，实际上它有内在的逻辑，每一层面应该掌握的内容是不一样的。如果不细分，最终的结果可能是市面上流行什么课程，企业就做什么课程。没有课程规划，最终的结果就是培训做了，但效果不好，领导不满意。

"管理十项"课程适合于中层经理和基层经理。笔者从2010年开始做培训咨询至今，发现国内的很多企业，不仅是二三线城市的企业，甚至是一些一线城市的企业，能给经理人做系列管理技能培训的都不多。而业务领导者如果没有经过管理技能训练，即使在领导岗位上工作很多年，他们的管理方式和领导行为也大多是原生态的，如果不学习调整，不但他们自己难受，下属也会有上班如上坟的感觉。

图3-4所示的管理十项是笔者跟几位志同道合的朋友研发出来的一个系列课程，包括管理自我、管理他人、管理团队和管理业务四个维度、十个技术，采用项目模式运作，特别适合当下国内的职业经理训练。

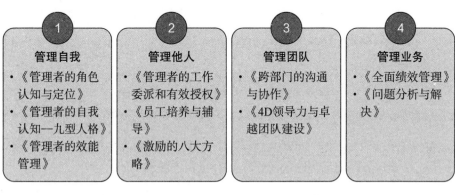

图3-4　管理十项——管理人员MTP[①]

第一个维度：管理自我

管理自我中的角色认知与定位强调业务领导者作为职业经理人，一定要清楚自己在企业工作中的行为都是职业行为，所以要搞清楚自己的角色定位，不能因为有职权就胡作非为。每一个人都要服从并执行上级的指令，在职权范围内把工作处理完美。

管理者的自我认知，就是管理者要弄清楚自己的行为风格，现在比较流行的测评工具有九型人格、DISC、PDP、大五、MBTI等。管理者需要知道自己到底属于哪种型号，这种型号跟人沟通有哪些特质，有利于扬长避短。例如，笔者是九型人格的强5号智慧型，所以研发课程的时候，一般会挖得比较深，成系列。有的讲师是1号完美型，力求讲课时没有一句话是重复的，并且每句话之间的逻辑非常清楚。要是4号林黛玉型，每天面对他的就是长

---

① MTP，Management Training Program /Plan，原意为管理培训计划，是美国在20世纪50年代，为有效提高企业管理水平而研究开发的一套培训体系。

吁短叹了。所以，跟不同型号的人沟通时，要注意方式和方法，也要清楚不同型号人的沟通风格，既然对方没法改变，那就调整自己来适应对方，以求达成工作目标。学会自我迁善是一个人成熟的标志。

管理者的效能管理就是时间管理，实际上自我管理的核心就是自我的时间管理。时间管理的三个原则（二八法则、第二象限、ABC法则）和三个工具（日计划、会议管理、会见管理），很多经理人知道这些内容，但是运用得不好。自我管理高效的经理人一般都是时间管理的高手。时间管理差的人，每天都很忙，但是工作成果差。

第二个维度：管理他人

管理者的工作委派和有效授权是指经理人即使再能干，也没法独自承揽整个部门所有的工作。尤其像集团化公司中的一些大部门，一个部门有上百个员工，部门还设有二级部门、三级部门，从最底层的员工到经理就跨越了三层，这就需要各级经理掌握工作委派和授权的技巧。

委派是指某一个岗位有5个人，假如有一项工作，该派给谁，是鞭打慢牛还是鞭打快牛；授权是指某一项工作是领导的职责或者模糊地带的职责，当交代给员工处理时，要授权给他，否则工作没法开展。工作委派通常有五个步骤，有效授权有七个步骤。

通过委派和授权将活交给员工后，就涉及员工的工作辅导，也称教练式辅导。据调查显示，员工技能有70%是在岗位工作中提升起来的。如果一个员工到了公司，三个月内没法胜任工作，那是人力资源部招错了，如果三年内都不出活，那就是部门经理带兵没带好。从人员培养的角度看，招进来的人都是知识、经验、技能符合岗位要求的，1万元月薪招进来的员工，待了三年后，只值8000元月薪了，是部门经理把人给荒废了，员工没有得到学习和成长。员工双激励因素中的保健因素基本是跟钱相关的，激励因素主要是跟工作相关的，根本上来讲，目标激励是最有效的激励方法，而现实的工作情景中，真正培养员工最有效的方法是用活来练人。

激励的八大方略是指把活派给员工后，如果员工不会干，那就辅导员工；有时候员工会干但是消极怠工，这时候就需要激励员工，先分析员工内心的需要是什么，给予合理的匹配，以达到激励员工工作热情的目的。正常情况下，员工如果有需求没有得到满足，就会缺乏工作的动力和热情。

工作委派与授权是把工作分配给员工，工作辅导是解决能不能的问题，员工激励是解决愿不愿意的问题，管理他人的三个技术针对的是直接下属。

第三个维度：管理团队

跨部门的沟通与协作是管理沟通中最难的一个技术，管理沟通中向上向下是比较好开展的，因为有职权有考核，但跨部门沟通是没有考核的，管理起来很难。这就需要沟通技巧。

4D领导力与卓越团队建设，这是一门授权课。基于团队成长周期，去做有效的团队建设，是业务领导者最应该掌握的技能之一。

第四个维度：管理业务

带团队的根本目的还是出活，这就涉及绩效管理。绩效管理是企业战略落地的工具，绩效管理包含绩效计划，绩效实施，绩效辅导与绩效面谈，绩效评估和绩效改进等环节。公司所有的工作结果最终都会体现为绩效产出，所以如果绩效出了问题，一定要分析是什么原因。前面讲的技术都是软技能，只有能够把工作成果达成，转化为绩效的技术才是有效的技术。

最后一个环节是问题分析与解决。也有一门授权课叫结构性思维，是教会经理人在遇到问题时如何面对，以及如何正确地面对，怎样结构化地分析和解决问题，而不至于遇到问题时，在第一时间就束手无策，影响到问题的最终解决。

表3-3　不同培训阶段对应的课程、内容、形式

培训阶段	时间安排	培训课程	培训主要内容	主要形式
导入阶段（3小时）	第一阶段的前一天晚上（3小时）	到达会议场所，分配住宿。学员入场准备	会前准备	启动会
		培训项目启动仪式	学员预热，分组，学习承诺	
		培训规则导入	强调培训期间的各项要求	
第一阶段：管理自我（3天-3门课程）	第1天（7小时）	《管理者的角色认知与定位》	角色认知，从业务走向管理的角色变化、管理者需遵循的职业准则	堂授

培训阶段	时间安排	培训课程	培训主要内容	主要形式
	第2天（7小时）	《管理者的自我认知—九型人格》		堂授
	第3天（7小时）	《管理者的效能管理》	时间需要管理的意识，时间管理的意义，时间管理的具体做法	堂授
	自我改善提升		学以致用，知行合一	自我行动
第二阶段：管理他人（3天–3门课程）	第二阶段的前一天晚上（3小时）	第一阶段作业点评		研讨交流
	第4天（7小时）	《管理者的工作委派和有效授权》	工作委派的方法与演练，有效授权的分类、步骤和演练	堂授
	第5天（7小时）	《激励的八大方略》	激励的原理，激励的方法，激励的体系建立	堂授
	第6天（7小时）	《员工培养与辅导》		堂授
	自我改善提升		学以致用，知行合一	自我行动
第三阶段：管理团队（3天–2门课程）	第三阶段的前一天晚上（3小时）	第二阶段作业点评		研讨交流
	第7天（7小时）	版权课程《4D领导力与卓越团队建设》《跨部门的沟通与协作》	改善团队背景（文化），改变团队成员心智模式和行为模式，建立新的团队文化氛围和行为模式，从而提升绩效。使用4D体系，从个性、文化、台词、情绪和行为五个方面打造卓越团队	堂授
	第8天（7小时）			
	第9天（7小时）		沟通步骤。上级、平级、下级沟通，同理心沟通，跨部门异议处理	堂授
	自我改善提升		学以致用，知行合一	自我行动
第四阶段：管理业务（5天–2门课程）	第四阶段的前一天晚上（3小时）	第三阶段作业点评		研讨交流
	第10天（7小时）	《全面绩效管理》之一：《基于KPI的绩效指标体系设计实战》（上）	绩效管理理论，绩效考核模型，设计企业三级关键绩效指标（KPI）体系	堂授

培训体系建设的8节实战课

全员培训是针对公司全体员工进行的带有普遍性的知识、技能和行为规范等内容的培训。全员培训是要求全体人员都要参加的学习培训活动，不一定是集中起来一起培训，也可以分批分阶段进行。全员培训的类型具体如表3-4所示：

表3-4　全员培训的类型

项　目	内　容
企业文化	企业文化手册、企业理念、企业核心价值观、公司发展史
必要知识	行业发展趋势、办公礼仪、职业素养和规范、三级安全、产品知识
必要技能	时间管理、办公自动化、情绪管理、团队合作、管理沟通
必要文件	公司红头文件、岗位手册、宣传手册
突发事件培训	对突发事件的应对措施

4.按照培训岗位模式搭建培训模型

按照培训岗位模式设置培训模型是通过岗位职责、岗位任职条件、岗位任务等方面对培训模型进行规划。公司所有岗位的培训模型整合在一起就是公司的培训模型。所以说按照培训岗位模式设置培训模型就是按照任职资格体系来搭建培训模型。

任职资格体系做得最好的目前来看就是华为了。1997年华为派代表去英国考察之后，引进了英国国家职业资格管理体系，并在秘书处试点。在秘书处试点任职资格是有原因的，当时华为秘书处有五六十人，工作不但多还比较杂乱，并且没有明确的晋升通道，做几年之后秘书们就会心慌。华为的任职资格体系从秘书岗位做起来之后，发现秘书的能力提高了很多。在那之后华为又建立了销售人员的任职资格体系和研发人员的任职资格体系。

从1999年开始，华为在全公司推行任职资格体系。到了2001年，华为开始优化公司的任职资格体系。2009年，华为成立了专业委员会，专门对任职资格认证进行管理。

华为的人才任职资格划分为三大级、六小级，三大级包括基层业务人员、骨干和专家，将每一层的员工能力区分开来，薪酬也区分开来。任职资格分级主要有5个依据：

- 岗位所要求的知识和技能
- 解决问题的难度、复杂度、熟练程度和领域
- 在本行业领域内的影响力
- 对流程优化和体系变革所起的作用
- 应负的责任

培训体系建设的8节实战课

表3-5　华为任职资格登记表

资格等级	任职资格能力要求
一级 基层业务 人员	具有本专业的一些基础知识和单一领域的某些知识，在本领域内拥有较少的经验，在适当的指导下能够完成单项或者局部任务，不能利用现有的方法和程序解决问题
二级 基层业务 人员	具有本专业基础和必要的知识、技能，这些知识和技能已经在工作中多次实践，在适当的指导下能够完成多项或复杂的任务，能够运用现有的方法和程序解决问题，能够独立运作，能够发现流程中常见的问题，能够理解本专业领域中进行的改进和提高
三级 骨干	具有本专业某一领域良好的知识、技能，在某一方面是精通的，能够独立、熟练地完成本领域一个子系统的工作任务，并能够有效地指导他人工作，能够对现有方法和程序进行优化，并解决复杂问题，对体系有全面的理解，能够预见工作中的问题并及时解决
四级 核心骨干	精通本专业某一领域的知识和技能，熟悉其他领域知识，能够指导本领域内一个子系统有效运作，对子系统内复杂重大的问题，能够通过改进现有方法和程序的方式来解决，并熟悉其他子系统的运作流程
五级 专家	精通本专业多个领域的知识和技能，能够准确把握本领域的发展趋势，指导整个体系有效运作，能够指导本领域内复杂、重大问题的解决
六级 资深专家	知识广博，能够洞悉本领域的发展方向，并提出具有战略性的指导思想，是业务流程的建立者或重大流程变革的发起者，调查并解决需要大量的复杂分析的系统性问题，其解决方法往往能创造新的程序、技术、方法，被视为业界权威

　　华为有了这套明确的任职资格体系后，哪个岗位需要达到什么样的等级一目了然，员工知道自己的岗位有什么样的要求，也能知道下一个岗位有什么样的要求，可以有计划地提升自己的能力，合理规划自己的职业生涯，有效地激励了员工。同时，为企业干部领导力培养，后备干部管理技能培训提供了依据。

　　华为基于任职资格标准建立了分类、分层的培训课程体系，根据任职资

格认证结果发现员工的能力差距，然后进行及时的培训，从而不断提升员工的专业知识水平。

华为任职资格管理体系并不是一个孤立的系统，而是一个形成闭环的循环系统。员工在取得任职资格认证之后，需要在工作中持续进行改革，发现自身存在的不足，然后进行针对性的培训，再回到实践中去进行经验的积累，有了经验的积累，员工便可以向更高一级的任职资格迈进。

此外，华为还建立了分类别、分层次的培训课程体系。比如，华为按照职系建立了四大类课程：管理类、技术类、专业类和生产类。每一类课程下又进行了层次划分。管理类课程主要有管理类三级课程、管理类四级课程、管理类五级课程。技术类、专业类、生产类课程分为三个层次：专业初级课程、专业中级课程、专业高级课程。

设置了分类、分级的培训课程体系之后，员工要获得哪一级别的任职资格认证，需要接受什么样的培训就一目了然了。即员工在什么岗位上，就学习与之对应的课程，这样员工的学习就有了一个递进和迭代的过程。

下面用华为管理人员的岗位培训模型举例说明一下。

（1）华为基于任职资格的员工培训

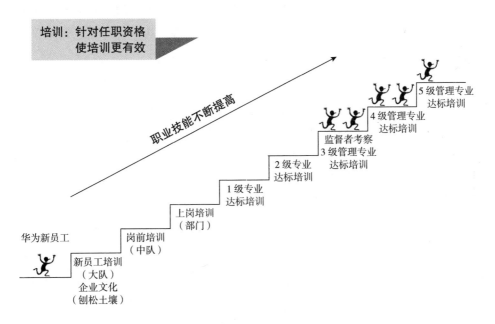

图3-5　精准的课程设计——建立任职资格体系

从图3-5可以看出，管理岗位层级从第三级开始。

（2）华为各级管理者的行为模块

表3-6　华为各级管理者的行为模块

级别	对象	模块1	模块2	模块3	模块4	模块5
5级	领导者	组织与文化建设	干部培养	方针管理	职业素养与工作态度	无
4级	管理者	目标管理与促进决策	组织文化建设	组织与流程建设和周边协调	干部培养	职业素养与工作态度
3级	监督者	任务管理	团队建设	流程执行	资源有效利用	职业素养与工作态度

不同层级经理人的行为模块是不同的。监督者对应的行为模块包括任务管理、团队建设、流程执行、资源有效利用、职业素养与工作态度；管理者对应的行为模块包括目标管理与促进决策、组织文化建设、组织与流程建设和周边协调、干部培养、职业素养与工作态度；领导者对应的行为模块包括组织与文化建设、干部培养、方针管理、职业素养与工作态度。

确定了各级管理者的行为模块后，再针对每一个模块的业务类型配置相应的课程，这要比根据职级等级设置课程更加精准。并且级与级之间的课程在不断升级。如表3-7所示：

表3-7　任职资格行为单元与培训内容

培训对象		任职资格行为单元与培训内容				
五级（领导者）	任职资格行为单元	组织与文化建设	干部培养	方针管理	职业素养与工作态度	
	培训内容	企业文化、组织氛围建设	领导力、情境领导模式	战略管理、决策与执行、资本运作	系统思考、政府关系、职业道德	
四级（管理者）	任职资格行为单元	目标管理与促进决策	组织文化建设	组织与流程建设和周边协调	干部培养	职业素养与工作态度

培训对象	任职资格行为单元与培训内容					
三级 （监督者）	培训内容	目标管理、决策技能、危机管理	企业文化、组织结构设计	变革管理、流程优化、对外合作	教练技术、员工职业发展	商业思维、高级市场营销、公共关系
	任职资格行为单元	任务管理	团队建设	流程执行	资源有效利用	职业素养与工作态度
	培训内容	管理者的基本管理工具、计划管理、项目管理、绩效目标管理、问题分析与解决	人力资源管理、员工激励、沟通技巧、高绩效团队建设、员工问题处理	业务流程设计与优化、跨部门团队管理、客户服务	IT基础知识、财务管理、时间管理	职业管理者的基本修炼、礼仪和知识、安全与保密

三级监督者的任务管理模块可以配置的课程有管理者的基本管理工具、计划管理、项目管理、绩效目标管理、问题分析与解决；团队建设模块可以配置的课程有人力资源管理、员工激励、沟通技巧、高绩效团队建设、员工问题处理；流程执行模块可以配置的课程有业务流程设计与优化、跨部门团队管理、客户服务；资源有效利用模块可以配置的课程有IT基础知识、财务管理和时间管理；职业素养和工作态度模块可以配置的课程有职业管理者的基本修炼、礼仪和知识、安全与保密。

四级管理者的目标管理与促进决策模块可以配备的课程有目标管理、决策技能、危机管理；组织文化建设模块可以配备的课程有企业文化、组织结构设计（组织结构设计可以结合工作分析的内容）；组织与流程建设和周边协调模块可以配备的课程有变革管理、流程优化、对外合作；干部培养模块可以配备的课程有教练技术、员工职业发展；职业素养与工作态度模块可以配备的课程有商业思维、高级市场营销、公共关系。虽然三级和四级的模块内容有些是重合的，但课程内容不一样。

五级领导者的组织与文化建设模块可以配备的课程有企业文化、组织氛围建设；干部培养模块可以配备的课程有领导力、情境领导模式；方针管理模块可以配备的课程有战略管理、决策与执行、资本运作；职业素养与工作态度模块可以配备的课程有系统思考、政府关系和职业道德。到了五级时，如果职业道德出现问题，对企业是极具杀伤力的。

按照认证资格设计课程相对较准，但也存在一个问题：任职资格体系太庞杂了，企业如果要做，每年都需要升级。假如企业规模比较小，根据实际工作岗位可能都梳理不到第四级、第五级。所以，这个方法的使用应依据企业实际情况而定。下面给大家介绍一个简便版本的岗位培训模型搭建模式——职业经理人的经典分层分级模型。

（3）职业经理人的经典分层分级模型

图3-6是拉姆·查兰在《领导梯队》中提出的职业经理人的经典分层分级模型。按照任职资格逻辑设计培训课程很准但也很难，一般情况下的企业驾驭不了，一般水平的人力资源经理也操作不了，最后就流于形式了。所以与其那样，还不如干脆按照拉姆·查兰的逻辑做。

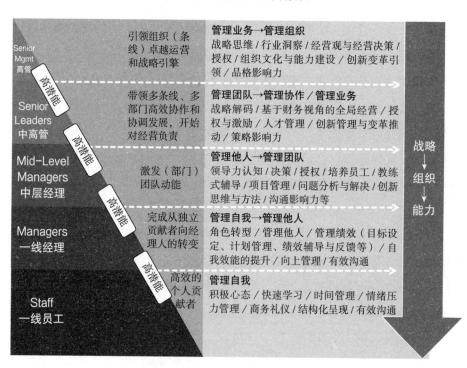

图3-6　职业经理人的经典分层分级模型

模型中共划分了五个等级：一线员工、一线经理、中层经理、中高管和高管。（拉姆·查兰的著作中是6个等级）

一线员工是高效的个人贡献者，他们的主要工作就是管理自我，把自己管好就行。包括积极的心态，快速学习，时间管理，情绪压力管理，商务礼仪、结构化呈现和有效沟通，高效地完成本职工作并跟同事、领导互动到位。这个等级的主要技能是自我提升和自我管理，以提高个人的工作效率为主，通过系统培训和学习，成为高效的个体贡献者。

一线经理要完成从独立贡献者向经理人的转变，从管理自我过渡到管理他人。正常情况下，员工到骨干或一线经理的转换过程是最难的，状态是由之前100%的时间自己干活，变成50%的时间做业务，50%的时间管理员工。包括角色转型，管理他人，管理绩效（目标设定、计划管理、绩效辅导与反馈等），自我效能的提升，向上管理和有效沟通。经理人的角色转变是从这个阶段开始的，很多经理人如果在这个阶段没能完成由个人贡献者向管理者的转变，在今后的很长一段时间内也会一直别别扭扭的。有个比较有意思的现象：越高效的个人贡献者越难完成转变，因为他们做得实在是太好了，很难控制自己伸手干活的欲望！

中层经理是管一线经理的，一般是一级部门的大经理负责激发（部门）团队动能，从管理他人到管理团队，包括领导力认知，决策，授权，培养员工，教练式辅导，项目管理，问题分析与解决，创新思维与方法，沟通影响力等。实际上，领导力最核心的要素是影响力，因为影响力会让下属跟随领导。中层经理在公司内部已经具备很好的权利，能够掌控公司很大一部分资源，这类人员基本上不再从事具体的事务性工作，主要任务是选拔、培养、保留和激励经理，分配资源。一线经理还有机会去操作一些具体的事务，但是中层经理基本上没有多少亲自动手的机会，也需要控制自己越过一线经理去做具体工作的欲望，否则会耽误很多决策性的工作。

中高管带领多条线、多部门高效协作和协调发展，开始对经营负责，一般要管理事业部或一个单独的业务单元，从管理团队到管理协作和管理业务，包括战略解码，基于财务视角的全局经营，授权与激励，人才管理，创新管理与变革推动，策略影响力。战略解码是企业将战略目标做一个解析分解，然后分到各个事业部或子公司，转化成他们的具体目标。如果解码不完成，战略目标就不能落地。在这个级别需要具备老板思维，不能只想着当下，而要考虑长期。这个级别的经理一般是管理业务的，公司对他们的考核基本上是利润考核，他们掌握着一定的独立经营单元，属于封疆大吏，本单位的战略决策和经营管控是他们重要的事务。

高管引领组织卓越运营和战略引擎，从管理业务到管理组织，包括战略思维，行业洞察，经营观与经营决策，授权，组织文化与能力建设，创新变革引领，品格影响力。到了这个级别，老板的人品往往决定了企业的个性和司品。

所以，企业可以按照这个逻辑规划培训课程，或者请培训公司根据这个逻辑来给企业配备课程，基本不会有太大的偏差。如果请机构，在配课前还要做员工和经理的内部访谈，否则交付的结果会有偏差。

5.按照培训方式模式搭建培训模型

每种培训方式都有其优势和不足，企业可以根据实际情况进行选择和组合，设计培训模型。

表3-8　按照培训方式模式搭建培训模型

	面授培训	资料学习	在线学习	在岗带教	参观考察
受训对象1	√			√	
受训对象2		√	√		
受训对象3	√	√			√
受训对象4			√	√	√

三、设计培训模型需要考虑的几个问题

生产类企业的培训注重管理与生产的流程和员工的岗位技能与操作技术，所以生产类企业较多采用岗位模式设置模型。贸易类企业注重管理和营销，在培训模型中销售人员培训占很大的比重。服务类企业的人员整体素质很重要，员工的能力素质培训是培训模型的重点内容。设置培训模型需要考虑企业的具体情况，不能脱离其实际情况。

1.搭建培训模型的四个维度

设计企业培训模型的时候，会涉及四个维度。第一个维度是企业规模，企业是大型企业、中型企业、小型企业还是巨型企业；第二个维度是行业属性，企业是新兴行业、成熟行业还是传统行业；第三个维度是企业发展目标，企业是要越做越大、越做越小还是维持发展；第四个维度是企业现状，根据企业内部发展情况和企业内部的培训现状，能够判断出企业大约处于什么样的水平。只有这样分析才能保证搭建培训模型不会脱离实际。例如，给一个半死不活的老国企搭建蓬勃向上的培训模型，最后谁来出钱呢？如果是小企业搭建培训模型，并非所有的岗位和模块都要关注到。

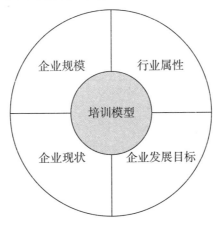

图3-7　培训模型的四个维度

案例：某企业培训模型维度分析

表3-9　某企业培训模型维度分析

企业规模		行业属性		企业现状		发展目标	
集团		生产	Y	有没有培训部门	有	起步期	
大型	Y	贸易		平均受训频率	1月1次	扩张期	Y
中型		服务		领导层支持度	3分	调整期	
小型		综合		竞争对手的情况	略	稳固期	

（1）企业规模。企业规模分为集团、大型、中型和小型，企业规模越大，培训的资源就越充足。企业人员规模是人力资源管理的基础，只有人数到了，才可能有培训，如果人数很少，企业的精力一般都在业务上。假设所在的企业是一个大型企业，那么就在表中的相应位置打个钩。

（2）行业属性。行业属性可以是生产、贸易、服务或综合。生产型企业的培训侧重点一般是岗位技能；贸易型企业的培训侧重点一般是销售技能，包括沟通能力；服务型企业的培训主要集中在员工综合素质或者综合能力的提升。分析的时候，先看企业规模，包括生产销售的规模、人员的规模，再看企业的行业属性。如果企业的行业属性是综合型的，那就要针对不同的板块（生产、贸易、服务）设计不同的培训模型，这和前面介绍的培训模型是相互呼应的。

（3）企业现状。第一，有没有培训部门。如果企业连人力资源这个部门都没有，实施培训是很困难的。第二，平均受训频率是多少。是十年一遇、百年一遇、每月都有还是每周都有，这很重要。有没有培训部门和平均受训频率能体现出企业到底是什么状况。第三，领导层的支持度。有时候企业领导只是口头支持，为了把培训做起来，花三五千块钱招了一个培训主管，让他一个人撑起有着上千人规模的企业培训，并且课程都是培训主管自己讲，像这种情况培训是很难开展的，属于领导的实际支持度很低。第四，竞争对手的情况。了解清楚行业中的竞争对手是否重视培训，如果重视，主要培训的内容是什么，培训的形式、培训的预算和讲师队伍怎么样等。

（4）发展目标。企业是处于起步期、扩张期、调整期，还是稳定期。企业处于不同的发展阶段，对培训的需求和要求是不一样的。当企业处于起步期时，对培训的需求基本没有；当企业处于稳定期时，可能需要做人员的保留和激励，而培训是很重要的方法；当企业处于扩张期和调整期时，要依据企业具体情况而定。

在搭建企业培训模型时，先明确是按照哪种类型（培训性质、培训岗位、培训方式）搭建，具体到搭建时，要考虑到企业规模、行业属性、企业现状和发展目标。这样，培训的逻辑基本上就清楚了。知道了企业具体是做什么的，需要得到的支持和资源在哪里，可以对企业做哪些工作，明确了这些之后再开始做培训规划会轻松很多，至少不会迷路。

2.评估企业的工作环境

企业的工作环境是企业的生态，是企业培训活动的物理空间，培训经理要先对企业的生态环境做一个较为全面的评估。只有这样，开展工作才容易出成效。千万不要在不了解企业实际情况的背景下，贸然开展一些跟企业生态、文化不相适应的培训活动。

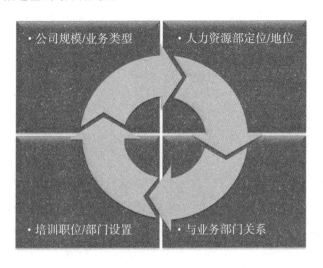

图3-8 评估工作环境

具体到评估工作环境，这是从另一个维度分析培训的大环境，包括公司规模和业务类型、人力资源部的定位与地位、人力资源部与业务部门的关系、培训职位与部门设置。人力资源部和业务部门的关系很重要，是良性互动还是天敌关系？两个部门间的互动关系越差，培训工作开展的难度也就越大。培训职位和部门的设置讲的是企业成立了企业大学、独立的培训部，还是人力资源部里的培训岗位；培训岗位设计的是经理级、主管级、专员级，还只是培训助理。通过职位和部门的设置可以清楚地知道企业对培训的重视程度以及人力资源部在企业中的地位与定位。如果人力资源部门的老大是跟企业老板一起创业的，属于创业元老，那么开展培训工作就会相对轻松一些。如果人力资源部是后组建的，而培训是隶属于这个部门的，培训做起来就会相对困难一些。还有一种情况是，培训部门是从人力资源部门分离出来的，如果人力资源部总监胸怀比较宽广的话，培训做起来可能会相对轻松一点；如果心胸比较狭隘的话，一般情况下，在开会或者商讨的时候，他都会给培训部设置障碍。

还有就是，之前企业培训工作是如何开展的，业务部门对于培训工作态度是什么？是高期望、高支持？还是冷眼旁观？抑或是坚决抵制？公司的领导给予培训的定位和支持有没有实质性的东西，如预算、培训量、培训部门的编制等。

3.评估企业的培训环境

领导的重视与支持对于开展培训工作是非常重要的。笔者在整个培训咨询的经历中，发现有些企业培训的环境或基础不是很好，培训的氛围也不是很好，去这样的企业授课时，如果老板在课堂上一起听课，学员的投入程度和互动程度会比较好；如果老板不在，学员基本上都是"囚徒"的状态，最好的状态也只是"度假者"。设想一下，如果上课时面对的是一帮"囚徒"，只要不造反就是很好的状态，在这样的企业实施学习培训项目是很困难的。所以，领导对培训的重视很重要。领导重视与否主要从以下几个方面考量：

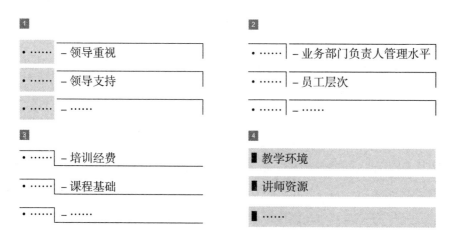

图3-9　评估培训环境

- 第一是看领导给不给培训费用。
- 第二是看领导是否支持组织业务部门的人员参加培训，而不是认为在干扰业务。
- 第三是看培训项目启动时，领导去不去讲话或授课，如果是比较高端的课程，领导会不会全程参加。

在第二节课讲培训中的9个角色时，就强调培训后的领导是最重要的。

业务负责人的管理水平也特别重要。如果业务负责人是在粗放式经营时期提拔起来的人，管理水平比较差，那么他们很难去支持培训工作。尤其当企业处于聚焦阶段时，培训部门让业务部门提培训需求，业务负责人都不知道该怎么提，就跟他们不知道怎么面试是一个道理。与此同时，当员工培训完在部门内部使用新学的技能时，也需要业务负责人的支持，只有业务负责人自己懂，才能更好地支持和指导员工。

员工层次在评估时需要特别关注。笔者之前在给国内一个很知名的杀毒软件公司的部门经理和总监层级讲"非人的人力资源管理"定制化课程时，就出现了一些问题。这些听课的学员在公司的级别很高，但是起步不高，对讲课内容接受起来比较困难。所以，在设计培训课程时，尤其是请外部讲师给员工培训时，应该看清楚员工是什么水平，如果是级别很高，但水平比较差的员工，尽量不要选择太难的课程，员工听不懂不会说是自己听不懂，他们会说是老师讲得不好。

培训经费可以衡量老板对培训是不是真的支持，如果老板说支持培训工作，但一分钱不愿意出，这就是胡扯。一般情况下，通用课程企业会从外部找老师，专业技能培训选择内部老师。所以说课程基础这块，可以通过企业留存下来的视频或培训文档来判断企业培训的水准。

笔者原来在一家IT培训机构工作，基本上每个月都会做几次新员工的培训，因为当时企业处于扩张期。新员工培训的第一天会做拓展，老板口头一直说重视培训，可当笔者向公司申请培训教室时，申请到的教室里的桌子都是固定的，做拓展基本没戏，想再申请大一点的办公区，根本不支持。所以，每次拓展都是在办公楼下的荒郊野地里开展。即使笔者的培训经理长得很漂亮，她带领着一帮年轻人在楼下做拓展时，过往的行人还是会把他们当猴子来看的。从这个例子可以看到教学环境对于企业培训的重要性。

讲师的资源要从内部讲师和外部讲师两个方面来进行评估。如果找内部讲师，要看业务部门的领导是否愿意出课，出课了能不能讲好。如果找外部讲师，要看企业能提供多少资金支持。

附件：

华为秘书岗位的任职资格标准

秘书队伍是公司人员组成中负有特殊使命的团体，秘书工作在公司的运作中起着不可或缺的作用，作为专业队伍中的一支独立小分队，有其独特性，并且在公司任职资格工作中承担了开路先锋的作用，为了使秘书工作有章可循，提高工作绩效，并不断向新的目标努力，特制定本标准。

一、秘书任职资格分类

秘书任职资格标准根据秘书的工作职责分为助理类和基础类两大类。

按达标程度分级：

标准类别	对应行为标准等级	对应级别
助理类	五级	行政助理
	四级	初级行政助理
基础类	三级	高级秘书
	二级	中级秘书
	一级	初级秘书

二、秘书资格认证申请条件

1.基础类

从事秘书工作；

或有志从事秘书工作，且通过秘书应知应会考试的其他人员。

2.助理类

获得基础类秘书高级秘书资格；

在助理类秘书岗位工作。

三、秘书资格获得条件

1.基础类

满足相应的行为标准认证要求，并且满足其他基本条件。

2.助理类

满足相应类别的行为标准达标要求，满足其他基本条件，并且获得高级秘书资格。

四、基础类秘书任职资格标准结构

培训体系建设的8节实战课

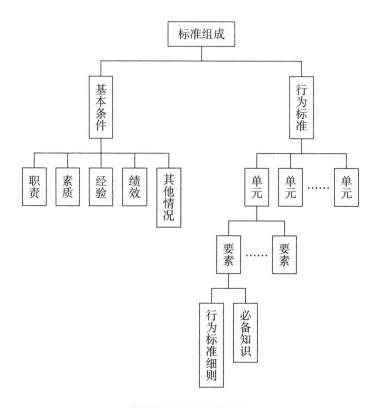

基础类秘书任职资格标准

（一）基本条件

1.职责

● 部门文档管理。

- 部门员工的人事信息管理、考勤管理、信息传递及处理。
- 部门内外流程上下接口的协调工作。
- 根据要求制作文件。
- 部门会议（学习、培训）的会务工作。
- 部门办公物品（日常办公用品，固定资产）的例行管理。
- 各项规章制度在部门的执行、协助部门领导进行部门计划的制订与跟踪。
- 部门文体活动组织及部门宣传工作、部门5S① 例行管理。
- 主管交办的其他事务。

2. 素质

敬业精神：在一定期限内准确保质完成工作。

服务精神：满足内部客户、外部客户的工作需求。

细心：对自己的工作有警觉，发现并避免错误。

团队精神：支持团队决定，与团队成员分享相关信息，在必要时提供帮助。

沟通：正确表达并获得理解和支持。

逻辑思维：发现问题的基本关系，根据重要性区分出任务的轻重缓急。

保密：严格遵守保密制度并督促他人遵守保密制度。

3. 经验

学历：大学本科以上，专业不限。

工作经验：对应秘书的级别，除任职资格需达相应的标准，还需有工作经验的要求。

资格	行为标准达标程度	工作经验
高级秘书	基础类三级	华为秘书经验18个月以上
中级秘书	基础类二级	华为秘书经验12个月以上
初级秘书	基础类一级	华为秘书经验3个月以上

---

① 5S即整理（SEIRI）、整顿（SEITON）、清扫（SEISO）、清洁（SEIKETSU）、素养（SHITSUKE），又被称为"五常法则"。

4.绩效

资格	绩效表现要求
高级秘书	3B1C以上
中级秘书	2B2C以上
初级秘书	无D

5.其他情况（如奖惩情况、培训记录及成绩）

在华为工作期间受到的奖惩、参加的培训及培训成绩均会对资格达标有一定的影响。

（二）行为标准

第一单元：提高流程的工作效率

要素1.1　组织自己的工作

　　A.运用适当的工作方法，最有效地利用时间

　　B.使自己的工作和同事的工作协调一致

　　C.最大限度地控制材料的浪费

　　D.根据既定的工作程序开展工作

要素1.2　开发自我，提高绩效

　　A.确定和认可个人改进目标

　　B.准备和认可一项自我改进的实施计划

　　C.实行与复审个人改进计划

要素1.3　维护工作环境以辅助工作流程

　　A.保持工作环境整洁、安全

　　B.向适当的人员报告影响个人工作效率而自己又无法控制的工作条件

要素1.4　维护安全和稳定的工作场所

　　A.监督和维护工作场所的安全

　　B.努力控制意外事故或紧急情况中的人身财产损失

　　C.维护工作场所内人员、物品和信息的安全

【第一单元要素必备知识范围】

- 时间管理知识
- 组织个人工作的方法
- 与上司、同事沟通的技巧和协作方法
- 社会公布的火警、匪警、急救等电话号码以及公司火警及安全管理部电话号码
- 告警系统的操作方法、灭火器材的使用方法等
- 初步的护理知识：烧伤、电伤、中毒等的处理
- 上报紧急情况的方法及流程
- 公司及部门的安全、保密制度

第二单元：培养有效的工作关系

要素2.1　创造并保持与其他员工的有效工作关系

　　A. 对属于自己职责范围内的同事们的要求立即行动起来，给予合作

　　B. 将相关信息迅速准确地传递给同事

　　C. 实现目标时，如有困难，应礼貌地向相关人员请求帮助

　　D. 讨论、解决影响工作关系的各种问题或者迅速地上报给相关人员

　　E. 交流和提供帮助的方式方法应符合同事的需求

要素2.2　问候和帮助来访者

　　A. 迅速礼貌地以公司规定的接待礼仪接待来访者并明确他们的需求

　　B. 给来访者提供恰当的、符合公司要求的信息

　　C. 按照接待流程要求引导来访者到目的地

　　D. 礼貌地解释延迟或不能提供帮助的原因

　　E. 如遇自己职责之外的情况，上报给相关人员进行处理

　　F. 根据来访者的具体情况、要求及公司的实际情况满足来访者者的要求

- 公司的接待礼仪及规范
- 公司有关来访人员参观的规定
- 保密制度
- 防范泄密的方法技巧
- 公司的组织结构及各部门业务分工和办公位置

第三单元　信息管理

要素3.1　处理入局及出局通话

　　A. 以机构认可的礼仪迅速清晰地对来话作出反应

　　B. 正确识别来话方，并准确地记下其要求

　　C. 在自己的职权范围内回答询问或将询问提交相关人员

　　D. 正确拨打自己的或代别人拨打出局电话

　　E. 礼貌地获取和检查相关信息

　　F. 迅速准确地将相关信息传递给相关人员

　　G. 迅速将通信设备故障上报给相关责任部门

　　H. 若有需要，根据机构的规定记录通话

要素3.2　收取、整理并分发邮件

　　A. 根据机构要求的程序收取邮件

　　B. 在既定时间里根据要求整理邮件

　　C. 在规定的时间里将邮件分发相关人员

　　D. 分发中若出现无法避免的延误情况，应立即报告相关人员

　　E. 邮件地址书写明了、正确，信函内附件附着牢固，发现丢失，立即上报

　　F. 根据需要进行登记

要素3.3　信息系统的建立与信息维护

　　A. 根据公司的规定使用合适的软件或方法建立信息系统

　　B. 及时准确地将新信息输入信息系统

　　C. 根据公司的规定处理过期的信息

D.当源数据不完整或不合法时，向适当人员请求处理办法

E.用公司规定的方法对有责任维护的公共信息系统进行维护

要素3.4　信息接收与传送

A.以合适的途径接收所需信息

B.在指定的期限内，选择最适当的方式正确并准确地传送信息到指定部门、指定人员

C.根据公司保密要求，及时提供重要信息给有权知道的人员

D.及时矫正或汇报出现的错误信息，尤其对数字信息

要素3.5　信息查找与恢复

A.使用计算机软件选择有效的查寻方法查找数据信息

B.重要数据信息及时备份并选择合适的恢复手段

C.理解信息需求并确定和索取信息来源

D.保护信息和设备不受损失

要素3.6　信息系统的安全与保密

A.保护所建立的信息系统

B.信息传递过程中的保密与安全

【第三单元要素必备知识范围】

- 公司电话接听的礼仪
- 电话记录方式
- 公司基本组织结构、主要产品和各部门业务职责
- 公司内外常用电话号码
- 传真、邮件、笔记使用方法

适用范围：

①SAP[①]系统

---

① SAP是一款用于ERP（企业资源计划）管理的软件。

②Notes[①]系统（114号码查询系统、IP地址登记）

③Netscape地址本及收发邮件

④部门业务客户通信系统

⑤用于各种业务的查询网址

⑥邮件群组

⑦固定资产库

⑧部门员工信息库

⑨IP地址库

⑩办公用品库；员工培训信息库；考核记录；本部门人员通信
联络信息库。

第四单元：文档管理

要素4.1　用现有的文档系统存储信息

A.迅速将信息按顺序存储在正确的位置

B.存储的资料是完整和安全的

C.正确地分类信息

D.向适当的人员询问信息分类的疑惑

E.信息定位系统应及时更新

要素4.2　从现有的文档系统获取信息

A.迅速找到所需信息，并将信息传递给正确的人或位置

B.信息提供如果延迟，应予以通知，并要礼貌地解释延迟原因

C.准确记录、及时更新获得的信息，并按要求的形式呈现

D.识别丢失或过期的条目，并遵循正确步骤将其找出

---

① 　Lotus Notes/Domino 是一个世界领先的企业级通讯、协同工作及Internet/Intranet平台；具有完善的工作流控制、数据库复制技术和完善可靠的安全机制；尤其适合于处理各种非结构化与半结构化的文档数据、建立工作流应用、建立各类基于Web的应用。它全面实现了对非结构化信息的管理和共享，内含强大的电子邮件功能及工作流软件开发环境，是实现群组协同工作、办公自动化的最佳开发环境。

【第四单元要素必备知识范围】

- 文档检索系统
- 信息存储方法
- 信息分类
- 文档基本分类路径
- 产品开发文档管理规范
- 公司及部门行政文件的分类标准
- 存储顺序的分类：字母顺序、数字（序列号）、主题、地理（域）、时间（年代）等
- 按不同的顺序方法对文档进行排序的技能
- 文档基本分类路径
- 公司及部门行政文件的行文规范和分类标准
- 文件发放的过程和原则
- 文档存放的原则
- 公文保密制度
- 防止泄密的措施

第五单元：根据所提供的材料制作并演示文本

要素5.1　根据所提供的材料，利用适当的工具制作所要求的文本

  A. 理解制作文本的要求

  B. 根据所提供的书面（手稿）、录音或口述材料，利用适当的工具或软件，按要求将文稿制作成适合展示的形式

  C. 识别、检查并校正文中的错误及不确定之处

  D. 排版符合公司或部门规定的风格

  E. 按要求整理原件和复本并保存按照要求核对、整理并分发所完成的原件及复本

  F. 保持信息的安全与机密

  G. 在指定期限内完成工作，如不能按期完成，须及时、准确地汇报理由

要素5.2　复印

A.制作的副本符合要求的数量和质量

B.材料浪费被控制在最低限度

C.副本按要求进行校对

D.文件页张应依要求加以封装，封装要整洁、安全

【第五单元要素必备知识范围】

- 公司及部门行政文件的行文规范
- 编制页码号
- 封装方法
- 机构有关安全和保密的政策
- 复印机操作指导及卡纸处理方法

第六单元　办公设备管理

要素6.1　根据需求申购办公设备

A.监控各类办公设备的日常使用情况

B.根据需求，申购办公设备

C.跟踪申购请求的执行情况

要素6.2　领用办公设备，建立资产台账

A.及时查询到货信息

B.领取及发放办公设备

C.建立资产台账，及时更新数据

要素6.3　办公设备的日常管理及盘点

A.及时处理资产的转移、清退、报废

B.维护各类办公设备的正常使用状态

C.定期盘点，根据公司要求处理盘点结果

【第六单元要素必备知识范围】

- 部门的申购流程规定

- 公司的紧急申购流程
- 申购电子流的使用方法
- 5S管理
- 网上到货信息的查询方法
- 部门关于领货流程的规定
- 常用设备的相关信息
- 公司固定资产管理规定
- 部门关于资产转移、清退、报废的规定
- 固定资产查询系统的使用方法

第七单元　会务工作

要素7.1　会议前准备

A.明确会议的目的及指示，确定相应的会议事项

B.各项资源应配合会议的时间及需求

C.准备满足个人特殊需要的设施

D.利用有效的渠道通知与会人员会议的时间、地点、议程等事项

E.确认与会人员准时到会

要素7.2　协助会议进行

A.检查会议所需的各项资源正常运作

B.根据会议议程确保会议如期进行

C.为与会人员提供及时、准确的会议信息

D.灵活有效地处理意料之外的事情

E.根据需求对会议的重要内容及决策进行记录并整理

F.对无法处理的事情应及时汇报至会议总协调人处

要素7.3　会后整理

A.对会议使用完毕的物品进行清理，结算费用

B.根据要求整理会议相关资料

C.确定是否需要根据会务情况进行总结并提交相关部门

D.保持信息安全和机密

【第七单元要素必备知识范围】

- 公司与会议有关的管理与财政规定
- 个人角色与安排
- 会议议程准备方法
- 有关会议设备准备的安排
- 资源获取的渠道及流程
- 会议准备不充分的后果
- 资源的安全及保密措施
- 物品维护使用规定（设备、资料）
- 会议记录的技巧
- 食宿、交通安排技巧
- 信息保管及传递的技巧
- 公司安全及保密的措施
- 费用结算的流程
- 归档的相关规定
- 安全及保密措施

第八单元　协助计划工作并监控工作进度

（POP[①]必选）

要素 8.1　计划和组织工作（认证重点：明确工作内容的轻重缓急；合理安排各种资源）

A. 与主管协商，确定任务并排出先后顺序，以满足工作要求

B. 与部门人员协商，明确共同目标及计划步骤，以利于计划执行

C. 合理分配资源，便于按优先顺序完成确定的任务

D. 在人力资源合理利用过程中，加强对新员工的培养

E. 根据工作优先顺序的变化，及时调整资源分配

F. 与相关资源部门保持良好的协作关系，以利于确定、商讨和

---

① POP的英文全称是Project Operator，华为直译为项目操作员，有的公司翻译成项目助理。

协调相关的援助以满足具体要求和期限

G.工作方法和活动符合法律条令要求和公司规定

要素 8.2　监控工作目标的实施（认证重点：准确、合理地设置监控点；针对未完成的情况进行分析并进行补救；做好工作经验的总结与积累）

A.分析工作目标要求及特点，合理、准确地设置监控点及检查标准

B.根据确定的目标，及时检查、分析和评估工作结果，把握工作目标与方向

C.当出现未能及时完成或与任务要求不符的情况时，能准确分析原因，并做好相应的补救措施

D.根据工作需要，制订相应的工作流程、规范及制度，以保证目标的顺利达成

E.找出偏离规划目标的原因，必要时，上报给相关人员

F. 在自己的职责范围内立即实施改正措施，并向相关人员汇报

G.任务完成后，总结工作中的经验与教训并存档，以便今后借鉴

【第八单元要素必备知识范围】

- 工作的计划方法
- 时间管理办法
- 协调资源和任务的方法
- 通报和与他人商议工作方法的方法
- 求援的方法
- 监督目标实现情况的方法
- 处理规划目标偏差的方法
- 建立和实施管理机制的方法
- 根据目标检查和考评工作结果的方法
- 考评与沟通的方法

- 保持良好的团队氛围的方法
- 保持与相关部门良好协作关系的方法
- 汇报问题和建议的程序
- 监督和更新系统的方法
- 处理非常事务和紧急情况的方法

第九单元　业务部文档工作推行

（文档秘书必选）

要素9.1　数据库及数据管理

　　A. 在遵守公司及部门规定的前提下，为用户提供优质文档查阅服务，其中包括判断申请单据的合法性、及时响应申请、服务质量及方式满足用户需求

　　B. 确保数据质量，包括数据形式符合规范。保障数据安全存储和传递，提供适当的数据备份方案，遵守数据加密传送规则，发现问题适时更新上报

　　C. 科学管理数据，对数据进行筛选、制订分类标准、汇总、编目、标识、跟踪，使得检索效率满足用户需求

　　D. 配合主管或根据业务需求进行数据统计，为管理者决策提供有效依据，必要时辅以数据分析报告说明，力求客观深入地反映问题

要素9.2　安全合理地利用软件资源、硬件资源

　　A. 根据业务发展需要选择文档室专业软硬件工具，并确保按时到位

　　B. 在规定时间内安装、调试专业软件工具、硬件工具。合理调配资源，充分发挥效能，运用方法符合规范

　　C. 定期检查、维护文档室软件、硬件工作环境和数据载体，以保证其正常安全运作

　　D. 发现故障，及时维修，在能力限度内定位并处理日常故障，若

遇无法解决的困难，尽快向相关人员求助，并获取有效的援助

要素9.3　建立并维护独立网络，按规定控制权限

A. 了解业务需求，按保密要求建立并维护独立网络

B. 遵守网络规定，充分应用IT技术解决问题，在保密的前提下保证数据充分共享

C. 管理文档服务器及独立网络，按相关规定严格控制访问权限，并及时判定权限规则的合法性

要素9.4　配合上级部门，推行文档制度、保密条例

A. 充分发挥学习潜力，通过有效渠道快捷获取信息，能深刻领悟文件精神并传达

B. 有创造性地选择切实可行的方法积极推行和执行文档制度、保密条例等规范，效果明显

C. 结合部门实际，建立内部管理制度，加强保密措施

D. 严格按照公司及部门规范检查文档工作，遇到问题，及时与相关人员沟通解决

E. 对推行和检查中出现的问题及时过滤、调研、跟踪、反馈，并结合工作实际提出建设性的意见，以进一步优化推行方式。对推行结果进行总结便于经验共享

要素9.5　宣传、培训接口工作

A. 针对IT应用及制度规范等要求适时对相关人员开展宣传和培训工作，视对象的程度不同编写教材，拟定宣传和培训计划，具体实施，及时总结

B. 跟进培训及宣传效果，及时调整计划，收集反馈意见，上报给相关人员

C. 根据不同的实际情况，通过合理的渠道（如定期简报，提交专门报告等方式）反馈问题

【第九单元要素必备知识范围】

● 相关产品结构、查阅响应方法

- 数据备份方法

- 数据发放方法

- 信息资料管理方法

- 特殊设备的安装维护常识、数据管理软件使用技能、求助方法

- 为用户提供支持的方法

- 网络维护管理方法

- 文档查阅权限规则、业务规范及流程

- 制度推行和宣传方法

- 保密手段、流程规范的培训方法

- 处理接口问题的方法

- 收集反馈信息的方法

- 文档计划制订的相关知识、计划的有效监控方法

- 组织文档检查的方法

- 问题协调方法

五、助理类秘书任职资格标准结构

（一）基本条件

1.职责

- 协助部门主管进行资源方面的管理，以合理利用资源。

- 协助或负责本部门与相关部门建立并维持良好的工作关系，辅助推动部门组织气氛的建设及宣传工作以保证工作的正常开展。

- 负责培训、指导、考核下属秘书的工作，负责秘书任职资格认证工作以保证秘书体系的技能、服务满足工作的需求。

- 根据工作需求起草建立各项规章制度，优化重整流程，并组织推行。

- 协助公司级或部门大型会议的组织、对外交流的接待，策划、组织本部门的会议并跟踪负责决议推行。

- 负责公文、信息及问题的预处理，协助部门计划工作并监控工作进度。

- 有效准确地调查相关工作信息并为管理层、决策层提供有效依据。

- 负责以下单项职责：辅助人力资源管理、辅助财务管理、机要信息管

理、机要文档管理、部门固定资产系统管理、辅助项目计划管理等。

（注：初级行政助理岗位既有助理类的大部分工作也有基础类秘书工作，或既有基础类秘书工作也负责单项职责，或全职做单项职责的工作）

2. 素质

领导能力：能领导成员在一起高效工作，促进团队的运作。

服务精神：预测客户需求并主动满足。

沟通：正确表达并和他人取得共鸣。

影响能力：为特定目的特意采用影响策略或战术，有具体行动。

敬业精神：在最短的时间内主动改善及完成工作。

团队精神：倡导团队合作，积极参与团队活动并主动为团队成员提供帮助。

成就导向：努力发现某系统或个人工作方法的改进点，并做出具体改变以改进绩效。

计划组织：协调、调动资源，有效地制订自己和团队的工作计划，采取有效、及时的行动。

3. 经验

学历：大学本科以上，专业不限。

工作经验：对应秘书的级别，除任职资格需达到相应的标准，还需有工作经验的要求。

资　格	行为标准达标程度	工作经验
高级秘书	基础类三级	华为秘书经验18个月以上
中级秘书	基础类二级	华为秘书经验12个月以上
初级秘书	基础类一级	华为秘书经验3个月以上

4. 绩效

资　格	绩效表现要求
高级秘书	3B1C以上
中级秘书	2B2C以上
初级秘书	无D

5.其他情况（奖惩情况、培训记录及成绩）

在华为工作期间受到的奖惩、参加的培训及培训成绩均会对资格达标有一定的影响。

（二）行为标准

第一单元　提高工作流程的效率

要素 1.1　挖掘个人潜力，提高绩效（认证重点：能否客观认识自己、评价自己）

A.依据目前的工作活动和职业潜力找出自我发展需求

B.确定个人的发展目标，必要时，与相关人员商议

C.定期检查个人发展计划，获取意见以制订改进和提高的措施

要素 1.2　计划和组织个人工作进度表（认证重点：工作计划的制订、执行、调整）

A.根据工作任务的轻重缓急合理安排时间，确保工作按时保质完成

B.学习并采用适当的计划辅助工具合理安排和掌握工作进度

C.根据工作任务的变化，与主管及团队成员协商，确保调整的工作程序满足要求

D.遵照执行制订的计划，遇变动或在自己能力范围外的例外事务，预先知会相关人员，并积极寻求相关帮助资源

要素 1.3　获取组织个人工作活动中所需要的信息（认证重点：自我提高的意识，包括知识、业绩、工作改进等方面）

A.获取和掌握个人工作所需的相关信息

B.定期检查信息的准确性，及时更新，以满足工作需求

C.根据公司规定保守信息机密

【第一单元要素必备知识范围】

- 个人工作定位与责任、识别、确定发展需要的方法
- 确定自我发展目标的方法

- 发展机遇及资源对它们的影响、实施开发活动的方法
- 记录成就的方法
- 培训实施的方法
- 对进展情况和业绩提供反馈信息的方法
- 时间管理
- 团队作战
- 工作方法与实践
- 个人存储系统
- 保密规定
- 确定定购申请资源

第二单元　创造和维持有效的工作关系

要素 2.1　与同事一起创造、培育和维持有效的工作关系（认证重点：与周边同事关系的融洽度、人员心理动态了解、建立的关系对部门工作的促进作用）

A. 了解相关人员的工作内容，并及时向其明确自己的工作职责

B. 在商定的时间范围内实现承诺

C. 给同事提供信息和援助以满足其真实需求

D. 当同事在工作中有困难时，在自己的能力限度内提供适当的援助

E. 沟通方法和援助方式满足同事需求

F. 及时提出任何对工作质量有益的建议

G. 当与同事之间或发现同事之间的工作关系遇到无法解决的困难时，及时将其提交给相关人员（及时发现同事的心理异常动态并恰当地反映给相关人员，以便形成部门良好的工作关系）

H. 及时发现同事的培训需求，并积极组织相关培训

I. 与同事有关的信息应予以保密

要素 2.2　与外部联系人员一起创造、培育和维持有效的工作关系（认证

重点：建立的关系对部门工作的促进作用）

A.准确地设立、商定和记录与外部联系人员协作的方法

B.培育和维持与外部联系人员的良好工作关系，促使工作安排顺利完成

C.在自己的权限范围内，迅速、礼貌、准确地答复信息要求

D.根据公司要求保守机密

E.当与外部人员的工作关系遇到自己无法解决的困难时，立即提交给相关人员

【第二单元要素必备知识范围】

- 处理不同意见和冲突的方法
- 建立合作关系
- 根据机会平等原则分配任务
- 接待原则及程序
- 公司产品及服务
- 公司结构
- 沟通技巧
- 激励员工方法
- 公司汇报程序
- 处理机密信息的方法

第三单元　调研、准备和提供信息

要素3.1　调研、收集和选择信息以满足指定的需要（认证重点：敏锐发现主管需求，并提供相应信息；信息汇总能力）

A.明确任务目标，确定指定的信息需求

B.判断所需信息类别（如报价、服务、市场信息），确定获取信息的途径、对象和范围

C.制定调研方案，设置监控点，确保整个过程的质量和效率

D.按既定的方案实施调研，并根据工作情况灵活调整

E.收集、汇总信息

F.操作过程符合有关的法律条文和公司规定

要素3.2　准备并提供信息以满足指定的需要（认证重点：信息分析能力；报表的美观、规范性）

A.筛选汇总信息，按类别和重要性对信息进行分析和整理

B.所选格式和陈述方式符合规定的需要

C.操作过程符合有关的法律条文和公司规定

D.保守信息的安全和机密

E. 当在规定的期限内不能完成工作时，立即准确地上报原因，并确定最终提供信息的时间

F. 对调研过程进行总结，如需经常获得该类信息，将信息收集及整理的方法、途径、经验明确成文，报主管及相关人员共享，以便使该项工作例行化、规范化

【第三单元要素必备知识范围】

- 信息调研的方法
- 信息调研的记录方法
- 信息定位及选择的方法
- 确定信息需要的方法
- 汇总和组织信息的方法
- 演示/组织和引用信息的方法
- 保守信息安全和机密的方法

第四单元　公文拟制及推行

要素4.1　按要求起草文件（信函）（认证重点：起草文件符合要求）

A.明确需起草的文件或信函，并按紧急、重要程度优先处理

B.准确理解文件的要求及将达到的预期效果

C. 核查文件所依据的信息来源是否确切和有效，若有必要，可提出简洁明了的建议，并给决策者提供适当的阐释

D. 按起草的内容正确使用文种，措辞准确、表达清晰，同时行文风格、文件格式等要符合公司公文规范

E. 根据公司规定，保存相关文献的副本，确保信息的安全和机密

F. 在商定的期限内提供完整的文件，当不能在规定期限内完成工作时，立即准确地上报原因

要素 4.2　制定制度以满足工作的需要（认证重点：制度的下发与推行，并根据推行情况优化制度）

A. 明确自己在制度的应用和制定方面的权限范围

B. 根据需要收集满足特定需要的相关信息，必要时与用户一起讨论，或获取专家建议

C. 给用户提供清晰、全面的指导，使他们能将既定的规范付诸实施

D. 监控实施过程符合规程要求

E. 对制度的有效性和可行性进行评估，对不完善或不合理之处提出建议或报告

F. 将修改后的规程报主管批准后付诸实行，并监控实施过程

G. 在实施进程中，逐步改进，逐步优化

H. 设计、实施流程应符合上级规定以及法律条令要求

【第四单元要素必备知识范围】

- 公司行文的格式及要求、行文规范
- 规程的类型和应用
- 规程开发方面的权限范围规程获得通过的方法
- 规程的监控方法
- 监察规程实施有效性的方法
- 与规程有关的支援系统的类型、给用户提供指导的方法

第五单元　协助计划工作并监控工作进度

要素 5.1　计划和组织工作（认证重点：明确工作内容的轻重缓急；合理

安排各种资源）

A. 与主管协商，确定任务并排出先后顺序，以满足工作要求

B. 与部门人员协商，明确共同目标及计划步骤，以利于计划执行

C. 合理分配资源，便于按优先顺序完成确定的任务

D. 在人力资源合理利用过程中，加强对新员工的培养

E. 根据工作优先顺序的变化，及时调整资源分配

F. 与相关资源部门保持良好协作关系，以利于确定、商讨和协调相关的援助以满足具体要求和期限

G. 工作方法和活动符合法律条令要求和公司规定

要素 5.2　监控工作目标的实施（认证重点：准确合理设置监控点；针对未完成情况进行分析补救；做好工作经验的总结与积累）

A. 分析工作目标要求及特点，合理、准确设置监控点及检查标准

B. 根据确定的目标，及时检查、分析和评估工作结果，把握工作目标与方向

C. 当出现未能及时完成或与任务要求不符的情况时，能准确分析原因，并做好相应补救措施

D. 根据工作需要，制定相应的工作流程、规范及制度，以保证目标的顺利达成

E. 找出偏离规划目标的原因，必要时，上报给相关人员

F. 在自己的职责范围内立即实施改正措施，并向相关人员汇报

G. 任务完成后，总结工作中的经验与教训，并存档，以便今后借鉴

【第五单元要素必备知识范围】

- 工作的计划方法
- 时间管理办法
- 协调资源和任务的方法
- 通报和与他人商议工作方法的方法
- 求援的方法

- 监督目标实现情况的方法
- 处理规划目标偏差的方法
- 建立和实施管理机制的方法
- 根据目标检查和考评工作结果的方法
- 考评与沟通的方法
- 保持良好的团队氛围的方法
- 保持与相关部门良好协作关系的方法
- 汇报问题和建议的程序
- 监督和更新系统的方法
- 处理非常事务和紧急情况的方法

第六单元　会议组织与跟踪实施

要素6.1　会务的监控与实施（认证重点：会务的统筹安排及监控）

A.明确会议议程，了解整个会议所需资料的来源与内容范围

B.组织相关会务人员明确会务分工并制订会务准备计划

C.控制会务进程，同时为与会人员提供所需的信息与建议

D.有效、及时处理突发事件，确保会议顺利进行

E.会后汇总会议决议，促进和监控会议中提出的措施与决议

要素6.2　会议的有效组织（认证重点：自行组织会议，促进会议效果的达成）

A.明确会议目的，拟定会议议程

B.监控会议准备，对会议准备进行有益的指导

C.通过有效的交换意见，促进会议决议的形成

D.制订会议决议的实施计划，并监督实施

【第六单元要素必备知识范围】

- 公司与会议有关的管理与财政规定
- 决定会议目的与目标的方法
- 组织和比较文档

- 会议议程准备方法
- 个人角色与责任
- 与会人员的角色与责任
- 会议进行的规定
- 提供管理支持的角色与责任
- 个人发言权限与范围
- 对会议安排进行评价的方法
- 与会议有关的应急处理流程
- 会议纪要与报告的目的
- 记录重要决策和问题的方法
- 准备会议记录的方法
- 获取记录认可的方法
- 公司有关记录风格与格式的规定
- 监控经过认可的措施
- 发送记录的流程

第七单元 帮助下属提高绩效

要素7.1 提高团队绩效

A.通过对下属工作情况的积累、评价及沟通，以达到帮助其不断改进工作的目的

B.及时发现团队工作中的问题，寻找解决方法，以提高团队整体绩效

C.通过各种形式的活动与宣传，提高团队组织氛围

D.敏锐察觉下属培训需求，积极组织相应培训或向相关人员提出培训建议

E.通过合理调配人力及物力资源，配合部门整体绩效的提高

要素7.2 新秘书培养

A.根据新秘书岗位要求，督促思想导师制订详细的培养计划

B.对新秘书培养计划与效果积极监督、跟踪

C.根据新秘书培养需求，采取有效措施，保证新秘书的培养

【第七单元要素必备知识范围】

- 管理心理学
- 有效的激励
- 团队建设
- 营造良好的组织气氛
- 问题调查的方法
- 有效的沟通
- 绩效管理与绩效考核
- 有效的管理控制
- 领导技能与实践

第八单元 数据管理

要素8.1 数据库及数据管理（认证重点：数据存储、备份、检索和质量）

A.在遵守公司及部门规定的前提下，为用户提供优质文档查阅服务，其中包括判断申请单据的合法性、及时响应申请、服务质量及方式满足用户需求

B.确保数据质量包括数据形式符合规范。保障数据安全存储和传递，提供适当的数据备份方案，遵守数据加密传送规则，发现问题适时更新上报

C.科学管理数据，对数据进行筛选、制定分类标准、汇总、编目、标识、跟踪，使得检索效率满足用户需求

D.配合主管或根据业务需求进行数据统计，为管理者决策提供有效依据，必要时辅以数据分析报告说明，力求客观深入地反映问题

要素8.2 安全合理地利用软硬件资源（认证重点：有效使用软硬件工具）

A.根据业务发展需要选择文档室专业软硬件工具，并确保按时到位

B. 在规定时间内安装、调试专业软硬件工具。合理调配资源，充分发挥效能，运用方法符合规范

C. 定期检查、维护文档室软硬件工作环境和数据载体，以保证其正常安全运作

D. 发现故障，及时维修，在能力限度内定位并处理日常故障，若遇无法解决的困难，尽快向相关人员求助，并获取有效的援助

要素8.3 建立并维护独立网络，按规定控制权限（认证重点：明确相关文件及条例要求，建立网络及控制权限）

A. 了解业务需求，按保密要求建立并维护独立网络

B. 遵守网络规定，充分应用IT技术解决问题，在保密的前提下保证数据充分共享

C. 管理文档服务器及独立网络，按相关规定严格控制访问权限，并及时判定权限规则的合法性

【第八单元要素必备知识范围】

- 相关产品结构
- 查阅响应方法
- 数据备份方法
- 数据发放方法
- 信息资料管理方法
- 特殊设备的安装维护常识
- 数据管理软件使用技能
- 求助方法
- 为用户提供支持的方法
- 网络维护管理方法
- 文档查阅权限规则
- 业务规范及流程

第九单元　文档检查与制度推行

要素9.1　配合上级部门，推行文档制度、保密条例（认证重点：流程学习能力，深入浅出地理解，继而有效推行）

　　A. 充分发挥学习潜力，通过有效渠道快捷获取信息，能深刻领悟文件精神并传达

　　B. 有创造性地选择切实可行的方法，积极推行和执行文档制度、保密条例等规范，效果明显

　　C. 结合部门实际，建立内部管理制度，加强保密措施

　　D. 严格按照公司及部门规范检查文档工作，遇到问题，及时与相关人员沟通解决

　　E. 对推行和检查中出现的问题及时过滤、调研、跟踪、反馈，并结合工作实际提出建设性的意见，以进一步优化推行方式。对推行结果进行总结便于经验共享

要素9.2　宣传、培训接口工作（认证重点：广泛宣传流程规范，积极参与培训工作）

　　A. 针对IT应用及制度规范等要求适时对相关人员开展宣传和培训工作，视对象的程度不同编写教材，拟订宣传和培训计划，具体实施，及时总结

　　B. 跟进培训及宣传效果，及时调整计划，收集反馈意见，上报给相关人员

　　C. 根据实际情况不同，通过合理渠道（如定期简报，提交专门报告等方式）反馈问题

【第九单元要素必备知识范围】

- 制度推行和宣传方法
- 保密手段
- 流程规范的培训方法
- 处理接口问题的方法

- 收集反馈信息的方法
- 文档计划制订的相关知识
- 计划的有效监控方法
- 组织文档检查的方法
- 问题协调方法

华为的导师制是真实的导师制，靠谱落地！

华为的老板任正非认为员工加盟到华为，是来工作的，也是来生活和学习的。如果能让员工在刚来的前几个月迅速消除隔阂和陌生感，以及不适应感，员工有可能会更快地完成华为人的转变。所以，华为实行了导师制。

一、导师既关注员工的思想，又辅导员工

在华为，导师和学员配好对之后，导师会跟新员工的主管先沟通，了解新员工的大致定位和工作意向。然后会找员工聊，第一次聊得会比较泛，但是不会特别深。借机了解员工的价值观和性格特点，了解员工的家庭情况和在华为的工作生活情况，同时回答新员工一些问题，以帮助新员工消除陌生感和不适应感。

导师会在之后的时间，跟员工讲解公司文化、核心价值观、行为规范，以及公司的组织架构，部门的基本情况和领导的工作风格，跟新员工讲解本单位的工作内容，产品和发展方向，帮助新员工尽快找准工作方向。

在日常工作中，如果新员工有工作和生活方面的问题，可以直接找导师咨询。导师会跟新员工协商一个辅导计划，基于计划和新员工的工作有节奏地给新员工做工作辅导。

二、在华为，导师是有选拔标准的

华为的导师有两个非常重要的条件：一是绩效成绩必须要优秀，二是从内心里认同华为文化。

如果不认同华为以客户为中心，以奋斗者为本，长期坚持艰苦奋斗的价值观，那是不可能有机会成为新员工导师的。

对于一名导师可以带几名新员工也是有规定的。虽然华为的导师补贴不高，但是每名导师最多允许带两名新员工，这样做是为了保证成效。当然，

部门的思想导师除外。

三、导师的激励政策

虽然华为导师的津贴不高，但是有激励政策保证的。

在很多实施导师制的公司，津贴不多，事儿不少，责任还挺大，搞得很多人不愿意做导师，公司只好"拉郎配"式地硬派。

在华为，从激励制度上排除了这个障碍。

华为的导师激励政策有以下三个：

一是晋升机制，华为规定没有做导师的人，一律不得晋升。

二是给予导师补贴。

三是年度会有"优秀导师"评选活动，公司会给予隆重表彰。

在华为内部有个公认的说法：优秀的主管都是从优秀导师晋升出来的。

因为能带出一名优秀的徒弟，就能带好两名徒弟；同理就能带出一个优秀的团队。

如果新员工能够得到导师的精细化指导，不但有细致的工作指导，还是身教，对于新员工的影响是巨大的。

所以，做事情就要做扎实，很多企业的导师制流于形式，就是因为做得不扎实，瞎对付，那样的效果是负向的。

把工作做到位，一定要有目标，有要求，有流程，有规范，有奖惩，否则，就是瞎折腾！

4

第四节课

培训需求分析

很多企业的学习项目普遍强调学习内容和方法，往往不说明为什么要学习这些内容，能够给学员带来什么好处；如果需要学员主管的支持，也不说明项目会给部门和经理带来什么好处。我们知道成人学习是有规律的，不能像对待小学生那样对待成年人，否则很难取得理想的学习效果。成人学习目的性很强，学以致用是底层的支撑，一切不能回答能给受训者带来什么好处的学习项目，都很难取得成功！

本章节学习内容：

- 有效的培训实施系统模型
- 培训的分工和责任
- 培训需求分析
- 培训需求分析的方法和工具
- 结果规划轮

在前面的几节课中我们已经介绍过企业培训的工作是从业务派生出来的。有的学员上课的时候会问笔者："老师，您总说HR要想把工作做好，必须要懂业务，难道是真的让我们对业务的理解达到或者超过业务领导者吗？"那倒大可不必，如果HR对于业务的理解和精通程度达到或者超过了业务部门经理的水平，那么让业务领导者的脸往哪里放呢？如果真的那样，部门经理们不但会感到不好意思，还会感到深深的威胁。

如果企业的学习管理部门不了解公司的业务，在开展学习活动的时候一定要问自己几个问题：

- 我们公司最重要的收入来源有哪些？
- 我们公司最重要的业务增长驱动因素是什么？
- 我们公司的核心战略是什么？
- 我们公司的主要竞争对手有哪些？他们的优势、劣势是什么？
- 我们公司面临的最大的威胁有哪些？
- 我们公司面临的最大的人力资源挑战是什么？
- 公司的各业务条线和职能部门的工作重点、组织能力和管理人员的特点是什么？

如果能够比较畅快地回答以上问题，基本的业务逻辑也就具备了，不用担心被人说不了解业务了。当然，如果想要扎实地掌握业务知识，也没有必要去读EMBA，只需要对企业创造价值的过程，也就是企业的业务价值链保持强烈的求知欲和真诚的兴趣就可以了，并且只要有时间就去各部门转转，最好可以申请到参加旁听业务部门例会的资格，如果能有时间跟业务部门的人员泡在一起，自然而然地也就了解业务了。

人力资源和培训管理部门了解业务的目的是更好地将学习项目设计得更贴近业务，为业务结果服务。

一、有效的培训实施系统模型

图4-1所示的是一个简便易懂的培训实施的模型：

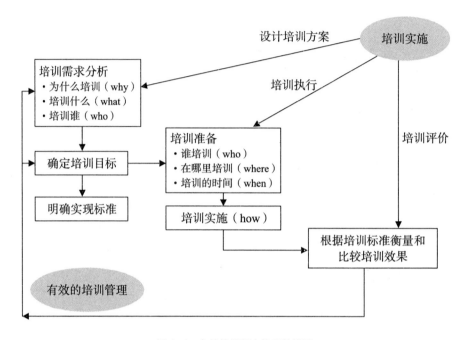

图4-1　有效的培训实施系统模型

培训实施会涉及3个步骤：设计培训方案、培训执行和培训评价。

1.设计培训方案

（1）培训需求分析

首先分析培训理由。有些企业存在这样一种现象：团队领导由于自身管理能力不够，就对下属提出不合理的需求，令大家无所适从。

例如，笔者曾经遇到一个培训需求，客户公司的课程名称是"阳光心态"。在跟客户的培训经理做电话沟通的时候，笔者发现员工工作不积极，对内、对外的态度都不好，主要原因是公司最近实施了新的绩效考核制度，之前员工是死工资，每个月到点发钱，后来公司和员工都不满意这种方式，认为缺乏激励，所以公司人力资源部在老板的授意下出台了新的考核方案。具体的操作方式是把员工50%的工资作为绩效工资进行考核，员工的考核等级分为A、B、C三等：

- 考核结果为A，发放全额绩效工资。
- 考核结果为B，发放80%的绩效工资。
- 考核结果为C，发放50%的绩效工资。

培训经理跟笔者反馈说，自从出台了这个绩效考核方案，全员的积极性大幅下降，甚至出现了一些优秀人员和高潜力人员离职的现象。公司老板认为是员工的心态出现了问题，不能积极接受公司的政策，所以才提出了"阳光心态"的培训需求。

笔者给培训经理的反馈：你们的问题不是"阳光心态"课程可以解决的，应该先在公司普及绩效管理的意识和技术。

培训前一定要先确定培训需要解决的真正问题是什么。培训需求搞不清楚，最终的培训效果是没法保证的。就像一个人没想好去哪里就出发了，最终的结果也是浪费时间和精力。

当下，有些企业的培训需求要么是"经理有病，员工吃药"，要么根本就不清楚为什么要给员工安排培训课程。一定要先分析培训的真正目的，再解决是培训ASK的哪个方面内容需要提升，即态度、技能、知识（Attitude、Skill、Knowledge），最后才是设计培训的方法和内容。

其次分析培训的内容：技能、知识和价值观。这部分一般在企业实施培训的时候被忽略掉了。很多企业，尤其是培训认知不成熟的企业，恨不得上课的每一分钟都要讲师来讲授知识和要点，多给学员输入一些所谓的"干货"。其实，如果是干巴巴地讲授一天甚至两天，课程效果反而不能得到保证。所以，要针对学习的内容做有针对性的课程设计，比如知识型的课程干脆让学员看视频，然后考试检验学习效果；态度方面的课程，安排学员做针对性的研讨，效果反而更佳；技能型的课程，需要实战甚至现场实操，才能达到课程的效果。

最后分析培训的对象。给谁培训是非常重要的，有些企业十年不培训，好不容易安排一次培训，把上至董事长下至前台小姑娘都塞到一个班级，美其名曰：提高培训投入产出！实际的情况往往是，董事长满意了，经理和员工不满意；经理满意了，董事长和员工不满意；员工满意了，董事长和经理觉得课程太低级。前面讲培训模型的时候，讲过不同的培训岗位所需要的内容是不同的。搞不清楚培训对象，也是一种浪费。

（2）确定培训目标

做任何事情都要有目标，否则难以评估是否做得到位。笔者的第三本著作《业务领导者的人才管理课》一书中有介绍盖洛普路径：判断一名经理在员工眼中优秀与否，可以使用12个问题（Q12）来测评，而Q1就是：员工知道自己的工作是什么。所以，企业在设计培训的时候，一定要问清楚参训员工和他们的经理要解决的业务难题是什么？设计好目标之后，再有针对性地设计培训方式和手段。培训的目标也不能涵盖太多的项目，因为培训只能解决培训能够解决的问题，解决不了所有的问题。

（3）明确实现标准

一个事情做得好不好，除了目标，还需要确定好标准。如果标准不明确，那么考核的时候只能考核苦劳，而不是功劳。企业管理最需要的是功劳，这一点是毋庸置疑的。当然，我们也不能按照咨询项目的效果去要求培训效果，否则极难达到。要是达成了，反而让人觉得这个企业很奇怪。

2.培训执行

（1）培训准备

确定谁来讲，内部讲师还是外部讲师；确定培训地点，企业内还是企业外；确定培训时间，工作时间还是休息时间。这些内容看似无关紧要，实际上是企业文化的体现。一般规模较大的国企和外企培训的时间是在工作日，培训的地点会安排在企业外面或者企业大学；而大多数的民营企业基本上是周末培训，并且是在企业内培训，即使企业内部不具备条件，为了省钱也不安排外面的培训地点。笔者有过不少次在公司会议室授课的经历，围绕着不可移动的大会议桌，分组上课略显尴尬。

其实培训的成本真的不是讲师的课酬和教室租赁费用，而是参训学员的时间。如果搞不清楚这些，很有可能会在该大方的地方小气，该小气的地方铺张浪费。

再说一次：笔者最喜欢的培训场地是远离学员工作地点的郊区，最好当地的交通环境很差，通信信号也很差，大家静下心来认真学习和研讨。

在企业内部组织的培训，如果培训组织不利或者人力资源部门威信不足，培训效果只能靠讲师的人品来保证。有时课间一休息就会出现丢人的情况，毕竟学员手头都会有日常的工作，如果趁着课间休息去处理，会顾此失彼。

（2）培训实施

前面都准备好了，剩下的就是培训的实施了。在实施过程中，一定要把细节执行到位。

3.培训评价

根据培训标准和培训结果衡量培训目标是否达成，进行行为改变跟踪。培训评估一般是按照柯氏四级评估系统。

二、培训的分工和责任

培训不仅仅是人力资源部的工作，也需要公司高管、职能部门和员工的参与，如图4-2所示。人力资源部征求意见向需要征求的人员征求，不需要的一定不要征求。

培训活动	最高管理层	职能部门	人力资源部门	员工
确定培训需求和目的、拟订培训计划	部分参与	参与	负责	参与
决定培训标准	——	参与	负责	——
选择培训师	——	参与	负责	——
确定培训教材	——	参与	负责	——
计划培训项目	部分参与	参与	负责	——
实施培训项目	参与	偶尔负责	主要负责	参与
评价培训项目	部分参与	参与	负责	参与
确定培训预算	负责	参与	参与	——

图4-2 培训工作的职责分工

这部分内容很容易被企业忽略，通常会存在一种误区：既然培训管理是企业人力资源部门的核心板块，那么整个培训的运作就应该是人力资源部门全程操作，参训的部门只要按时出现在课堂就好了。

但是，培训活动有确定培训需求和目的、拟订培训计划，决定培训标准，选择培训师，确定培训教材，计划培训项目，实施培训项目，评价培训项目和确定培训预算等内容。而参与的组织和人员可包含：最高管理层、职能部门、人力资源部门和员工。相关的组织如果不能有效地参与培训活动中，培训的效果是很难有效达成的。

当然，不同企业培训的组织和管理会有所不同，培训经理可以根据企业的实际情况作适当的调整，但是，最重要的是把培训实效做到位，否则，培训活动难以达到效果。

三、培训需求分析

不论强调人力资源经理要关注业务结果，还是分享有效的培训实施系统模型，目的还是提醒学习管理者，要在业务结果导向的前提下，做好学习项目的需求分析工作。

1.培训需求分析的双轨模型

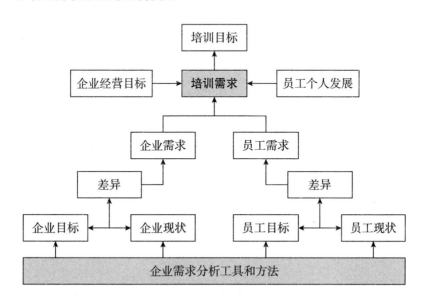

图4-3 双轨模型

从图4-3可以看到，企业目标和企业现状的差异形成企业培训需求，员工目标和员工现状的差异形成员工需求。培训需求由企业需求和员工需求组成，而培训目标就是要实现企业经营发展和员工个人发展，二者缺一不可。所以，从客观角度看培训目标，一定要清楚企业需要什么，员工需要什么。

2.华为培训需求的三个方面

在开发课程时，华为大学基于成人学习的特点，针对这门课程为哪类人员开发，开发此类课程解决什么问题，能够培养学员什么能力等设计开发。华为开发每一门课程一般都会通过问卷调查、课程回访等方式向业务部门进行广泛调研，获得业务部门详细缜密的反馈，然后讲师根据业务部门反馈的信息进行仔细的分析和研究，进行课程开发。

一般来说，华为的培训需求主要来自以下三个方面：

（1）公司发展战略

华为是由业务战略驱动培训的，培训需求围绕着公司的管理变革、战略调整等大方向进行。公司大的战略方向发生调整时，公司的组织架构和人才需求也会发生变化。

（2）业务需求

这通常是业务部门的需求。当业务部门的能力无法切实解决遇到的困难和问题时，真正的培训需求就出来了。比如，公司新产品上市时，营销人员就需要关于新产品知识的培训，否则无法形成有效销售。

（3）个人绩效不足

员工的个人能力与素质需要匹配公司的要求，当无法匹配时，就产生了培训需求，最典型的是新员工的培训和绩效改进培训。

3.有效的培训需求

培训需求分析是了解和掌握企业培训需要的系列活动，即寻找"压力点"。从培训分析的双轨模型和华为需求调查实践可以看出，企业培训需求分析主要涉及3个层面：

第一，企业战略与环境分析。分析实现目标的"压力点"以及环境的变化，是源于新技术、法律，还是竞争。

第二，工作与任务分析。分析和建立岗位的任职资格标准，执行项目或任务的能力要求，找出差异。

第三，人员与绩效分析。分析员工胜任能力，绩效不佳要改善。随着企业的发展，有些老员工如果能力水平有限，主动改进的意愿也比较差，就会出现无法适应企业发展要求的症状。

从上述3个层面进一步衍生出需求分析的3个部分：

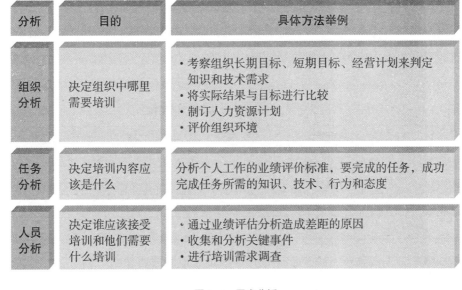

分析	目的	具体方法举例
组织分析	决定组织中哪里需要培训	• 考察组织长期目标、短期目标、经营计划来判定知识和技术需求 • 将实际结果与目标进行比较 • 制订人力资源计划 • 评价组织环境
任务分析	决定培训内容应该是什么	分析个人工作的业绩评价标准，要完成的任务，成功完成任务所需的知识、技术、行为和态度
人员分析	决定谁应该接受培训和他们需要什么培训	• 通过业绩评估分析造成差距的原因 • 收集和分析关键事件 • 进行培训需求调查

图4-4　需求分析

第一，组织分析，决定组织中哪里需要培训。

组织分析属于相对宏观的能力分析。具体来讲，企业要先分析组织的内外部环境，包含能力约束因素和法律制度约束因素，根据分析的结果，拟订企业的长期发展规划和短期目标。

基于设定的目标拟订业务经营计划，分析为保障长短期目标的达成而需要的人力、财力、物力的保证支持是否足额到位。

根据业务经营计划设定和优化组织架构，配置合理的部门职能；根据组织能力配置合理的人员编制；根据人员盘点的结果拟订积极的人力资源政策，有效地招募、发展、激励和保留人才。

根据公司的传统和战略发展的需要，设定、优化、调整公司的核心价值观，创立积极的、匹配企业战略的企业文化。

组织分析要看组织的目标有哪些，承接目标的组织架构是否合理，组织的资源和文化是否满足需求。

第二，任务分析，决定培训内容应该是什么。

具体方法是分析部门或者岗位工作的任务，成功完成任务所需的知识、技能、行为和态度。找出差距，缺什么补什么。

任务分析还需要注意判断培训的内容，选择分析的工作岗位，罗列工作岗位需要执行的任务清单，确保任务清单的可靠性和有效性，明确胜任一项任务所需要的知识、技能，可以借鉴职务说明书。

表4-1　培训需求任务分析表

任　务	期望能力	现有能力	标　准	培训需求

第三，人员分析，决定谁应该接受培训和他们需要什么培训。

具体方法可以通过业绩评估分析造成差距的原因，收集和分析关键事件，进行培训需求调查。

人员分析主要是通过分析工作人员个体实际的工作业绩与预期工作绩效之间的差距，来判定是否有进行培训的必要，哪些人需要接受什么样的培训等。除对员工岗位能力需求与实际能力差距进行评估，或者依据岗位胜任能力模型进行需求分析外，还要考虑员工的职业生涯规划的需求。

表4-2　人员分析表

岗位所需能力	现有能力	期望能力	能力差距	培训需求
知识				
技能				
态度				

4.实例：销售助理的培训需求分析

销售助理需要具备的能力包括管理沟通能力、信息整理能力、工作主动性和岗位责任心。

（1）管理沟通能力

● 能明晰上司的工作安排，并按要求完成。销售助理一般都要为部门的领导做一些辅助性工作，这就涉及上传下达，所以必须精准获取领导交代任务的关键点。

- 经常与业务人员进行观点和意见的交换。也就是说，既要懂领导，也要了解同事。

（2）信息整理能力

- 对各种业务信息进行分类整理。
- 对整理好的相关信息及时反馈。
- 对好的信息加以分析和提炼。
- 对部门的信息进行收集、整理和分析。销售助理就相当于部门的AI（人工智能）大脑，可以将大家提供的资料加工成更有价值的信息。

（3）工作主动性

- 工作自觉，及时完成工作任务。
- 遇到困难，能够积极思考，想尽办法克服以达到预定的工作目标。
- 了解更多的与专业产品相关联的知识。

（4）岗位责任心

- 销售助理一般处理的都是后台的事情，不容易看到，一旦看到了，基本都是他们出错的时候。这就对销售助理个人的责任心要求很高。
- 做事情要有头有尾。
- 跟进商品是否准时到达客户端。

依据上述这些能力的描述，做成如表4-3所示的能力评价表，每个月先让销售助理自评，再让销售助理的领导打分。

表4-3　销售助理核心能力评价表

能力素质名称	行为范例	评价	
		上级	自评
管理沟通能力	能明晰上司的工作安排，并按要求完成		
	经常与业务人员进行观点和意见的交换		
信息整理能力	对各种业务信息进行分类整理		
	对整理好的相关信息及时反馈		
	对好的信息加以分析和提炼		

能力素质名称	行为范例	评价	
		上级	自评
工作主动性	工作自觉，及时完成工作任务		
	遇到困难，能够积极思考，想尽办法克服以达到预定的工作目标		
	了解更多的与专业产品相关联的知识		
岗位责任心	做事情要有头有尾		
	跟进商品是否准时到达客户端		

除了能力评价，还会对销售助理的工作绩效进行评价，并讨论制订改进计划。分别从不良绩效描述、原因分析、个人培训发展需求、绩效改进措施/计划4个方面进行描述。整理成如表4-4所示的绩效能力评价表。

表4-4　销售助理绩效能力评价表

	绩效改进计划
绩效改进	**不良绩效描述**（含业绩、行为表现和能力目标） 1.公文写作能力欠缺。 2.对于合理分配时间，区分重要工作与普通工作概念的能力有待加强。 3.对于培训领域专业知识的培养还待进一步加强，比如培训的专业理论、课堂气氛的驾驭能力、课程评估的科学性。
	原因分析 1.理科出身，以往工作经历中很少亲身参与公文写作，对公文标准缺乏认识。 2.工作缺乏计划性，有一件就完成一件，当多任务同时来临时，没有按重要和紧急性排序进行。 3.与从业时间长短有关，与授课次数与经验的积累有关。
	个人培训发展需求 ● 能有更多的机会参加集团和外部专业培训机构的学习或交流。 ● 熟悉并掌握公司人力资源工作实操。 ● 增加公文写作能力。
	绩效改进措施/计划 ● 部门工作纪要及会议总结由张三撰写，王五同志对其进行指导；从图书室借阅与公文写作相关书籍进行学习和提高。 ● 参加时间管理方面的培训，每日下班前或每周末拟订下一阶段的工作计划并排序。 考核人：张三　被考核人：李四　20××年××月××日

（1）不良绩效描述（含业绩、行为表现和能力目标）

● 公文写作能力欠缺。

● 对于合理分配时间，区分重要工作和普通工作概念的能力有待加强。销售助理一般都是刚毕业的大学生，在时间管理上都相对比较薄弱。

● 对于培训领域专业知识的培养还待进一步加强，比如培训的专业理论、课堂气氛的驾驭能力、课程评估的科学性。

（2）原因分析

● 理科出身，以往工作经历中很少亲身参与公文写作，对公文标准缺乏认识。

● 工作缺乏计划性，有一件就完成一件，当多任务同时来临时，没有按重要和紧急性排序进行。

● 与从业时间长短有关，与授课次数与经验的积累有关。

（3）个人培训发展需求

● 能有更多的机会参加集团和外部专业培训机构的学习或交流。

● 熟悉并掌握公司人力资源工作实操。

● 增加公文写作能力。

（4）绩效改进措施/计划

● 部门工作纪要及会议总结由张三撰写，王五同志对其进行指导；从图书馆借阅与公文写作相关书籍进行学习和提高。

● 参加时间管理方面的培训，每日下班前或每周末拟订下一阶段的工作计划并排序。

通过核心能力评价表和绩效能力评价表可以将个人或部门的需求分析得很清楚。

四、培训需求分析的方法和工具

培训需求分析的方式和方法有很多种，可以根据企业实际需要来匹配。如果企业人员规模在50人以内，通过面对面的访谈了解员工的培训需求比较有效；如果企业人员规模到了1000人，问卷调查就会更高效。如果想了解规模企业的具体情况，现场的观察和取样方法会更直接、有效，因为访谈和问卷调查可能会存在信息失真的情况。

所以，企业的培训需求调查需要结合企业的实际情况，有针对性地使用不同的方法组合进行。

1.培训需求的方法介绍

（1）观察法

观察法多用于服务型企业和生产型企业，是指到员工实际工作现场了解员工工作技能、行为表现、主要问题的工作分析方法。为了提高观察的效果，一般会设计一份观察记录表，在观察的同时，记录员工的工作行为流程，工作完成情况，主要的问题（规范化行为、职业化、沟通、技能等）和改善内容。

观察对象：　　　　时间：　　　　进行的工作项目：
工作行为流程：
工作完成情况：
主要的问题：（规范化行为、职业化、沟通、技能等）
改善内容：

图4-5　观察记录

笔者曾经在一家连锁房地产公司做人力资源管理工作。房产经纪人都比较年轻，属于年少轻狂型，敢作敢为，总部需要对他们的职业行为进行严格的把控。新员工入职后，虽然人力资源部会安排讲师对他们进行商务礼仪、技能和业务方面的培训，但是并不代表培训后就能执行到位。所以，公司成立了诚信监督员队伍，找的都是有责任心的退休大学老师、公务员，他们愿意管也善于观察，在对这些人进行统一培训后安排到各区域，请他们对门店进行观察，监督业务员的行为，发现行为不合格的，会对业务员、业务员的直接领导罚款，比较严重的行为甚至会追责到事业部的总经理，还会在公司内通报，老板有时也会在公司大会上点名批评。从效果来看，这个诚信监督员的价值还是很大的。因为窗口工作人员的行为是直接暴露在外的，但往往他们自己还意识不到，这就需要借助他人来观察。

这种直接的观察记录很容易发现工作中的问题，对于比较集中的情况和问题，就可以设计培训方案或者管理方案来解决，直截了当。

（2）资料信息分析法

从既往资料、方案等分析培训需求，包括：计划书、培训记录、绩效总结等。

表4-5　资料信息收集

资料类别	资料内容
企业信息	
外部信息	
管理层信息	
部门信息	
岗位信息	
员工信息	

例如，某公司的资料收集如下：

● 公司从去年3月至今年9月，并购3家公司，发展新业务。

● 员工人数从500余人发展到4000余人，管理队伍新提拔或转化岗位66人，其中新提拔28人。

● 其间组织的对管理者的培训包括：

■ 由总裁主讲"公司发展与对管理者的要求"；

■ 举办一次"如何有效沟通"培训；

■ 培训部组织3次"新员工培训"。

针对上述情况，该如何做年度培训计划呢？

（3）面谈法

面谈法是一种直截了当的收集数据的方法。包括访谈前的准备、访谈和访谈后的信息整理3个部分。其中访谈前的准备特别重要，要把访谈人、被访谈人的访谈内容和访谈计划认真准备好。同时要把访谈人和被访谈人适当地匹配，避免二者差距太大的情况出现。访谈的礼仪、数据信息记录、访谈问题的罗列一定要设计好，多做几个预案。

面谈法的主要内容有对培训的认识和看法，对履行工作成效的评价（自己、他人等），对工作问题/障碍解决的分析和对培训的需要（内容、方式、形式等）。

例如下方的一段面谈对话：

访谈者（以下简称A）：您对目前管理团队的素质是否满意？如果不满意，具体表现在哪些方面？

被访谈者（以下简称B）：不是很满意，主要表现为角色转换尚未完成，计划能力差，原因是他们从基层提拔上来之后，大部分精力还是放在了具体工作上，对整个部门的通盘考虑有所欠缺。

A：您希望本次培训是进行系统的管理知识讲授还是就某一方面的管理技能进行深入训练？

B：我觉得二者都需要，希望通过系统的管理知识讲授，帮助管理人员进行角色认知，然后就管理者的计划能力进行训练。

A：你期望培训后能看到什么样的效果？

B：能够在第二季度运行目标管理的绩效考核体系。

A：您期望培训安排在工作日还是周末？能够接受的费用是多少？

B：最好安排在周末，费用不超过3.5万元。

A：就本次培训，您有什么指导建议？

B：要与培训师取得联系，讲清楚我们的需求，要求对方按照我们的需求进行课程设计。

（4）问卷调查法

问卷调查法是最普遍也是最有效的收集资料和数据的方法之一，一般包含制订调研计划、编制问卷、收集数据、处理数据和得出结论几个步骤。在做问卷调查之前，要先介绍问卷调查填写规则，问卷的问题尽量简短，题目设计要简单，一事一问，不要出现诱导式的问题。一般要先访谈主要领导，请对方先做部门沟通，再发调查问卷的效果会比较好。给大家一个小示例：

- **行为调查分析法**

A01：我很清楚地了解我的工作基础与应有的表现水准

非常同意　同意　不同意　非常不同意

A02：我确实知道我所有负责的每项工作该何时完成

非常同意　同意　不同意　非常不同意

A03：我的上级会让我了解单位的整体目标与我的工作项目的关联性

非常同意　同意　不同意　非常不同意

A04：我的上级会促使我或协助我制定具挑战性或高标准的个人工作目标

非常同意　同意　不同意　非常不同意

A05：我确实知道我将于何时及如何接受工作考评

非常同意　同意　不同意　非常不同意

……

- 员工个人发展培训需求调查表

表4-6　员工个人发展培训需求调查表

为了使部门主管及人力资源部了解您本人对培训与发展的要求，并制订出完善高效的培训计划，最终达到您与公司共同成长发展的目标，请您仔细填写以下调查项目，并取得您经理的认可，本调查表要求在__月__日前填写完成，交至部门指定培训负责人处，然后由人力资源部汇总。

一、基本情况

姓名_____　性别_____　年龄_____　文化程度_____

毕业学校及所学专业_____　加入公司年份_____

现工作部门，分部门及职位_____　直接上级_____

二、职位培训

您认为要做好您的职位工作，还需要哪方面的专业技能培训？请列出建议课程名称及内容概要。

三、提高培训

您今后的职业发展目标是什么？为达到该目标，您认为您需要哪方面的培训？并请列出建议课程名称及内容概要。

四、直接上级主管意见

● 管理技能培训需求调查表

表4-7　管理技能培训需求调查表

目的：决定目前的管理人员是否需要技能培训，特别是计划和组织能力——包括时间管理、领导、有效沟通。

一、在下列符合自己实际情况的描述后，选择"是"；在不符合自己实际情况的描述后，选择"不是"：是□　　不是□

1.我能清楚地理解我们公司明年的整体发展目标。

2.我能理解公司对我负责的部门明年工作的期望。

3.根据公司的目标和对我们部门的期望，我已经制定了部门的绩效目标。

4.我的上级已经同意了部门的绩效计划。

5.我的下级都同意了部门的绩效计划。

6.在制订整体规划时，我为上级提出了一些有价值的建议。

7.在确定部门或参与制定公司规划时，我可以激发下属的投入。

8.我没有时间去思考绩效计划。我的时间全部用于完成工作上。

9.我的下属不愿意参与制定绩效规划，他们只希望我作决定。

10.我需要在制定绩效规划时得到一些指导。

二、列出你在制订部门计划时一般要经过的步骤：

1.

2.

3.

4.

5.

6.

三、请根据以下要求进行恰当的选择：

①代表描述从来不符合您的行为，②代表描述很少符合您的行为，③代表描述有时候符合您的行为，④代表描述通常符合您的行为，⑤代表描述符合您的行为。

1.每天都事先对自己的活动进行安排。

①　　②　　③　　④　　⑤

2.我几乎不能完成我计划要完成的事情。

①　　②　　③　　④　　⑤

3.我的部门非常忙，所以我根本没有可能规划自己的时间。

①　　②　　③　　④　　⑤

4.我通常先完成计划中重要的事情。

①　　②　　③　　④　　⑤

5.我感觉到没有足够的时间去完成自己工作中应该完成的任务。

①　　②　　③　　④　　⑤

6.我发现自己是懂得如何完成项目计划的人。

①　　②　　③　　④　　⑤

7.我工作的时间比部门的其他人都长。

①　　②　　③　　④　　⑤

8.我感觉到做一名管理者时间真的不够用。

①　　②　　③　　④　　⑤

四、选择您作为部门领导日常的行为倾向：

1.我与下属进行沟通：

（1）通常有固定的时间安排

（2）需要安排新的工作任务时

（3）当他们需要与我进行沟通时

2.我通常给予下属反馈：

（1）当需要提高工作质量时

（2）当工作完成情况很好时

（3）当公司有要求时

3.我希望公司可以：

（1）为我的下属提供更多的技能培训

（2）为我的部门提供更能干的员工

（3）根据实际需要提供相关培训

五、请您简要回答下列问题：

1.作为一名部门领导，您认为自己面临的最大挑战是什么？

2.作为一名部门领导，您认为自己最大的优势在何处？

3.作为一名部门领导，您认为自己需要提高哪些方面的管理技能？

　　当然，所有的调查表都要根据公司的实际情况做调整，不能一张表打天下。

　　（5）标杆分析法

　　主要分析类似的成功公司的培训方案，进行一定的借鉴吸纳，形成自己的培训方案。

表4-8　标杆企业分析表

分析对象				
特别背景				
员工类别	培训内容/课程	培训形式	培训师	效果
营销人员				
管理人员				
生产人员				
……				

例如，想成为像苹果、小米那样的公司，可以分析他们的不同员工类型（营销人员、管理人员、生产人员等）都培训哪些课程，采取什么样的培训形式，请的培训师是谁，以及达到了何种效果。

采用标杆分析法要注意一点：企业是否愿意投入，像现在很多企业都标杆华为，可是华为管理咨询方面至少投入了100亿元。

（6）确定需求分析方法

不同的需求方法匹配的情境不同，效果也不同，所以要灵活应用。

表4-9　需求分析方法

需求调查分类	调查目的	调查对象	方法
年度需求调查	企业战略	董事长、总经理	面谈、企业战略计划
	年度计划	职能部门经理	面谈、部门年度计划
	职位要求	管理者与下级	调查表 抽样面谈 绩效考核表
	个人成长愿望	管理者与下级	员工发展规划
项目需求调查	了解主要差距 确定培训重点 制订培训计划	目标学员 其直接上级	面谈 调查表
课程中 需求调查	了解学员主要 差距、确定培训重点	学员	课前抽样 小组交流

如果是年度需求调查：

- 调查目的是企业战略，调查对象为董事长、总经理，可采用的方法为面谈和企业战略计划；
- 调查目的是年度计划，调查对象为职能部门经理，可采用的方法为面谈和部门年度计划；
- 调查目的是职位要求，调查对象为管理者与下级，可采用的方法是调查表、抽样面谈和绩效考核表；
- 调查目的是个人成长愿望，调查对象为管理者与下级，可采用的方法是员工发展规划。

如果是项目需求调查：调查目的是了解主要差距，确定培训重点，制订培训计划，调查对象是目标学员和其直接上级，可采用的方法是面谈和调查表。

如果是课程中需求调查：调查目的是了解学员主要差距、确定培训重点，调查对象是学员，可采用的方法是课前抽样和小组交流。

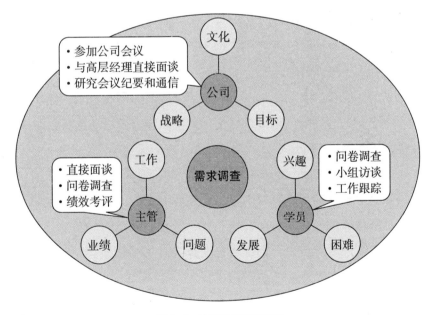

图4-6 培训需求调查体系

2.培训需求分析的结果统计

把各项培训需求分析的相关数据进行汇总，形成培训需求分析统计模板。

模板　培训需求分析统计

> 1.鉴于公司的业务特点，您认为最有效的培训方法是什么？
> A.面授培训　　　B.在线学习　　　C.资料学习　　　D.在岗带教　　　E.参观考察
> A占　%　　　　B占　%　　　C占　%　　　D占　%
> 2.您认为，最有效的课堂教学方法是什么？请选出您认为最有效的3种：
> A.课堂讲授　　　B.案例分析　　　C.模拟及角色扮演　　　D.音像多媒体
> E.游戏竞赛　　　F.研讨会　　　　G.其他
> A占　%　　　　B占　%　　　　C占　%　　　D占　%　　　E占　%
> F占　%　　　　G占　%
> 3.您认为，公司最需要的培训师有哪几类？

　　根据培训需求分析的结果统计数据，结合公司业务发展的需求，还有公司各层级、各岗位的绩效表现情况，确定书写培训需求分析报告。

3.培训需求的成果

培训需求结果至少要包含以下内容：

- 为什么培训（培训的目的）。
- 谁需要培训（培训的需求对象），切忌"经理有病，员工吃药"。
- 培训什么（培训的内容）。
- 培训的深度和广度（培训的目标），例如给中高管做培训，领导力培训不一定是最合适的，也可以是培训角色认知或者沟通技巧。如果底层基础不牢固，一味地配高大上的课程，反而适得其反。
- 企业对培训的态度，充分考虑企业所处的行业和规模。
- 培训时可能遇到的障碍与问题，是领导不支持、员工不愿意还是缺少培训资金等。
- 企业具有的培训资源，企业从来没有培训过还是已经把市面上流行的培训课程都讲了个遍。
- 可利用的外部资源有哪些。

培训需求调查分析如果不清楚，谁都不敢在培训预算表上签字，因为谁签字谁负责。

4.撰写《培训需求调查报告》

培训需求调查报告包含以下几个部分：

- 报告提要
- 实施背景
- 目的与性质
- 方法和流程
- 分析结果
- 简要评价
- 参考意见
- 附录

五、结果规划轮

第二节课我们介绍过培训的目的：培训的战略目的是结果达成，培训的直接目的是行为转变。如果从绩效管理的角度看，对应到KPI和KBI[1]（详见笔者的《绩效管理的8节实战课》），都是业务结果导向的。所以在确定公司培训目的和培训方案时，可以引用学习发展项目的6Ds法则[2]中的结果规划轮工具。

不管你是企业内部的培训管理人员，还是培训机构，当有人找你去做培训的时候一定要清楚以下4个问题，保证投入和产出的配比合适。

- 目标：要满足什么业务需求？

---

① KBI (Key Behavior Index)即关键行为指标，是考察各部门及各级员工在一定时间、一定空间和一定职责范围内关键工作行为履行状况的量化指标，是对各部门和各级员工工作行为管理的集中体现。部门KBI得分不仅取决于所属全体员工KBI得分的简单叠加，也取决于部门本身的组织结构和管理模式。科学、合理的组织结构和管理模式有助于所属全体员工KBI得分相同的情况下部门KBI成绩的大幅度提升。

② 6Ds法则，是强调培训项目价值及学习项目设计的法则。D1界定业务结果：培训的目的是提高绩效；D2设计完整学习体验：界定学习的起点和终点；D3引导学以致用：学习设计；D4推动学习转化：关键人和关键点；D5绩效支持：可以理解为"辅助工具"；D6总结效果：评估原则及技巧。

- 行为：学员需要不同或更好的方式做什么？
- 衡量：什么或者谁能确认学员的变化？
- 结果：所有具体成功的标准是什么？

图4-7　结果规划轮

从企业的角度来看，避免一场无用的培训和组织有用的培训同样重要！

企业领导："我想办一场关于×××的培训。"

HR："没问题，交给我，我来帮您解决问题。"

如果HR从提供帮助的角度切入讨论，是客观、友好和充满正能量的。但是我们知道人力资源的工作都是从业务派生出来的，一定要再追加一句："培训是很贵的，需要投入时间和金钱，为确保您的投资一定得到回报，我们对您的预期目标和绩效挑战了解得越多，越能帮您设计出有效的培训项目。您乐意花几分钟时间回答几个问题并提供一些额外的信息吗？"听了这句话，经理们一般不会拒绝，因为你已经表明了自己是为他们的最高利益着想。

1.要满足什么业务需求？

这个问题的目的是把关注点从讨论解决方案（培训）转移到发现潜在业务推动力，即需求背后的业务问题或机遇。这是为了保证培训是最合适的解决方案。学习项目与具体业务需求之间的联系越紧密，学员和他的经理对于

HR的认可度就越高。用业务结果取代学习目标，学习管理者也会得到老板的更多支持。

在实际工作中，往往有很多业务领导者回答不出来这个问题，或者很诧异。这些业务领导者之所以想到培训这个路径，是因为他们相信问题在于"该做的没做"（比如，销售人员没有有效地利用策略营销的9个步骤）或"做了不该做的"（比如，对待客户粗鲁、内部沟通意识差）。HR的目的是明确问题所在以及为什么要解决问题，以及培训是最佳的解决路径。如果业务领导者无法明确界定业务结果，可以问问对方对员工有哪些预期目标。总之，要帮助业务领导者厘清学习项目的业务目标，这样的学习项目才是投入产出最佳的项目。

2.学员需要用不同或更好的方式做什么？

这个问题的目的是确定影响预期结果的关键行为或表现。布林克霍夫的培训的基本逻辑即学习项目的目的是帮助员工在工作中有更好的表现：用全新的、更有效的方式处理工作。如果你希望通过学习改善结果，你就应该知道实现这些结果需要怎样的行动，然后设计出相应的学习和转化环境来为它们提供支持。

3.什么或者谁能确认学员的变化？

成功与否不是由培训部门来决定的，是由客户来评判的。

讨论项目成功标准的最佳时机是设计项目的初期，因为这些评估标准影响着从项目设计到评估策略的所有内容。可以请业务部门或者客户讲一下哪些内容是可以衡量的，从而引出哪些内容应该成为衡量标准。引导客户思考潜在的结果问题以及如何评估这些结果，培训带来的潜在结果大致可以分为4类：

- 学员的行为变化：学员自己，或者周围的人可以肉眼观察到。
- 利益相关者的看法：客户、上下级满意度调查或者访谈。
- 业务指标的改善：公司的信息系统记录。
- 工作成果改善：工作样本本身的变化。

需要讨论哪些变化会先出现，这些作为先行指标可以帮助HR尽快了解培训是否发挥了作用。

4.所有具体成功的标准是什么？

这个问题的讨论过程基本上就是一个筛选的过程，从第三个问题得出的选项中选出重要的几项，就评估内容、评估时机及评估标准达成一致。因为HR和业务领导者签订的培训合约中有可交付的成果内容。如果你不知道业务领导者是怎么定义成功的，就有可能偏离轨道。如果你对一个项目的成果很满意，却发现这些成果并不是客户想要的，那是非常有挫败感的事情。

从上面的四步研讨基本可以保证培训项目是业务的需要，是解决绩效差距最有效的手段。基于前期热烈的讨论，业务领导者已经说过他们觉得学习会带来哪些必然结果和重要结果，在谈话的最后阶段一定要抓住机会告诉对方，学习项目能否落地，能否带来绩效的改善，取决于学习本身，也取决于培训后的环境，二者同样重要。领导者务必提供相应的支持和巩固，要创造好的转化环境和工作氛围，客观上创造条件让员工愿意改变。

结果规划轮工具是把传统的培训项目的终极目的，由培训目的引向了业务结果。

附件：

培训需求调查问卷

尊敬的先生/女士（小姐）：

　　为了更好地匹配您的培训需求，使年度培训更具针对性和实用性，切实帮助到您的日常工作，特附上本调查问卷，敬请惠予宝贵意见。我们将在对您的反馈进行细致分析的基础上，结合公司战略、业务模式制订2020年度培训计划。您的信息、意见和建议将得到充分的尊重，我们会认真阅读并对您提供的信息严格保密。

　　请于2019年11月18日前填妥并交还至HR，以便整理统计。

　　感谢您的协助与支持，祝您工作愉快！

第一部分　个人基本信息

填写人姓名：＿＿＿＿＿＿＿　　填表日期：＿＿＿＿＿＿＿

在本公司工作年限：＿＿＿＿　　部门：＿＿＿＿＿＿＿

现任职务：＿＿＿＿＿＿＿　　学历：＿＿＿＿＿＿＿

在加入本公司以前工作的公司性质：□ 国有企业　　□ 外商独资企业
□ 合资企业　　□ 私营企业

请您用2~3句话简单描述您的主要工作职责：

（1）
（2）
（3）

　　1.您认为公司对培训工作的重视程度如何：

□ 非常重视　　□ 比较重视　　□ 一般　　□ 不够重视　　□ 很不重视

　　2.您认为，培训对于提升您的工作绩效、促进个人职业发展能否起到实际帮助作用，您是否愿意参加培训：

□ 非常有帮助，希望多组织各种培训

□ 有较大帮助，乐意参加

□ 多少有点帮助，会去听听

□ 有帮助，但是没有时间参加

□ 基本没有什么帮助，不会参加

3.您认为自己对于企业培训需求的迫切程度如何：

□ 非常迫切 　　　　　　　　　　□ 比较迫切

□ 有一些培训需求，但不是那么紧迫 　□ 无所谓，可有可无

□ 没有培训需求

4.关于以下培训理念，您比较认同哪些选项（可同时选择三项以内）：

□ 培训很重要，公司逐步发展壮大，应该逐步发展和完善培训体系，帮助员工成长，吸引和留住人才

□ 作为一家房地产开发公司，施工进度、质量与业绩最重要，培训对员工而言是一种负担，会占用到员工的工作时间、休息时间

□ 就公司业务特点而言，外部讲师不了解公司的经营状况与业务特点，培训也不会有什么效果

□ 基本上，公司招聘来的员工都是有经验的熟手，已经符合公司的要求，不需要花大成本去进行培训

□ 主要依靠公司内部的培训力量就够了，让经验丰富的员工或经理来担任讲师，他们熟悉公司的情况

□ 培训的费用和成本较高，员工的流失会给企业带来损失

□ 其他看法：_____

5.目前您所接受的公司培训在数量上您认为怎么样：

□ 绰绰有余　　□ 足够　　□ 还可以　　□ 不够　　□ 非常不够

6.您认为，本部门内部关于管理能力、行业和市场信息、岗位工作技能的培训、讨论、分享是否充分：

□ 非常充分　　□ 充分　　□ 还可以　　□ 不够充分　　□ 基本没有分享

7.您目前的学习状态是：

□ 经常主动学习，有计划地持续进行

□ 偶尔会主动学习，但没有计划性，不能坚持

□ 有学习的念头或打算，但没有时间

□ 有工作需要的时候才会针对需要学习

□ 很少有学习的念头

8.最近两年参加过的培训有哪些，效果如何，请列举（包括公司培训、部门培训、个人深造、参加外部培训班等）：

培训时间	培训项目	授课方式	培训效果

第二部分　培训的组织和安排

1.鉴于公司的业务特点，您认为最有效的培训方法是什么？请选出您认为最有效的3种：

□ 邀请外部讲师到公司进行集中讲授

□ 安排受训人员到外部培训机构接受系统训练

□ 拓展训练

□ 由公司内部有经验的人员进行讲授

□ 部门内部组织经验交流与分享讨论

□ 网络学习平台

□ 光碟、视频等声像资料学习

□ 建立公司图书库，供借阅

□ 其他：＿＿＿＿＿＿＿＿

2.您认为，最有效的课堂教学方法是什么？请选出您认为最有效的3种：

□ 课堂讲授　　□ 案例分析　　□ 模拟及角色扮演　　□ 音像多媒体

□ 游戏竞赛　　□ 研讨会　　□ 其他：＿＿＿＿＿＿＿＿

3.您认为，以下哪个因素对于公司培训工作的开展效果影响最大：

□ 领导的重视程度　　　　□ 员工的培训参与意识

□ 培训方式与手段　　　　□ 培训时间的安排和时长

□ 培训组织与服务　　　　□ 培训内容的实用性

□ 培训讲师的授课水平　　□ 培训效果的跟进

4.您认为，过去一年内举办的培训课程哪些地方有待改进：

□ 培训内容理论程度应深化　　□ 培训内容实用程度应加强

□ 提高讲师水平　　　　　　　□ 培训组织服务更完善

□ 培训形式应多样化　　　　　□ 培训次数太少，可适当增加

□ 培训应少而精　　　　　　　□ 培训时间安排更合理

□ 其他：_____

5.公司在安排培训时，您倾向于选择哪种类型的讲师：

□ 实战派知名企业专家，有标杆企业经验

□ 学院派知名教授学者，理论功底深厚，知识渊博

□ 职业培训师，有丰富的授课技巧和经验

□ 咨询公司高级顾问，有丰富的项目经验

□ 本职位优秀员工，对公司业务很了解

□ 其他：_____

6.以下讲师授课风格及特点，您比较看重哪一点：

□ 理论性强，具有系统性及条理性

□ 实战性强，有丰富的案例辅助

□ 知识渊博，引经据典，娓娓道来

□ 授课形式多样，互动参与性强

□ 语言风趣幽默，气氛活跃

□ 激情澎湃，有感染力和号召力

□ 其他：_____

7.假如，鉴于您在某一领域的丰富经验，您被推荐担任某一门课程的内部讲师，您是否乐意：

□ 非常乐意，既可以锻炼自己，又可以分享知识，何乐而不为

□ 乐意，但是没有经验，希望公司能提供关于讲授技巧方面的培训

□ 乐意，但是没有时间做这个事情

□ 需要考虑一下

□ 不会担任

8.您认为，对于某一次课程来讲，多长的时间您比较能接受：

□ 2~3小时　　　　□ 7小时（1天）　　　□ 14小时（2天）

□ 14小时以上　　　□ 无所谓，看课程需要来定

□ 其他：＿＿＿＿＿＿＿＿＿

9.您认为培训时间安排在什么时候比较合适：

□ 上班期间，如周五下午2~3小时

□ 工作日下班后2~3小时

□ 周末1天

□ 双休日2天

□ 无所谓，看课程需要来定

□ 其他：＿＿＿＿＿＿＿＿＿

10.您希望的或者所能接受的培训的频率是怎样的：

□ 每周一次　　　　□ 半月一次　　　　□ 每月一次

□ 两月一次　　　　□ 每季度一次　　　□ 半年一次

□ 每年一次　　　　□ 其他：＿＿＿＿＿＿＿＿＿

11.您希望的培训地点是：

□ 公司培训教室/会议室　　□ 公司外专业培训教室

□ 酒店多功能厅/会议室　　□ 无所谓

□ 其他：＿＿＿＿＿＿＿＿＿

第三部分　培训费用

1.如果公司选派您参加高等院校组织的中长期大型培训，且需要个人出资，您最大的承受能力占总培训费用的比例如何：

□ 0.3% ~ 0.5%　　□ 0.6% ~ 0.8%　　□ 0.9% ~ 1.0%

□ 1.2% ~ 1.5%　　□ 1.6% ~ 2.0%

□ 如果该项培训很重要，还愿意承担更多

□ 如果个人费用太高，我宁愿放弃

2.根据本公司2019年的工作表现，您认为本公司员工2020年培训需求重点在于哪个方面：

□ 岗位专业技能　　　　□（个人自我）管理技能

□ 企业文化　　　　　　□ 职业道德与素养

□ 职业生涯规划　　　　□ 行业、市场及产品信息

□ 人际关系及沟通技能　□ 通用基本技能

□ 其他：_____

3.作为管理者，您认为您本人2020年的培训需求重点在于哪个方面：

□ 领导艺术　　　□ 管理理念　　　□ 管理工具

□ 角色认知　　　□ 职业道德　　　□ 管理理论

□ 职业化　　　　□ 人员管理技能　□ 其他：_____

4.考虑到各部门岗位、职能差异较大，以下问题请您针对本公司的业务特点及管理重点，以文字进行描述。

（1）您认为本公司员工在岗位专业技能上，需要进行哪些方面的培训（请列举3项最紧迫的培训需求）：

①   ②   ③

（2）您本人在日常工作中（包括个人能力与人员管理）经常遇到哪些问题或困难？希望提升哪些方面的能力？获得哪些方面的培训与支持？

您本人在日常工作中经常遇到的问题或困难，请举例说明（列举3项）：   需要提升的能力：   需要公司提供的培训与支持（请列举3项最紧迫的培训需求）：

（3）您认为本公司员工在日常工作中常遇到哪些问题和困难？需要提升哪些方面的能力？需要公司提供哪些培训与支持？

<table>
<tr><td>您认为本公司员工在日常工作中经常遇到的问题或困难，请举例说明（列举3项）：

需要提升的能力：

需要公司提供的培训与支持（请列举3项最紧迫的培训需求）：</td></tr>
</table>

5.为了更好地帮助您实行更为有效的管理，完成业绩目标，请您根据公司及个人的实际情况，挑选出最希望在××××年接受的培训。

您认为，以下哪些通用技能课程能帮助本公司员工提升工作绩效（可多选）：			
□《Excel函数使用技巧》	□《PPT演示文档制作》	□《公司财务流程》	□《公司内控管理》
□《商务礼仪》	□《压力与情绪管理》	□《沟通技巧》	□《时间管理》
以下管理技能培训，请选择您所需要的最紧迫的4个培训需求：			
□《项目管理》	□《目标管理》	□《危机管理》	□《问题分析与解决》
□《创新思维》	□《普通心理学》	□《组织行为学》	□《提升执行力》
□《提升领导力》	□《高层战略管理》	□《跨部门沟通与合作》	□《高绩效团队建设》
□《决策管理》	□《员工辅导与激励》	□《高效会议管理技巧》	□《劳动法及相关知识》
□《年度经营计划制订》	□《从优秀专才走向管理者》	□《授权管理》	□《商务演讲技巧》
□《营销战略规划与执行》	□《非财务经理的财务管理》	□《非人力资源经理的人力资源管理》	

6.除本问卷所涉及的内容，您对公司培训还有哪些建议和期望？或者是您还期望学到哪些方面的知识？

<table>
<tr><td>

</td></tr>
</table>

感谢您填写此问卷，感谢您的大力支持！

人力资源部　20××年××月××日

职场中，如何让自己快速拥有大格局？

一、什么是格局

一提格局大多数人的反应就是大格局或者小格局，具体有什么东西实际上真的说不出来。

前段时间笔者看到一篇微信公众号文章。这篇文章对格局的定义写得非常好：格局就是能够耐得住寂寞，去做从长远来看有利于个人成长和团队发展的事情，同时关注眼前利益，但不被眼前利益迷惑。

举个例子：比如大家都知道长期坚持大量、有规律性的阅读肯定可以提升一个人的能力。但是绝大多数的人很难做到每天抽出一个小时的时间去读书，但是可能会每天把下班后的时间用来刷抖音、看朋友圈、刷剧。有些人甚至每天下班后的六七个小时可以躺在床上，或者歪在沙发上，咧着嘴傻傻地笑着刷剧，但是只有极少数人可以坚持有规律性的阅读。

我们经常看到有些行业的大咖，或者知名人士做分享的时候，说起来读书就像是一种享受，很难割舍，这就是格局大小的问题。如果跟一个人对赌一下：如果每年坚持阅读50本书，就可以赢得50万元，估计这个人一定会在约定的时间内把书读完。为什么呢？因为有既定的、可以预期的收益！

在职场上有些人，尤其是一些年轻人，耐不住寂寞，恨不得今天做个工作，就希望公司这个月甚至今天就能发放奖金，至少也要表扬一下，这种只看眼前利益，不顾虑长远利益就是格局小的表现。

二、不同的人员，激励方式不同

我们知道公司对于基层员工和中高层员工的激励方式是不一样的。

对于基层员工用的是猎人模式。猎人每次外出打猎，无论运气好坏，今天一定是有明确的结果的：要么收获颇丰，要么没有收获，要么收获平平。

讲求的是当时就有说法，这样的管理方式非常适合基层员工。

基层员工能力、态度和心智模式大多没有经过充分的培训和历练，并且生活和工作的压力相对比较大，所以他们工作的需求基本上处于马斯洛的五个等级的初级阶段上，如果公司不能及时发放工资和奖金，有可能会影响当月的生活：房贷、生活费、房租、吃饭、子女教育费等。

因为基层员工无论收入水平，还是积蓄都比公司的中高层低很多，他们工作的当月收入大部分都会用在当月的开支上。所以，付出一定要尽快有收获。

对于中高层的经理人，用的激励模式是"农民模式"，也就是春种秋收的模式，你现在的成果不一定会在当时、当月、当季，甚至当年能够兑现。企业更看重的是一位经理人长期的热情投入。当然奖励兑现的方式也会多种多样，如大额的年底奖金、工资的大幅跳升、公司股权和期权的激励、职务的提升等。

三、提升格局的几个建议

1.职场中格局的提升不是一天、两天的事情，需要长期培养，同时，格局也需要随同企业成长。就像千万元级别的企业发展到亿元级别的时候，当前的经理人大多数是跟不上企业发展的。

当然企业发展到10亿元级别的时候，也会有一部分经理人被淘汰；同样100亿元、1000亿元、10000亿元级别的时候，企业都会要求现有的经理人提升格局和视野。要不然，会跟不上企业的发展战略，成为企业发展的绊脚石。

很多企业在一些关键的节点引入高级经理人、战略投资者，甚至到国外上市，目的除了更好地发展外，还有获取更好的人才。技能和格局是重要的因素。

观察企业创业第一批经理人，真正能跟企业共同成长的，除了忠诚度，最重要的是视野和格局的成长。

2.要向格局高的领导和同事学习。平时多观察在企业内部受老板重视的人员，你会发现很多人不一定是业绩最突出的，但一定是能够设身处地地替公司着想的人。

这些人身上有利他的优点，他们愿意分享，也愿意培养下属。同时很注重读书和学习，不会停留在一个位置上斤斤计较。职场新人可以多模仿这些人的行为，久了自己的格局也就提升了。

所以，在职场要想快速地提升格局，那就要耐得住寂寞，不要整天叽叽喳喳。要踏踏实实地工作，好好地读书学习，提升自己的能力，同时要站在领导和公司的角度考虑问题。慢慢地，格局就会提升起来了。

5

第五节课

培训计划的管理

编写培训计划一般要经历调研、分析、制定、沟通和修改等流程，一份高效务实的培训计划是公司培训工作的指导性文件，可以起到事半功倍的效果。为了避免制订的培训计划成为一堆废纸，编制计划的时候，需要考虑的问题是很多的。

本章节学习内容：

- 制定培训目标
- 编写培训计划
- 配置培训课程
- 配置培训资源
- 制定培训预算
- 确定评估方式
- 培训计划执行的保证

年度培训规划有一个中心和两个基本点，如图5-1所示。

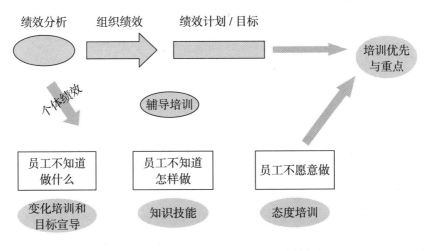

图5-1　年度培训规划的一个中心和两个基本点

● 一个中心：以绩效和员工为中心

以绩效为中心是指要达成企业的战略目标和年度计划目标。以员工为中心是指企业经营要将客户经营和员工经营两条线同时进行，如果只关注客户和赚钱，队伍建设就会出现"铁打的营盘流水的兵"的情形，如果能同时关注员工的成长，员工自然也会更好地服务客户，最终实现共赢。

● 两个基本点：分析培训需求、确定培训目标；培训效果评估

培训要服务于绩效发展。从企业需要层面来看，首先要进行绩效分析，再确定组织绩效目标，最后制订绩效计划，基于计划目标的需求去打造组织能力。从员工需求层面来看，如果员工不知道做什么，要做变化培训和目标宣导的培训，告诉员工企业变化的原因；如果员工不知道怎么做，要做知识和技能的培训；如果员工不愿意做，工作态度出了问题，要分析员工的哪种需求没有得到满足，如发展的需求。实际上，团队领导对员工的在岗即时培训辅导能够产生最佳效果，因为最佳团队关系就是师徒关系。

制订计划是为了对抗不确定性，企业培训计划管理的制定包含制定培训目标、编写培训计划、配置培训课程、配置培训资源、制定培训预算和确定培训评估方式等部分。

一、制定培训目标

1.企业的培训目标类型

从常规意义来看，企业培训分为新员工培训、后备干部培训和管理干部的领导力培训三个类型。华为大学的培训基本上也分为三类：新员工的转身计划、管理干部的培养、继任管理与人才转身三个类型。

如果从培训的形式上看可以分为三类：知识类培训、能力提升类培训和工作态度类培训。也就是常说的ASK[①]。

培训的目标从不同的维度划分会有不同的分类，但本质上是相通的。从企业整体培训目标的设计上可以把目标规划包装得更好一些，比如打造一支铁军，培养1000名管理干部和技术骨干等。

2.企业制定培训目标的原则

（1）要与企业的业务战略相匹配

企业的学习培训项目是从业务派生出来的，所以培训的目标要匹配业务结果，不能是学习管理部门自己玩培训技术，那样不但会浪费公司资源，还会给业务带来不必要的干扰。要考虑到长期目标和短期目标的结合，尽量兼顾，而不是顾此失彼，尤其是在年度计划目标中融入战略规划的影子，要能匹配企业的业务战略。

（2）培训目标数量可控

不要制定过多的目标，每个目标要保证资源有保证，项目有负责人。要在学习管理部门内部先研讨可行性，然后再推出去。大的目标确定之后，再

---

① ASK（态度Attitude、技能Skill、知识Knowledge）。

考虑目标阶段性和周期性。

（3）考虑学员的因素

设定培训目标的时候，要考虑学员的学习基础，考虑学员的投入程度。要在制定目标的时候就预估学员的学习效果，做到知己知彼。

3.培训目标的设定

企业学习管理部门根据培训需求调查报告、公司的发展战略和年度计划等内容输入，在一起做头脑风暴，形成初步的年度培训目标。如果部门人员对公司业务和行动学习技术比较熟悉，可以采用微行动学习的方式形成方案，并研讨优化。

- 分析和优化学习目标，并按照SMART原则[①]来评审目标体系。
- 分层分类学习目标，并将目标进行阶段性划分。
- 确定学习目标。

特别需要注意的两点是：目标要来源于业务，服务于业务；目标宜聚焦，求实效。

二、编写培训计划

1.年度培训计划书

编写培训计划一般要经历调研、分析、制定、沟通和修改等流程。一份高效务实的培训计划是公司培训工作的指导性文件，可以起到事半功倍的效果。

长期培训计划是企业长期的培训规划，对应企业的战略规划，是支撑企业总体战略的学习发展计划。一般会体现为年度培训计划书，如以下模板所示。

---

① SMART原则(S=Specific、M=Measurable、A=Attainable、R=Relevant、T=Time-bound)是为了利于员工更加明确高效地工作，更是为了管理者将来对员工实施绩效考核提供考核目标和考核标准，使考核更加科学化、规范化，更能保证考核的公正、公开与公平。

模板　年度培训计划书

> **年度培训计划书**
>
> 封面
>
> 目录
>
> 执行概要
>
> 主体计划
>
> 背景分析与需求调查结果分析
>
> 关键问题分析
>
> 培训目标设定
>
> 培训课程安排
>
> 行动计划
>
> 预期效果与评价方法
>
> 预算
>
> 附录

2.年度培训规划的制定要素

- 公司当年发展经营策略

- 培训目标与行动计划

- 当年主要培训方式

- 课程开发计划、讲师培养计划

- 企业文化培训、业务培训重点

- 职能类别培训、经理人员管理培训

- 员工基本技能培训、个性化培训重点

- 年度培训经费状况、培训经费构成表

- 计划培训人员比例

- 计划人均培训时间

3.培训战略项目

（1）企业家培养

如果是集团性质的公司，集团下属分/子公司的领导培养，集团高管接班人计划等都属于企业家培养项目。笔者最近去过安徽合肥的一家高新技术企业，他们在5年前销售收入还只有10亿元的规模，去年已经达到了130亿元的规模，税后利润也达到了9亿元。该公司的下一个目标是实现300亿元的销售收入。公司能够实现快速发展而不出现大的问题，最主要的原因是这家企业的创始人是大学的老师，非常重视学习和人才的培养，并且重视企业文化的传承。

如果一家企业不重视培训，不重视接班人的培养，等到机会降临的时候，有可能会出现有机会也无力抓住的尴尬局面。所以，基于企业后备干部培养的企业家培养计划应该在培训计划中有所体现。

（2）组织变革

企业大学和培训管理部门是宣讲组织变革的主阵地，像早年GE的克劳顿维尔就是GE变革的主阵地。韦尔奇会在GE的"坑"内跟来自全球的经理人交流GE的新的战略方向，同时收集经理人对于新战略的实践情况。他会基于研讨的结果来调整战略。

另外，企业的战略调整和转变之后，紧接着就是组织架构的调整和组织能力的打造，这些内容都是需要企业学习部门推动的。

（3）核心能力培养

企业的竞争是核心竞争力的竞争，而学习是打造核心竞争力最重要的手段之一。通过持续的培训活动，可以在企业内推动一些比较好的学习项目和学习工具，借此打造企业工作规范和工作套路。

（4）中高层管理干部培养

中层经理人的能力和数量是企业保持持续竞争力的秘诀。培训计划中会制定分层分类的经理人培训项目和培训计划。

（5）企业文化推动

培训平台一定是企业宣传企业文化的主阵地，企业人才队伍的打造除了知识技能的打造之外，最主要的就是核心价值观的宣传和培育，把有技能的经理人打造成"企业人"是学习项目亘古不变的主题。

4.年度培训计划制订的焦点

（1）一定要有年度的培训重点项目

笔者再强调一次，培训的重点来源于业务需求，如果培训项目不能上接业务战略，下接绩效成果，那这样的培训不做也罢。公司每年的业务重点也不会太多，所以在设置年度培训计划的时候，一定要有几个突出的重点，最好能够将简便的解决工具导入公司，形成固定模式。

（2）兼顾课程体系建设和讲师队伍发展

如果每年的培训计划都是围绕着业务目标展开的，那也就是围绕着发展战略开展的。由于战略的连续性，培训活动和培训项目也是连续的。这样就会逐步形成课程体系，如果在实施学习项目的时候，能够兼顾内外部讲师队伍的建设，那么培训的体系也就能够逐步成型了。

（3）不要小看新员工培训

有的时候，由于各种主观、客观原因，企业的培训活动很难开展，尤其是涉及费用预算的培训比较难得到领导的支持。新员工培训是无论如何都需要开展的项目，可以把新员工培训作为练兵场，做成精品项目，通过口碑传播建立信任，达到培训业务拓展的目的。

（4）线下线上相结合

中国市场应该是电子商务开展最好的市场之一，据统计电子商务的交易量占全部交易量的20%左右。培训市场是一个相对新兴的市场，将来的趋势一定是线上和线下并行。尤其是知识类的培训最好的模式是E-learning（在线学习），还有一些小的纯手工操作的技能也适合拍成小视频，通过线上学习最高效。

但是态度类和较为复杂的技能类的学习项目，最好通过线下研讨和实战来开展。

（5）请机构做训后辅导

6Ds法则强调培训后的学习转化和绩效支持，学习活动如果是在课程结束后，发放结业证书，那意味着事情结束或者告一段落，之后的事情就要看心情了，这样学习项目的效果会差很多。最好的办法是请机构在设计学习项目的时候，就考虑到训后的辅导和学习转化，这样就能比较顺畅地把行为转变的目标达成。

（6）学历教育和读书会的有效应用

国内的一些企业大学通过与高校合作，达成联合教学的目的，像中国建筑设计研究总院还会招收研究生。如果能够让优秀员工在上班期间，通过企业大学与高校之间的合作获得更高的学历和学位，那是非常有意义的事情。

有几位比较爱学习的上市公司的HRD，在他们的企业人力资源部门内部开展了读书活动，每个月一起读一本书，这样几年持续下来，部门的人员成长还是比较明显的，这种方法值得很多企业学习借鉴。读书不需要投入太多成本，虽然见效慢，但是贵在坚持，慢工出细活。

（7）要花钱

这一点笔者深有感触。学习培训活动，尤其是领导力和工具类的学习项目，一定要请外部的机构帮助企业来策划和实施。

三、配置培训课程

每个企业每年的培训内容都不会完全相同，课程配置就是针对培训内容设置不同的培训课程。企业课程体系建设是一个重点工作，无论是企业自主研发，还是外部采购，都需要合理的管理。这不但涉及企业学习培训的基础，还涉及企业预算的充足程度。

有些企业学习培训的基础比较好，内部的讲师队伍研发能力比较强，在课程配置的时候，就可以做到内外部的结合。一方面充分利用了内部资源，另一方面促进了内外部学习资源的交流，并提升了学员的学习体验。

表5-1　课程配置表

培训需求	培训内容	课程名称	受训人员类别	目的	内容	形式	时间	方式	讲师	经费
现存问题针对性培训	知识									
	技能									
前瞻性需求培训	知识									
	技能									

内外部课程的协调是保证培训课程有效落实的重要措施。在培训实施之前务必协调好，避免出现讲师、学员、场地、领导不能出现的情况，从而影

响学习效果。另外，也需要考虑知识的符合度，内外部培训内容的组合要合理，要注重知识的实用性，如无必要，知识投喂不要过于超前。外部课程一般理论性和高度都要比内部讲师强，可以作为课程体系的通用内容；内部课程则比较具体，更加突出实用性，两者的结合应该有效协调。换句话说，通用管理课程尽量配置外部讲师，专业技术课程尽量配置内部讲师。

这个环节是培训计划落实的重要环节，只有认真摸索，弄清楚了，才能够提升能效。

年度培训计划制订好之后，还需要在时间维度做一个拆分，尽量在匹配业务开展的同时，分散到不同的时间段。这样做既有利于培训管理部门的忙闲有均，也可以避免培训工作冲突业务的情况发生。

表5-2　年度课程培训计划表

月份	课程	部门1	部门2	部门3	部门4	公司1	公司2	公司3	公司4
1									
2									
3									
4									
5									
6									
7									
8									
9									
10									
11									
12									

四、配置培训资源

资源就包含人、财、物三个方面。

人就是讲师资源，课程体系搭建完毕之后，随着培训计划的展开，内外部讲师队伍的搭建是一个巨大的工作量，同时，也是一个艺术性很强的工作。如何根据公司业务发展、绩效情况、员工需求去匹配合适的讲师（内部讲师、外部讲师、交流人员、工作人员）并达到预期的效果，是一个挑战性非常大的工作。讲师是课程的载体，再好的课程离开好讲师也是零。

财是指资金，不论是内部讲师，还是外部讲师都是需要支付课酬的。像华为的内部讲师课酬基本跟外部讲师持平，表5-3是华为讲师的课酬标准[①]：

表5-3 华为讲师的课酬标准

角色	级别	工作时间课酬标准		非工作时间课酬标准	
		元/天	元/小时	元/天	元/小时
讲师	教授	8000	1000	16000	2000
	副教授	5000	625	10000	1250
	高级讲师	3000	375	6000	750
	讲师	2000	250	4000	500
引导员	高级引导员	4500	562.5	9000	1125
	引导员	3000	375	6000	750
班主任	班主任	2000	250	4000	500

有些公司可能不会给内训师支付课酬，像GE的高管是没有课酬的，差旅费还需要自付。可是内训师开发课程的时间和授课的时间是要支付工资的。像华为、阿里巴巴的企业内训师必须是优秀的员工和经理才有资格，而这些人员离岗去做内训课程，对其来说是需要勇敢决策的。

另外，培训所必需的场所、设备、资料等费用的保障也是很重要的，有些培训就是因为其中某个环节出了问题，而不得不推迟或者取消。当然，钱要花在刀刃上，资金的分配可以参照一下优先级：

- 知识、技能的培训作为重点。
- 业务部门、创造性部门优先于服务部门和事务性部门。
- 管理人员、专业骨干员工的培训重于一般员工培训。

---

① 孙科柳、丁伟华：《华为大学：用优秀的人培养更优秀的人》，电子工业出版社2019年版。

- 出现重大绩效问题的部门优先：出现重大事故、能力严重不足的部门优先。

资金的分配应该在培训计划编写的时候基本确定，在实施过程中，可以根据以上原则调整。

物是物料和资源，包含在线教学系统和课件，会场、设备、辅助工具等，培训资料三大类。物料是培训效果的准备，不能浪费资源，但是课程需要的物料一定要保证，否则会影响课程的效果。

五、制定培训预算

培训预算是培训所需要的全部开支，一般包括以下几个方面：培训组织人员的工资和福利、讲师的课酬、差旅费、场地费、培训设备和教材费用。

预算的方法有介绍总额预算法和零基预算法。总额预算是按照员工工资、营业收入或利润总额的一定比例提取，年度培训费用一般采用这种方法，不同企业依据的标准不同。有数据显示[①]：国际大公司的培训总预算一般占上一年总销售额的1%~3%，最高的达7%，平均1.5%，而我国的许多企业都低于0.5%，甚至不少企业在0.1%以下。国企培训预算费用一般应不少于工资总额的1.5%~2.5%。要让马儿跑，首先得给马儿草，做培训如果不舍得投入，想做好是很难的。

零基预算是根据需求提取，不考虑过往的预算数或者企业从来没有做过培训，从零做起，如表5-4所示。

表5-4　零基预算

单位：元

课程名称	时间				课程形式	成本	人均费用	销售部			服务部	合计
	Q1	Q2	Q3	Q4				代表1	代表2	经理1		
专业销售					内训	5000元/次	1000	1000	1000				2000

① 王雁飞、朱瑜：《现代人力资源开发与管理》，清华大学出版社2010年版。

课程名称	时间				课程形式	成本	人均费用	销售部			服务部	合计
	Q1	Q2	Q3	Q4				代表1	代表2	经理1		
客户管理					外训	1800元/人	2000		2000	2000	5×2000	14000
团队建设					拓展	2800元/人	3000			3000	2×3000	9000
专业沟通					内训	1000元/次	500	500	500	500	5×500	4000
合计	2	3	3	1				1500	3500	5500	18500	29000

六、确定评估方式

培训的评估方式有两种，如表5-5所示，包括培训实施过程中的评估和培训结束后的评估。在后面的章节会详细介绍。

表5-5 培训评估方式

形 式	内 容
培训实施过程中的评估	评估的标准 评估的方式和流程 评估人
培训结束后的评估	评估的标准 评估的方式和流程 责任人

综上所述，制订培训计划及实施的步骤包括：

第一步：建立以学习管理部门为核心的培训组织，合理分配培训资源。

培训是人力资源部或者企业大学的职责，所以学习管理部门不要推活，即使推出去了，责任也得由其来承担。建立承担责任的组织有利于业务的开展，学习管理部门要牵头，争取主动把活儿干漂亮。

第二步：进行培训需求调研。

调研环节要做实。前面章节介绍过培训需求调研的五种方法，如果在企业内想把这个环节做到位，学习管理部门需要寻找一些伙伴支持自己。

第三步：制订培训计划与预算。

计划要靠谱，预算要到位，如果在缺钱状态下想实施需要大量外部资源支撑的培训项目，一般来说不太靠谱。

要记住：企业面临困难的应对策略，第一个砍掉的就是培训预算。

第四步：实施培训计划。

实施的过程中要做优化和调整。

第五步：评估培训效果。

实施评估是为了优化和调整，是为了更好地规划业务结果导向的培训学习项目。培训的效果本来就不太好直观地观察到，必要的评估一定要及时做。

第六步：根据评估结果和工作变化要求，调整培训计划，进行有针对性的再培训。

如果当年发生变化，当年就需要调整培训计划，也有可能出现当年不调整，第二年调整的情况。除调整培训内容外，也可以调整培训形式和培训主题。

七、培训计划执行的保证

培训计划执行困难，或者支持力度不够是普遍存在的一个问题。为了保证培训计划的有效执行，需要提前做以下准备：

1. 制定执行报告制度

把培训计划中的每个项目执行情况仔细总结，书面报给公司高管团队，尤其是要表扬参与度高、学习成绩好的团队和个人。对于参与度差、学习成绩不好的团队和个人的行为在报告中也要有所表现。

2. 与各个部门保持密切联系

培训前期、中期、后期都需要跟参训部门的主管保持协同，如果部门负责人能够出席培训活动，或者现场讲话，那是最好的。部门负责人的行动支持是培训效果的有力保证。

3.制定提醒制度

在主要的关键点上,提醒参训学员要做的事情。这种方式既不让人讨厌,又让人有适当和持续的压力。

4.采用项目管理制

每个学习项目都设立项目负责人,按照规范的项目实施流程来运作,会增加项目成功的概率,避免出现项目做了一堆,无人对具体项目和项目成果负责的情况,制造了很多学习废品。

5.网上及时通报

有个做涂料的上市公司,他们的培训比较严格,课前有筛选,课中有监督,课后有作业。如果某个学员没能完成课后作业,或者学习成绩不及格,会被即刻淘汰出学习项目,并且在全公司通报。

培训计划的执行困难
● 领导层的重视程度不够
● 与业务有冲突
● 临时性改变
● 员工的意愿不高
● 参训人员纪律性差
执行困难的应对办法
● 邀请领导参加开幕讲话
● 安排领导亲自讲课
● 定期通报培训状况
● 业务优先原则
● 坚持重要、紧急原则
● 与员工的非正式沟通说服
● 制定管理制度
● 坚决执行培训规定

附件:

画好跑道再起航

职业发展规划也叫员工的个人战略,是企业培训的另一条主线。在日常的工作管理中,无论是工作委派还是工作授权,都是在公司大的发展规划下,围绕着员工的职业发展去铺陈,员工工作主动性和企业的向心力会得到大大的提升。

一、职业生涯规划

1.职业生涯规划的几个概念

职业生涯是指一个人一生的工作经历,特别是职业、职位的变动及工作理想实现的整个过程。

职业生涯规划是结合自身条件和现实环境,确立自己的职业目标,选择职业道路,确定相应的工作计划,并按照生涯发展的阶段实施具体行动以达成目标的过程,就是为自己的未来人生绘制理想的蓝图。

按照时间的长短来分类,职业生涯规划的种类可分为人生规划、长期规划、中期规划与短期规划四种类型:

类　型	定义及任务
人生规划	整个职业生涯的规划,时间长至40年左右,设定整个人生的发展目标。如规划成为一个有数亿元资产的公司董事＆总经理
长期规划	5~10年的规划,主要设定较长远的目标。 例如,规划30岁时成为一家中型公司部门经理,规划40岁时成为一家大型公司副总经理等
中期规划	一般为2~5年内的目标与任务。 例如,规划从大型公司部门经理到小公司做总经理等
短期规划	2年以内的规划,主要是确定近期目标,规划近期完成的任务。 例如,对专业知识的学习,2年内掌握哪些业务知识等

2.职业规划的阶段划分

职业生涯的阶段划分如图5-2所示,总共40年(25~65岁),划分比较简单，至于职业发展是上扬趋势，还是下滑趋势，决定因素是工作成绩，也就是KPI。职业生涯是一个持续的价值交换的过程，如果不能持续学习进步，业绩就会下滑，有可能会出现职场危机。

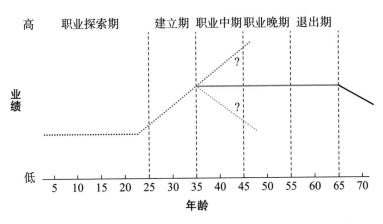

图5-2　职业规划的阶段划分

3.职业生涯规划的作用

对个人：

- 确认人生的方向，提供奋斗的策略。

- 准确评价个人的特点和强项。

- 评估个人目标和现状的差距。

- 准确定位职业方向。

- 突破并塑造全新的自我。

- 重新认识自身的价值并使其增值。

- 发现新的职业机遇。

- 增强职业竞争力。

对公司：

- 可以更深地了解员工的兴趣、愿望和职业理想，让员工感觉到被尊重，从而更努力。

- 由于了解员工希望达到的目的，管理者可以根据具体情况来安排对员工的培训。

- 可以适时地用各种方法引导员工进入企业的工作领域，从而使个人目标和单位目标更好地统一起来，降低员工的失落感和挫折感。

● 能够使员工看到自己在这个单位的希望、目标，从而达到稳定员工队伍的目的。

二、职业生涯规划管理的三项任务

职业生涯规划管理的三项任务具体如下，如表5-6所示。

表5-6　职业生涯规划管理的三项任务

项　目	具体内容
画出跑道	企业发展到一定的人员规模，就需要给员工制定双通道职业发展路径，给员工指明发展路径
制定规则	制定晋升和加薪的标准和流程，帮助员工制定发展目标
赋予能力	针对员工职业发展过程中的实际需要，做好培训等赋能工作

1.画出跑道

职业生涯规划的画出跑道就是拟定本公司的职群职种，制定公司的职业发展的双通道。

（1）双重晋升制度

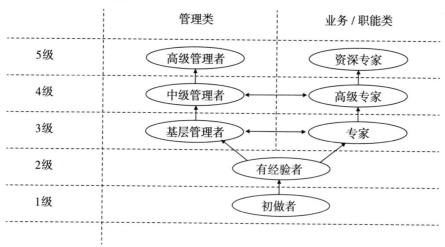

图5-3　职业双通道

● 管理类

从事以人员管理为主的工作人员。按管理层级可划分为监督者、管理者、领导者。

3级监督者：率领一组人员从事某项具体的专业/技术工作，本人既是监督者又是执行者之一。

4级管理者：对所管辖部门的工作质量、时效、成本负完全的责任，并参与所管辖工作的战略方向、资源分配、成本及时间要求的制定，下属至少含3级监督者及普通员工数人。

5级领导者：对企业某个运作过程或某项职能负完全的责任，参与制定公司长期战略及宏观指导。

级别要求：任何管理都是对从事某项专业/技术的人员进行管理，管理类人员必须达到某方向、某专业/技术标准2级水平以上。所以，管理类级别为3~5级。

● 专业类

从事运用某项专业知识提供某种支持或服务，直接或间接创造价值的工作。含销售、计划、法律、人力资源、公共关系、统计、审计、会计、广告、采购、秘书等。

级别要求：从工作要求出发，1~5级不等。

● 技术类

从事运用某项技术设计和改进解决问题的方法的工作。含：软件开发、硬件开发、工艺、测试、维修、安装等。

级别要求：从工作要求出发，1~5级不等。

（2）××公司示例

第一，某公司岗位分类。

××公司将所有岗位分成六类：管理类、通用类、营销类、技术类、生产类和研发类。

● 管理类岗位指公司总部具有行政管理职责的各级岗位，包括总裁、总裁助理、总经理、副总经理、各部门经理、办公室主任、部门副经理、部门经理助理。

- 通用类岗位包括公司的人力资源、办公室、财务、发展、广告、国际业务、监察、审计、证券、期货与对外贸易等部门的普通员工岗位，还包括其他部门的文员岗位。具体又可分为三类：
  - 财务类：包括财务、审计；
  - 人事行政类：包括人力资源、办公室；
  - 业务发展类：包括发展、广告、国际业务、监察、证券、期货与对外贸易部、其他部门的文员岗位等。
- 营销类岗位指市场部的营销代表和服务代表岗位。
- 技术类岗位指品管部门、原料部门和市场部的技术人员岗位。
- 生产类岗位指生产部门的生产人员岗位。
- 研发类岗位指研究所的研究人员岗位。

第二，发展序列分类。

××公司职业发展规划设置了六个发展序列：管理、通用、营销、技术、生产和研发序列，分别对应管理类、通用类、营销类、技术类、生产类和研发类岗位。

每个发展序列都有相应的职级分布。根据具体岗位的性质、经验技能要求、职责大小等的不同，每个岗位所覆盖的职级不同。

- 管理序列分为总裁级、高级管理者（MA）、中级管理者（MB）、初级管理者（MC）四层，具体包括总裁级的8个级别，MA、MB、MC各14个级别。
  - 总裁级，应具有极强的计划、组织和协调能力，具有很强的战略思考能力，开阔的国际视野，以及丰富的企业管理经验。
  - 经理MA层，应具有很强的计划、组织和协调能力，并且有十分丰富的管理工作经验，知识结构系统且知识面广阔。
  - 经理MB层，应具有较强的计划、组织和协调能力，并且有较丰富的管理工作经验，知识结构比较全面。
  - 经理MC层，应具有一定的计划、组织和协调能力，并且有一定的管理工作经验，知识结构以所在领域的专业知识为主。
- 通用序列分为GA、GB、GC、GD、GE五层，其中每层包括10个级别。

- 员工GA层，有相当丰富的相关工作经验，在本专业领域及其相关领域都有较深的造诣，能够创造性地解决十分复杂的问题，业绩突出，能够给公司发展带来显著的贡献。

- 员工GB层，有较丰富的相关工作经验，专业知识和相关技能能够胜任本职工作，并且能够独立解决复杂的问题，具有良好的工作业绩表现。

- 员工GC层，有一定的相关工作经验，专业知识和相关技能满足工作需要，需要较少的工作指导，能够独立解决较高难度的问题。

- 员工GD层，有较少的相关工作经验，基本具备岗位所需的专业知识和相关技能，能够在上级指导下解决有一定难度的问题。

- 员工GE层，对相关业务较为陌生，基本没有相关工作经验，岗位所需的专业知识和相关技能仍有待考察，负责的是日常的流程性工作。

- 营销序列分为SA、SB、SC、SD、SE五层，其中每层包括10个级别。

  - 员工SA层，有相当丰富的营销工作经验，具有突出的市场开拓能力，能够创造性地解决十分复杂的问题，业绩突出，能够给公司发展带来显著的贡献。

  - 员工SB层，有较丰富的营销工作经验，专业知识和技能能够胜任本职工作，具有很强的市场开拓能力，并且能够独立解决复杂的问题，具有良好的工作业绩表现。

  - 员工SC层，有一定的营销工作经验，专业知识和相关技能满足工作需要，需要较少的工作指导，能够独立地完成营销任务。

  - 员工SD层，有较少的营销工作经验，基本具备岗位所需的专业知识和相关技能，能够在上级指导下完成有关营销任务。

  - 员工SE层，对营销业务较为陌生，基本没有营销工作经验，岗位所需的专业知识和相关技能仍有待考察，负责的是日常的流程性工作。

- 技术序列分为TA、TB、TC、TD、TE五层，其中每层包括10个级别。

  - 员工TA层，有相当丰富的技术工作经验，在本专业领域及其相关领域都有较深的造诣，能够创造性地解决十分复杂的问题，业绩突出，能够给公司发展带来显著的贡献。

- 员工TB层，有较丰富的技术工作经验，专业技术知识和相关技能能够胜任本职工作，并且能够独立解决复杂的问题，具有良好的工作业绩表现。

- 员工TC层，有一定的技术工作经验，专业技术知识和相关技能满足工作需要，需要较少的工作指导，能够独立解决较高难度的问题。

- 员工TD层，有较少的技术工作经验，基本具备岗位所需的专业技术知识和相关技能，能够在上级指导下解决有一定难度的问题。

- 员工TE层，对技术业务较为陌生，基本没有技术工作经验，岗位所需的专业技术知识和相关技能仍有待考察，负责的是日常的流程性工作。

- 生产序列分为PA、PB、PC、PD、PE五层，其中每层包括10个级别。

  - 员工PA层，有相当丰富的生产工作经验，在本专业领域及其相关领域都有较深的造诣，能够创造性地解决十分复杂的问题，业绩突出，能够给公司发展带来显著的贡献。

  - 员工PB层，有较丰富的生产工作经验，专业知识和相关技能能够胜任本职工作，并且能够独立解决复杂的问题，具有良好的工作业绩表现。

  - 员工PC层，有一定的生产工作经验，专业知识和相关技能满足工作需要，需要较少的工作指导，能够独立解决较高难度的问题。

  - 员工PD层，有较少的生产工作经验，基本具备岗位所需的专业知识和相关技能，能够在上级指导下解决有一定难度的问题。

  - 员工PE层，对生产业务较为陌生，基本没有生产工作经验，岗位所需的专业知识和相关技能仍有待考察，负责的是日常的流程性工作。

- 研究序列分为RA、RB、RC、RD、RE五层，其中每层包括10个级别。

  - 员工RA层，有相当丰富的科研工作经验，在本研究领域及其相关领域都有较深的造诣，能很好地组织人员进行科研攻关，并给公司发展带来突出的贡献。

  - 员工RB层，有丰富的科研工作经验，具备良好的从事科研的素质和专业知识，能独立地进行深入的科研工作。

- 员工RC层，有相当的科研工作经验，具备较好的科研素质和专业知识，能够较独立地进行科研工作。

- 员工RD层，有较少的科研工作经验，具备基本的科研素质和专业知识，能够在上级指导下从事辅助性的科研工作。

- 员工RE层，对科研业务较为陌生，基本没有相关工作经验，岗位所需的专业知识和相关技能仍有待考察，负责的是日常的流程性工作。

2.制定规则

（1）资格衡量要求

对人员进行选拔时从以下五个方面进行衡量。基于从实际出发的原则，主要对技能或行为建立标准，参考工作绩效评价结果。品德、素质、经验等不易考核的要素作为人员选拔及员工自我发展的重要参考因素。

- 品德

- 素质

- 技能/行为（表现）

- 工作经验

- 工作绩效

（2）任职资格标准

任职资格标准是从称职胜任角度出发的，主要建立以结果导向的技能/行为标准。管理类基于工作特点定义行为标准，专业技术类为技能标准或行为标准。

- **建立原则**

源于工作：标准级别的划分、标准的内容都从分析实际工作而来，而不能仅从技能本身进行推理。

结果导向：达标评定的素材尽可能取自日常工作成果，尽量减少为获资格而额外增加的工作。

（3）考评体系

- 依据：考核认证以资格标准为依据，人与标准比，作出评价。

- 考核认证主体：对员工的某项资格达标与否的考核以其直接主管及流程主管考核为主，任职资格专业工作人员为辅。

- 考核认证原则
  - 客观公正：标准客观，判断客观全面；
  - 促进改进：认证不仅是评判达标与否，更重要的是促进改进，形成规范化工作的习惯；
  - 有序可行：遵循工作的内在规律。

（4）评审体系

资格评审分为二级评审，包括部门级和公司级。

- 部门级评审。由各系统任职资格管理部负责组织，保证本系统内各部门对标准掌握的一致性。
- 公司级评审。由公司任职资格管理部负责组织，保证公司各系统对标准掌握的一致性。
- 颁证评审。由公司人力资源相关委员会负责对颁证的评审。资格证书有效期一般为2年，每2年公司组织一次资格复审，或修订标准，复审通过，证书将继续有效。

3.赋予能力

基于员工任职资格的培训课程体系建设在第三节课中已经做了阐述。

人是怎么废掉的?

我们经常会看到一些文章说一个人的成长分为三个阶段:

1.觉得自己无所不能

2.觉得自己不是无所不能

3.觉得自己的孩子也是普通人

对于这种观点,大多数人都可以接受,因为每个人都是这样过来的。可是,这个逻辑真的没有问题吗?

举个例子:有个"60后"大姐,父母在某大学毕业后帮助她找了某银行的柜员工作。在当时的情境下,这是一个很不错的工作,每天朝九晚五,不耽误交朋友和接送孩子,收入还不错。这是很多人梦想的工作。于是,这位大姐在这个岗位一做就是20多年。

互联网金融行业的兴起对很多银行的柜台人员的工作冲击很大,很多的日常工作陆续被机器替代,这位大姐很不幸地成为被替代的一员。

然而,由于前面几十年没有危机意识,过得过于安逸,放弃了学习提升的机会和时间,等到转岗竞聘来临的时候,竟然发现自己除了柜台工作,好像什么工作都不会,只能拿了些许补偿下岗了……

这样的例子,在现实工作中有不少,如在高速路上工作的收费员,随着全国高速打通ETC收费系统①,收费员的岗位数量会急剧下降;无人超市的兴起也会使超市工作人员的工作岗位减少。

人们都是在危机忽然出现时才会发觉:我怎么什么都不行?!从来不会去问我之前的时间都准备了什么!

生活在淘汰你的时候,真的是不会打招呼的!

一个人的人生大致可以分为三个阶段:0~25岁,学习;25~65岁,工作;

---

① ETC是不停车电子收费系统。

65 岁之后退休。

很多人想当然地认为，既然 0~25 岁是学习阶段，那就好好学习，努力提升自己，之后的人生海阔天空，任我遨游，不用学习了，解放了啊！其实这是一个有问题的想法。

经过笔者近距离地研究观察周围的一些同事、同学和朋友，发现从大学毕业开始，谁最先对生活和自己的状态满意了，放下了或者放弃了学习，谁的人生基本上就到了顶点。除非发生天上掉馅饼的事件。一般情况下，这个人的人生就开始走下坡路了。

如果你已经工作 20 多年或者 30 多年了，回想一下，是不是对自己的生活和工作完全满意，或者说从某一天开始不再投入时间来学习，之后的人生基本上就被定格了？！

要想在 65 岁之后生活得无忧无虑，那么在 25~65 岁的这 40 年一定要努力打拼，认真工作。务必认清的一点是，学习是从大学毕业之后才真正开始的！

很多大学生，抱着 60 分万岁，大学毕业就解放的心态投入到新的工作生活中，基本上浪费了人生的精彩，一生碌碌无为。

如果在工作之初的前 5 年不能很好地拓展工作技能，学到扎实的工作本领，那么在 35 岁基本上就会遇到职场的第一次危机。

如果在这次危机之后不能看清形式，开拓创新，或者自我激励提升，马上就是人生的中年危机。这个危机的时间跨度在 20 年左右，如果在这期间抓不住机遇，基本上就会直面退休危机了。

但是，即使退休后，也不一定是在家混吃等死，也需要把自己的晚年过得丰富多彩。假设一个人在退休之后，把自己因为各种原因没有培养起来的兴趣爱好做起来，今后的 30 年时间也会是让自己有个爱好的。

所以，不论年龄大小，积极地学习是人生进步的通天塔，不要抱怨，不要后悔。从今天开始就不晚！

人的一生就那么 40 年的工作时间，每一天都很宝贵，如果一个人不能抓紧时间努力学习，努力打拼，一晃就是 20 年，再一晃就 65 岁了，悔之晚矣。

难道我们真的要把自己的人生过成来人世间做卧底一般吗？

6

第六节课

培训课程开发

课程开发是整个教学活动的载体，课程开发的好坏直接影响到学习项目的效果。业务结果导向的课程开发是最适合企业实际需要的。

本章节学习内容：
- **成人学习的特点**
- **课程开发的逻辑**
- **课程设计的内容**
- **教学教法**

一、成人学习的特点

1.课程开发的难点

线下讲TTT课程的时候，笔者会习惯性地先问学员一个问题：你们觉得课程开发最大的难点是什么？学员的回答大致如下：

- 如何确认课程的适用性
- 如何抓住企业当前的"痛点"
- 供需不匹配
- 如何抓住学员的注意力
- 课程内容的设计

……

在笔者看来，课程开发最大的难点是需求的挖掘：开发课程前有没有把握受训学员的真实需求。即使企业找的是30万元1天的金牌讲师，也不一定就能百分百满足所有学员的需求。就像去医院看病一样，一定要对症下药，开发课程亦如此。即使课程内容很精彩，PPT很绚丽，视频内容很丰富，只要与学员需求不匹配，那都是没有价值的。

2.我们期望的培训目的

我们期望的培训目的具体如下：

- 实施成功的学习发展项目
- 带来更高效的行为转变
- 业务成果得到改善或绩效得以提升

培训的目的是教会学员知识和技能，学员会用并且愿意使用，即解决

"我能""我愿意"的问题。了解员工须应用的新知识有三个步骤：

- 发现相关问题
- 检索信息或技能
- 应用到具体问题中

学员获取信息的方式影响他们在这三个步骤中的表现，所以教学方法的设计和利用对授课效果有一定的影响。因此，作为职业讲师和兼职内训师，不仅需要了解成人学习的特点，掌握课程开发的方式方法，掌握授课的技巧，还需要掌握必要的呈现技巧和课堂控制套路。只有这样，讲师和学员才会都有收获。

3.成人学习的特点

了解学习的过程，可以改变学习方式，让学习更具有应用性，从而达到更好的效果。学习大致可以分为七个步骤：

| 输入 | 注意力 | 短期记忆 | 编码和整合 | 长期记忆 | 检索 | 应用 |

图6-1 学习的过程

- 输入的刺激。
- 输入的刺激引起大脑的注意。
- 注意转化为短期工作记忆。
- 工作记忆足够重要和有趣，大脑对其编码。
- 整合成长期记忆。
- 遇到合适的触发因素，大脑会检索取出相关信息。
- 调整和应用。

学习发展项目是围绕这七个步骤实施的，从输入信息到学员自主应用貌似不复杂，但还是需要对其中的关键点进行管控，否则学习的效果会大打折扣。三个关键点具体如下。

（1）注意力

学习过程中最佳的状态是齐克森米哈里提出的"心流"：当我们专心做一件

事情的时候，可以几个小时都花在同一件事情上，并且会觉得时间过得飞快。

我们清醒的时候，大脑的输入信息是非常多的，但是大多数都被大脑过滤掉了。比如，上班穿着皮鞋会捂脚，可是大脑平时基本上会忽视脚部神经元传来的信息，只有鞋子挤脚或者崴脚的时候，才会去关注。所以抓住注意力是学习过程中最大的"瓶颈"。如果持续讲授，在课堂上经常能发现学员两眼不聚焦的情况，加涅提出了九段教学法：

表6-1　九段教学法

引起注意	从长时记忆中提取知觉、注意的内容和以特殊的方式加工信息的倾向至短时记忆
阐述教学目标	形成学习动机和选择性注意
刺激回忆	提取长时记忆中与当前所学内容有关的信息至短时记忆
呈现刺激材料	突出选择性信息的特征及作用，使学习者易于获取感觉信息并形成选择性知觉
提供学习指导	使学习者能较快地构建新信息的意义（促进语义编码过程），即形成概念
诱发学习行为	检验学习者对意义的构建是否成功
提供反馈	如果构建不成功，则给予矫正反馈，使学习者重新去构建该信息的意义；如果构建成功，则给予鼓励反馈
评价表现	通过成绩评定对成功的意义构建加以强化
促进记忆与迁徙	帮助学习者把新构建的意义（新概念、新知识）进行归类、重组，以促进知识的保持与迁徙

九段教学法的第一步是引起注意。学习项目应该在第一时间抓住学员的注意力，避免过多枯燥的介绍，要说明项目会给学习者带来的好处，吸引他们的注意力。课程内容越枯燥，学员的注意力就越难集中，如果讲师讲的内容在PPT上都有，而讲师只是换个方式念稿，那么学员很容易走神。所以，教学方法设计得越好，越吸引人，教学的效果就越好。

成人集中注意力学习的时间一般在15分钟左右，超过20分钟一般就会神游天外，有经验的讲师一般会每15分钟左右有个停顿，讲个故事，调侃一下，或提出问题，做个小研讨，看个小视频等。这些都是教学设计结算需要考虑的问题。

（2）短期记忆

短期记忆也叫工作记忆。上课的时候，我们会把老师讲过的内容尽量记下来，形成短期记忆。如果课程传授的知识过多、重点过多，短期记忆就会过载，学员会记不住细节，甚至会把原理跟细节混淆。

上课的时候，老师的语速比学员的学习速度快了20倍左右，所以在课程设计上尽量避免学员注意力超载的情况，避免出现过分依赖音频、视频等形式，抛弃一切影响学员理解的内容，避免出现整页文字的PPT，文字内容和图片内容会跟讲师争夺学员的语言处理能力。

（3）编码和整合

编码是指将信息和经验转化为有用记忆的过程；整合是指将新的记忆痕迹与现有知识框架联系起来以便日后检索的过程。这是学习的本质。编码越详细、联系越全面，日后的检索就越方便。由于每个学员的人生经历和思维框架都是独一无二的，所以对新知识的编码和整合各有特色，需要学员自己来处理。

邀请学员分享自己的经历、练习和类比，或者向其他学员解释概念内容，引导他们进行深入、精细的信息处理是比较有效的教学方法。另外，在课程中给予学员足够的时间学习、研讨和实战练习也是非常好的方法。

4.成人学习的原理

（1）成人学习的特点

成人学习的特点如表6-2所示。

表6-2　成人学习的特点

	儿　童	成　人
经验	具有很少用于判断或评价新经验和知识的经验	具有相当多用于判断或评价新经验和知识的经验
自我概念	依赖别人，如父母、老师	依靠的是由自己所独立实现的成就
学习意愿	取决于身体发育程度和整体成长和发展状况	取决于是否意识到所要学习内容的重要性
时间观	学习内容的滞后应用	迫切需要利用新知识解决个人或工作中的问题

第一，经验的差异。儿童没有什么经验，教什么对他们来说都是新的，尤其是父母教的，因为信任，儿童会觉得都是对的。而成人具有相当多用于判断或评价新经验和知识的经验。这是什么概念呢？当把新的知识或经验教给成年人时，他们会根据原有的沉淀和积累，甚至是方法论，来判断出这个东西好不好，行不行。

有时候，教点新知识，如果方式不好，就会被成年人质疑，甚至被怀疑动机。尤其是企业文化价值观和行为态度方面的课程，一旦内部讲师掌握不好方式和方法，效果往往是负面的。

第二，自我概念的差异。即课程是否适合自己的觉醒意识。儿童一般是依赖父母，上学后依赖老师，而成人主要是依靠由自己所独立实现的成就。如果成年人的世界里就没有学习的概念，那么你无论如何灌输，也不会有好的效果。

第三，学习意愿的差异。儿童的学习意愿取决于其身体发育程度、整体成长和发展的状况，例如，儿童在幼儿园时，都特别爱学习，教什么都学得很认真，在家里也愿意帮父母收拾碗筷。但到了上小学之后，孩子完全不在学习状态，不爱学习，更别说做家务了。而成年人的学习意愿取决于其是否意识到所要学习内容的重要性。不过从当下来看，有学习意识已经不够了，还需要监督。笔者见过太多的成年人，往往在40岁以后才后悔年轻的时候没有好好学习，不但自己没啥成就，还无法给自己的孩子创造更好的学习环境和学习机会。

第四，时间观的差异。儿童的学习内容往往是滞后的，而成年人迫切需要利用新知识解决个人或工作中的问题。这就决定了成年人无利不起早，如果工作不需要，或者个人发展的意愿不强，那么个人不会在当下就去学习，尤其是学习一些用不到的知识。

（2）成人学习的原理

第一，需要了才学习，很少有人会预先准备。这么多年无论是在企业内训还是公开课的课堂上，笔者都会问学员是否在课前了解过课程对应的知识点或者看过相关的书籍，即使是企业的中层/高层管理者，看过或了解过的也屈指可数。而成年人有需要才学习的特点，也导致企业给中高层或员工设计课程逻辑时会非常难，因为课程是他们需要的，但他们本身并没有意识到这是应该具备的。强行安排他们学习，会让他们觉得是人力资源部在添乱。

第二，贴近工作和生活，培训的内容不能太偏理论、太空泛。如果找大学老师来讲，除非是找像前几年很火的于丹那样的老师，讲起来生动有趣，还贴合实际，是可以让学员在工作或生活中找到共鸣的，是在工作中正在用的，或者用得不好需要提升的。

第三，经验与参与。培训的内容要来源于成年人工作中的经验总结。所以在课堂上，要多做实战，多做练习。尤其是企业的中高层经理，如果只让他们听，而不让他们参与，他们很快就失去兴趣了。最好可以在课堂上带领他们进行共同建构。

第四，培训师的水平和亲和度。培训师的功力是一堂培训课程效果的基本保证，功力深也不一定会让全部学员百分百满意，因为哪怕培训师具备很高的水平、声音好听、上课有激情、案例和视频内容丰富、时间把控精准等，也会有学员嫌弃讲师长得不帅气。但是讲师功力深是一个必备条款。至于亲和力，也很重要，不能拒人于千里之外，要能跟学员打成一片，但也不需要讨好学员。

第五，课程内容新颖，课堂气氛活跃。内容可以重复，但需要通过不同的形式展现出来。课堂气氛必须调动起来，否则学员听15分钟就该打盹儿了。为避免学员打盹儿，通常笔者的做法是隔一段时间就问问学员"你们还在吗？"学员一乐，也就不困了。这里的"在"指的不是身体，而是灵魂。还可以让学员做练习，笔者一般是上午多讲一点理论，下午多做实战练习和研讨。

第六，培训形式多样。课程中要穿插练习、视频、游戏等多种形式，但是最好不要形式大于内容，除非是TTT的培训。

所以，如何调动学员的学习积极性是一项挑战，未来对培训师的要求也会越来越高。

基于成人学习的特点，讲师不但要讲授知识和理论，还要结合自身的实际激发成年人的学习意愿和学习动机，让学员意识到不学习是在浪费自己的生命，是对自己和家庭的不负责任。

人的一生都在持续不断地学习。笔者在培训课堂经常跟学员讲：大学毕业才是学习的开始！因为之前所谓的学习都是教育。教育是指人们提前做好应对未知挑战的准备。教育更加注重法则和理论的应用，而非特定技巧。为了确保学习卓有成效，必须考虑到成人学习者持有的学习特点和偏好。

二、课程开发的逻辑

1.从业务目标到学习目标

培训是从业务中派生出来的，所以基于结果规划轮可以延伸出以下学习与业务目标的关系：

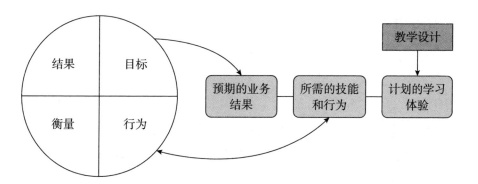

图6-2 学习与业务目标的关系

为了实现最优的学习效果，学习项目需要满足以下四个条件：

- 明确定义业务结果。
- 确定所需的绩效表现（技能及行为）。
- 筛选学习内容，只留下与工作相关的必要内容。
- 教学方法与预期绩效匹配。

从业务结果到学习目标需要三个步骤：

- 列出项目需要满足的关键业务结果。
- 列出每项业务结果需要员工具备的关键行为。
- 根据每种关键行为设计学习体验，确保员工达到必需的绩效水平。

2.课程设计的模块和要点

TTT共包含四个模块，如图6-3所示：

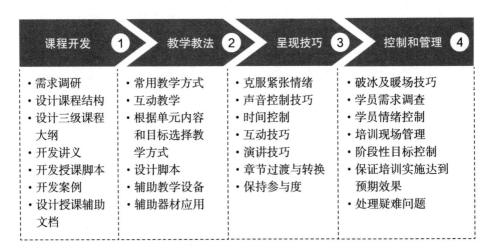

图6-3　TTT的模块和要点

第一，课程开发。这个模块做的工作是把课程开发出来。依据规范的流程，使用规范的套路，分步骤把课程开发出来。这是传统的培训师的课程内容，一般上这个课的人最好有点积累，要不然课堂上的压力还是非常大的。

第二，教学教法。即课程讲义和PPT完成后，该如何呈现教学内容。教学方法有几十种，一般常用的有9种左右，这个课程是要教会学员怎么去讲授一门课程，根据教学的模块内容去匹配合适的教学方法。

第三，呈现技巧。例如对声音、时间的把控，包括课程前的破冰、暖场，在课堂中和学员保持互动，克服紧张情绪等。这个课程教的方法容易，但是熟练使用不易，需要大量实践练习，毕竟不上战场是学不会打仗的。

第四，控制和管理。在课程中要随时关注学员的情绪，始终把学员的注意力控制在课堂中，保证培训实施能够达到预期效果。

这四个内容是整个课程开发的全流程。

3.常用的课程开发工具

图6-4是一些课程开发的常用工具，包括需求分析工具，大纲开发工具，课件开发工具，教学脚本开发工具和活动视频开发工具。这些工具无论内训师、外部讲师还是企业培训的组织者或业务部门经理，都应该了解并掌握。这是基本技能之一。

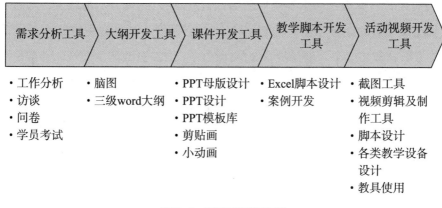

图6-4 课程开发常用工具

第一，需求分析工具。包括工作分析、访谈、问卷和学员考试。工作分析相对较简单，主要看企业各种岗位的工作内容和任职资格条件；访谈的形式有面谈、电话、网络等，访谈的对象有员工、HR、部门经理、公司领导，访谈前一定要设计访谈提纲。笔者接触过的培训机构中有一家做得非常好，机构会提前做大量的准备工作，待签约后，再组织培训师、客户方及BD[①]开一个简短的三方会议。这样的会议可以让培训机构获取第一手现场资料，并确保培训具有针对性和精准性。在培训前不跟学员或客户做任何沟通，就直接授课是一件很可怕的事情，可能进入教室后会突然发现气场不合。因为很多时候培训需求不是学员提出来的，而是老板要求的，或者是人力资源部未经调查猜出来的。问卷也是很有必要的，笔者基本上每一门课程都有课前的调研问卷与课后的试题和作业。

---

① 商务拓展（Business Development）。

第二，大纲开发工具。脑图是最有效的大纲开发工具，也适合做课程笔记。一般情况下，如果对课程需求的认知非常准确，使用脑图构建课程大纲会非常迅速。首先列出课程的整体一级大纲，再依次写二级大纲和三级大纲。脑图的逻辑跟大脑的思考比较接近，适合在头脑风暴的同时开发出初步的课程大纲。

第三，课件开发工具。PPT母版设计在当下已经比较简单了，网上可以搜索到各种模板，基本都是免费的；PPT设计，在现有的母版上，对每一页PPT做相应的调整和美化；PPT模块库是必须要有的，在平时要注意积累；PPT剪贴画和PPT小动画是配合文字呈现的，增加页面的生动性，选取尺寸小、解析度高的。PPT小工具的灵活使用，可以起到画龙点睛的作用。

第四，教学脚本开发工具。Excel脚本设计指的是开发完PPT讲义后，需要做Excel的整理汇总，包括每页讲义的主题内容、陈述时间、呈现形式、所需材料（如视频、案例等），这样的脚本有助于加深对课程内容和逻辑的把握；案例开发指的是在讲授框架性的课程时，逻辑是不变的，但是要针对不同的客户需求或不同学员的真实需求去挖掘案例。理论知识只有与案例结合才能贴近生活和工作。

第五，活动视频开发工具。包括截图工具、视频剪辑及制作工具、脚本设计、各类教学设备设计和教具使用。视频剪辑目前用得比较多的是绘声绘影、爱剪辑等。教学设备也越来越先进了，笔者去年在格局商学院讲过几次课，他们采用的是全景沉浸式的授课方法，讲师在一个校区讲，同时有100多个校区同步在线听，屏幕是整整一面墙，每个校区都是一面墙的大屏，一个教室少则50人，多则100多人，屏幕上1/3是放老师的，2/3是放PPT的，呈现出来的效果特别好。现场除了电脑，还用IPAD连接投影仪，讲师直接在IPAD上翻页，还能在上面编辑。这样的技巧工具在培训中就是如虎添翼，所以一定要掌握好。而在培训中如果需要用到视频案例讨论、游戏活动的，要提前准备好，道具放置在每组学员的课桌上，并且设计好各个环节的动作要领与规则。

课程开发工具随着技术进步也在不断地更新中。目前的直播、微课、微信语音课、千聊课程、腾讯课堂、小鹅通等都是最近几年出现的课程传播方式。

三、课程设计的内容

1.课程设计的内容与逻辑

课程设计的内容和逻辑包括三个方面：策略设计、内容设计和方法设计。

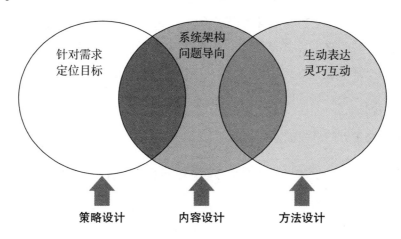

图6-5　课程设计的内容与逻辑

第一，策略设计，即针对需求、定位目标。需求和目标都不能跑偏。这个环节是培训课程开发最重要的环节，不能出错。笔者曾经在一家外卖平台沟通课程需求，课程是"管理者的角色认知与定位"，笔者按照规范的套路跟他们的BP沟通，发现每一条都不能达成一致，现场BP的代表原话是"我们公司不是这样的"。笔者感觉他们是一家来自外太空的公司。而在讲授课程过程中引导学员讨论的时候，发现学员研讨的结果都符合管理常识，真正的问题是学员和BP不太能对上眼……

第二，内容设计，即系统架构、问题导向。课程的设计需要有系统性，而不是简单地拼接PPT，要先有框架，再找素材，以问题为导向。解决问题是课程设计的直接目的，最佳的效果是课程的每一个部分解决一个问题。

这部分内容后面会详细说明，这里要讲明的是任何培训活动和培训课程都是以问题为导向的，否则就是浪费公司的资源。不能针对问题的培训，我们宁可不做，因为没有任何价值，最多也就是做成一场秀而已，对于公司和学员来说没有意义。

第三，方法设计，即生动表达、灵巧互动。生动表达可以有效激发学员听课的热情和兴趣，灵活互动有助于调动学员的积极性，提高学员的参与感。如果只是老师讲，学员听，课后不到一周，学员基本只能记住老师挺幽默或者挺帅的，至于讲课内容全都忘了。

课程的每个环节都需要设计，尤其是新课程和新讲师上场之前务必要对课程的每个环节设计好、熟记在心。等到课程呈现30次左右的时候，就可以基于大的框架去临场发挥了。

2.课程设计的开发成果

课程设计的开发成果包括两个方面：学员教材和讲师教材。

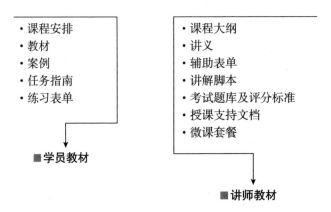

图6-6　课程设计的开发成果

第一，学员教材。课程安排包括课程时间、地点、内容等；教材是学员手册；案例可以单独打印，也可以附在教材的最后；任务指南是活动、研讨案例或游戏的规则指南，可以让受训学员一目了然；练习表单可以留下学员培训过程中的记录。学员教材一定要完备，才不会让学员在培训中一头雾水。

第二，讲师教材。课程大纲包括课程三级大纲和讲师个人介绍；讲义包括PPT讲义和Excel脚本，如果能把Word版讲义也制作出来就更好了；考试题库及评分标准，正常情况下，如果讲师课后不参与阅卷，要把考题的标准答案和评分标准留给培训组织部门；微课套餐指的是提供线下培训课程的同时也提供与之相匹配的线上课程。

建立学员群，隔一段时间安排老师在群里答疑或者做简短的分享，也会加深学习效果。目前，笔者的很多线下课程都在网易云课堂上有相应的视频，虽然没有现场呈现的效果好，但对于学员掌握基础知识还是有帮助的。

完美的课程设计，至少要把讲师的PPT讲义和Word版讲义、授课脚本准备到位。新讲师要把逐字稿完整地写出来，认真地去准备，然后读熟、记住。授课脚本中的授课方法和授课各个环节的连贯务必要在课下做足准备和练习。即使这样还有可能临场出现遗漏、忘记内容或忘记演练环节的情况。

做课程一定要针对问题，同时要针对学员的真实情况，不能根据讲师自身的喜好和专业储备来设计，那样的课程设计对于企业和讲师来说都是灾难性的！

设计好的讲师手册和学员手册，一定要反复斟酌，多试讲几遍，把各种风险过滤掉。

3.标准课程开发流程

开发标准课程，可按照图6-7的逻辑进行。

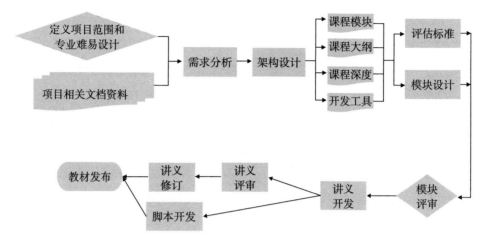

图6-7 标准课程开发流程

首先要定义项目的范围和设计专业的难易。对于难易程度的把握是比较难的，像笔者的课程主要针对经理和总监的层面，所以对学员基础有一定的要求，如学历、团队管理经验、工作年限等。如果是刚工作且还没到两年的学员有可能会听不懂。收集项目相关的文档资料的目的是做需求分析。

其次要做需求分析，因为开发课程的最终目的是要解决学员的真实需求，解决企业的业务问题。

清楚需求之后再做架构设计，包括课程模块、课程大纲、课程深度和开发工具，如果是1天的课程，一般是1~4个模块的内容，超过4个，可能会讲不完。课程深度与学员水平紧密相关，如果受训学员的级别是专员、经理或总监，那么所设计的架构就会有深度。

做完架构设计，要做评估标准和模块设计，再进行模块评审。模块通过审核后，下一步是讲义开发，包括PPT讲义和Word讲义。Word讲义可以写成逐字稿，这样做的目的是将课程内容作为知识储备沉淀下来，也便于复制，并避免出现一门课程只有开发老师自己可以讲的情况。

当然，开发的讲义也是需要经过评审的，评审完要修订讲义和开发Excel脚本，最后才是教材发布。

步骤1　调查培训需求

（1）通用的需求调查模式

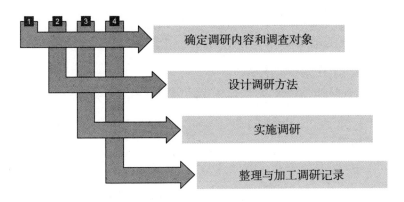

图6-8　调查培训需求

第一，确定调研内容和调查对象。企业的学习管理部门虽然是培训的对外出口，但未必最了解受训学员的需求。笔者曾经在一家企业讲沟通课程前，从人力资源部获取到的信息是参训的学员全是该企业的研发团队，他们对向上沟通是存在独到见解的，认为老板的话不需要听。这样的团队文化打乱了笔者原本的授课逻辑，只能尽量缩减向上沟通模块内容。但到了授课现场与学员交流后发现，他们并没有唯老板而不尊，而且非常愿意学习如何向上沟通。这就是人力资源部门对学员需求把握不准确的一个非常好的实例。所以，关于调研内容和对象，笔者建议最好是安排开发人员直接与受训学员岗位的相关人员对接。

第二，设计调研方法。调研可采用的形式是多样的，面谈、问卷、电话、微信都可以，目的是要确保调研对象能说清楚需求。如果采用调研问卷的形式，最好在发问卷前先做访谈，根据访谈结果设计的问卷会更有针对性，也更能获取真实、有效的信息。

第三，实施调研。管控好节奏，力求真实。

第四，整理与加工调研记录。调研记录整理得越规范、越完善，培训师就可以根据调研结果调整授课内容，这样会越利于培训目标的达成。

（2）从业务结果发现培训需求

业务结果通常有以下几种情况：

- 团队士气低下。
- 人均效率或绩效低，尤其是比竞争对手还低。
- 工作经常延误，不出活。

那么针对这样的结果，可以挖掘出的培训需求点主要有：

- 团队管理的方法、工具、技巧。
- 管理知识。
- 工作技能。

在接触过的那么多国内企业中，笔者的感受是训练有素的中高层经理的比例较低，多数中高层经理都是纯天然的。纯天然指的是因业务能力强被提拔为管理者，他们习惯按照自己的逻辑管理团队，缺乏科学的管理理论和管理方法。通常碰到这类管理者，如果他们问该如何提升管理技能，笔者首先会推荐"管理十项"课程。

一般情况下，业务部门的培训需求多源于团队士气低下、人均效率低或工作延误。笔者曾经给一家互联网企业讲关于沟通的课程，这个需求产生的原因是企业内部的一位研发工程师在未和上级领导沟通的情况下直接上传了新系统而导致系统瘫痪近1个小时，影响了上百万单业务。这种事故发生后，公司缩减了该团队领导的管理权限，团队成员也因此感觉特别对不起自己的上级领导，这导致团队士气低下。为了摆脱士气低下的困境，第一要做团队融合，第二要通过学习沟通课程以避免再次出现类似的事故。笔者在看他们做多米诺骨牌游戏的时候，发现了一个比较有意思的细节：如果是销售团队或管理团队在做这个游戏时，正常情况是一人在搭骨牌时，其他人会在旁边保护，而这个企业参训的是研发团队，每个人在搭完后，就退到一边玩手机了，团队之间没有协作，经常出错重来。

（3）从岗位层面进行需求分析

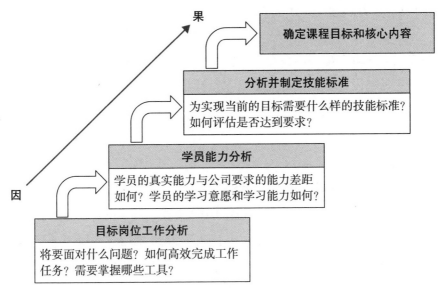

因 →果

确定课程目标和核心内容

分析并制定技能标准
为实现当前的目标需要什么样的技能标准？
如何评估是否达到要求？

学员能力分析
学员的真实能力与公司要求的能力差距
如何？学员的学习意愿和学习能力如何？

目标岗位工作分析
将要面对什么问题？如何高效完成工作
任务？需要掌握哪些工具？

图6-9　需求分析四步法

● **目标岗位工作分析**

包括分析将要面对什么样的问题，即目标岗位的工作职责；在工作中会遇到哪些困难，如何高效完成工作任务；在执行工作任务时需要掌握的工具等。

一般情况下，在给企业做培训之前，笔者都会先看受训学员最新的岗位说明书。岗位说明书通常包含五部分内容。

第一，工作任务。基于工作职责产生的，包括完成时间、目标及标准、常见问题。

第二，工作内容。每项工作所包括的具体内容：涉及对象、输入、输出、完成的任务。

第三，工作关键流程。与完成工作有关的关键核心流程：关键点、流程分工、流程优化，尤其要注意跨部门和不同岗位之间的流程交接点。

第四，所需的工具和方法。在企业内部做课程开发时，只要以工作中表现最出色的员工为标杆总结即可，例如他们在做一个项目时共分成几步，每一步的规范动作是什么以及具体实施的时间。

第五，工作成果。工作结果形式、工作结果内容。

从岗位层面做需求分析，分析出的结果就是完成必备工作所需要的技能和知识。人力资源部门在做培训需求分析时，如果只是根据部门领导或员工的意见来设计课程，往往会出现设计出的课程与受训学员实际岗位工作内容和标准不一致的情况。所以，人力资源部门了解企业的业务是非常有必要的。

● 学员能力分析

学员能力主要从以下几个方面评估：

第一，学员的数量和层级。不同的培训方式，对学员人数的要求是不同的。如果是实战演练形式的培训，最佳人数为25~35人；如果是职业素养、阳光心态这样的通用课程，学员哪怕有1000人都是可以的。学员的层级要明确。同一个课程讲给普通员工、主管、经理或高管听，满意程度未必相同，可能会出现高管满意，但员工和主管不满意；或者员工满意，经理和高管不满意。所以，培训前要清楚知道是讲给哪个层级的学员听的，培训的目的是让他们满意，并愿意转化。

第二，学员知识、能力层次、受训状况。对学员的学历水平提前做个摸底，专科、本科、研究生、博士分别占多大的比例，学员的知识能力水平的高低，会对培训课程吸收和理解的程度产生一定的影响。而受训状况是指该企业是属于偶尔组织一次培训，还是已经形成了学习文化。如果是好几年组织一次培训的企业，学员听老师讲什么都觉得好，但如果是常年组织培训的企业，受训学员听过不同老师讲的各类课程，就容易在课堂上挑战老师，乐于挑毛病。

第三，学员的学习意愿。学习意愿非常重要。如果学员没有主动学习的意愿，只是服从企业的安排，带着这种心态来上课的，即使老师讲得再好，也没用。

第四，学员的学习能力。有意愿不代表一定能学好，如果学员普遍学习能力较弱，在培训过程中要注意加入更多的引导或辅导。

学员能力评估看似不重要，但实际上一门课程开发出来后失败了，总结原因往往都是忽视了这些细节点，而没能真正提供学员想要的内容。如果部门领导自身的能力水平有限，他就会认为下属都是行业高手，可在做需求分析时，会发现他们只能算得上初级选手，学习意愿和学习能力还弱。但是他们可能会深度认同公司的价值观。在给这样的学员上课时，如果所讲的内容不能符合他们公司的文化和价值观，一定会被挑衅的。而企业内部讲师，开发完课程后，如果是给这样的跨部门学员授课，结果也是不敢想象的。

- **分析并制定技能标准**

包括分析实现岗位目标，学员需具备的技能水平；如何评估学员的技能水平是否达到要求。基于岗位分析的结果制定技能标准。技能标准包含三个方面：核心素质、核心行为和关键绩效。核心素质是核心员工具备的，存在于人内在本身；核心行为是日常做事的关键动作，是一种规范化的素质，提炼并强化行为标准，以核心流程为保障；关键绩效是核心业务、目标的绩效表现，制定核心素质和核心行为标准的根本目的是实现高绩效。这一部分的内容要跟培训模型紧密结合。如果是做技能培训，课堂上一定要有实战演练，下课后要做辅导。

- **确定课程目标和核心内容**

设定课程目标时，要考虑通过培训可以解决哪些问题。包含公司管理遇到的问题，无论是业务的还是团队的；公司的实际需求；学员的层次；学员的实际需求和讲师资源。

步骤2　划分课程模块

这一步是要将课程划分为不同的模块。例如，中层经理的沟通课程，可以分为"向上沟通""跨部门沟通""向下沟通""电子邮件沟通技巧""电话拨打接听技巧""会议沟通""即时工具沟通""工作计划总结编写"等。通过细化拆分，课程具备了可操作性和针对性，每个模块具有单一性并且内容清晰。一般情况下，单个模块的课程时间为1~2个小时，这样才有价值。

下述模板是笔者开发的人力资源经理系列微课。每一节课的内容既相互承接又相对独立。以这样模块化的形式呈现，可以更好地匹配受训方的需求。在此基础上，再根据学员的具体要求，增加特定的内容或者调整内容的深度和浅度。

人力资源经理人直播系列课程大纲

1.人力资源经理的角色认知

第一节课　人力资源经理的角色认知与定位

第二节课　人力资源经理的职业化

第三节课　人力资源经理的专业化

2.基于战略的人力资源规划

第一节课　人力资源规划的模型

第二节课　人力资源规划的操作程序和方法

第三节课　工作分析的流程

3.招聘的8节实战课

第一节课　选对人比培养人更重要

第二节课　高效招聘的关键点解析

第三节课　靠谱的面试官队伍建设

第四节课　招聘渠道建设和薪酬策略普及

第五节课　招聘流程建设要点

第六节课　薪酬谈判技巧

第七节课　入职与试用期管理

第八节课　人才培养体系构建

4.培训体系建设的7节实战课

第一节课　培训体系建设的关键点

第二节课　课程体系规划与建设

第三节课　课程开发

第四节课　讲师管理

第五节课　培训需求分析

第六节课　制订年度培训计划

第七节课　培训项目实施及效果评估

5.激励性薪酬项目建设的5节实战课

第一节课　薪酬管理实战理论

第二节课　薪酬项目准备与启动

第三节课　岗位评估与薪酬结构设计

第四节课　薪酬套档测算和薪酬体系设计

第五节课　薪酬宣贯

6.绩效管理的7节实战课

第一节课　绩效管理的目的

第二节课　绩效管理的四个工具

第三节课　绩效计划的制订

第四节课　绩效实施

培训体系建设的8节实战课

第五节课　绩效评估
第六节课　绩效改进
第七节课　绩效项目落地模型
7.员工关系管理的3节课
第一节课　员工关系管理是什么
第二节课　员工关系管理分类及解析
第三节课　规避各种ERM风险
8.职业生涯规划的3节课
第一节课　职业生涯的基本认知
第二节课　企业职业生涯规划的操作步骤
第三节课　员工职业规划的操作步骤

步骤3　设计课程大纲

（1）设计课程结构前需考虑的问题

第一，要满足多少需求？这个特别有意思，很多公司一天的课程内容，可能会涉及绩效、领导力、沟通、授权、企业文化和团队建设等需求。如果是这样的课程，笔者一般不会接，因为企业的学习培训业务还不太成熟。这些内容如果真正实现，那可能需要一个学习项目来承载。在考察需求时，还要关注到培训能够解决的问题和培训不能解决的问题。

第二，多长的课程时间安排最合适？一般一个模块的时间为1~2个小时。一天的课程，如果课堂上需要做实战演练，课程的PPT建议在30页左右；如果不做实战演练，课程的PPT建议在45页左右。两天的课程，PPT控制在70~80页；半天的课程，PPT控制在15~20页。

第三，将一个课程划分为几个部分最合适？一般情况下，一天的课程划分为三四个模块最合适，如果模块过多，学员没有时间做演练，参与感降低，不容易加深印象。

第四，每一个部分要达到的目标是什么？开场前或讲完后要做一个概括性的总结，提炼课程的重点和落脚点，否则学员可能会听得一头雾水。

（2）三级课程大纲

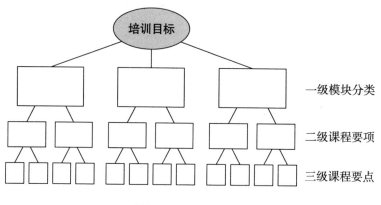

图6-10 三级课程大纲

有经验的培训师都非常清楚，课程大纲设计完毕，课程开发工作量至少完成了50%。

- 第一级：课程总结构（由几个部分构成）。一般情况下，两天的课程主讲六个模块是上限。
- 第二级：课程的关键点（每一个部分中的核心教学点有哪些）。
- 第三级：各个关键教学点的具体内容。

笔者习惯使用脑图工具来设计大纲。当大纲梳理出来后，整个课程的逻辑就清晰了。接下来做内容的填充。如果前期有积累，可以直接做PPT；如果前期没有积累，需要找资料，看20本相关内容的书籍或者在百度文库里找四五百个相关内容的PPT，通过这种方式积累素材，再结合企业实践可以整理出一门课程。

课程的逻辑一定是自己的，所有素材也是为这个逻辑服务的。

设计课程大纲时，还需要考虑图6-11显示的因素：

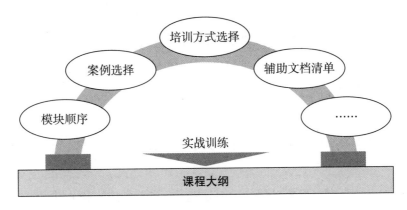

图6-11　设计大纲的考虑因素

第一，模块顺序。课程PPT完成后，要从头到尾顺几遍，就会发现有些PPT的顺序是需要调整的，或者是在授课的过程中发现有些PPT需要删除或调整位置。所以，模块不是一成不变的。

第二，案例选择。选择案例时不要一味地追求知名企业，如阿里巴巴、腾讯和华为等。因为如果没有在这些企业工作过，只是道听途说，很容易在课堂上被学员挑战。所以，案例的关键不在于企业的知名度，而在于真实经历，最好是本企业的管理实践，这样呈现出来就更有说服力了。

第三，培训方式选择。培训方式多种多样，如游戏、视频、案例分享、实战演练或竞赛，但必须与当下的培训内容相匹配。

第四，辅助文档清单。列出培训的过程中需要用到的物品、设备、道具等。

步骤4　设计讲义、教材

讲义开发包括演示的PPT、辅助表单、案例库和各类培训游戏的脚本。一个简单的背摔游戏的脚本就有8000多字（见附件四），需要详尽地描述每一个动作的要领和注意事项，游戏中不同角色应该做什么、怎么做，游戏结束后如何引导学员分享感受，分享感受的时间和形式，胜利方的奖励，培训师的总结陈述等都需要在脚本中规定好。

教材开发包括标准教材、工具清单、实用文档和操作指南。这些材料都要打印出来。

编写教材的第一步是确认大纲及体例标准，包括模块划分及逻辑、概要大纲、体例标准、内容逻辑标准和样章。体例标准是指排版要求，例如字体、序号等。第二步是内容开发，包括详细大纲、流程、标准操作步骤、工具表单、实践心得和实例。

步骤5 设计教学脚本

教学脚本详细地记录每一页课程PPT讲述的内容、所需时间和呈现方式，包括：

第一，课程讲解摘要，每一个细分单元要讲授的内容和关键点。

第二，根据课程大纲和每部分目标设定教学教法。例如开场破冰，笔者通常习惯在开场后让每组选组长和秘书，告诉他们选择的标准和方式。选完后介绍组长和秘书的职责，然后以小组为单位讨论和收集问题。

第三，案例的布置及分析要点。如果学员水平不是很高，或者受训次数不是很频繁，一般要重复1~2遍案例，并且向学员确认是否已经了解案例该如何做，得到学员确认后再开始练习。

第四，培训过程中活动（游戏）脚本设置。

第五，考试题库和评分标准。即使不在培训课堂进行考试，也一定要在培训结束后将考题发给受训方。

第六，培训过程中的视频、音乐选择及其应用。选择时可以考虑学员的年龄结构和当下的流行趋势。

第七，实战模拟环境设计及其在课程中的应用时间、布置技巧。

第八，课程物料准备清单。

步骤6 试讲和评审

第一，时间要求。PPT设计完成，项目小组内部评审通过后，一般需要试讲。第一次试讲要完全按照课程设计的内容和时间来呈现，后期可以适当地缩短时间。

第二，试讲人。所有培训师逐一试讲。有些时候课程可能是一个人开发，一堆人试讲，因为要复制，所有内训师都可以讲这门课，所以课程讲义和脚本必须详尽。

第三，评审小组。评审小组一般由各部门经理和培训负责人组成，如果公司的高管有意愿，可以来听审。

第四，评审流程及内容。评审流程一般是讲师试讲—答疑—修订—再评审；评审内容包括知识点覆盖、授课深度、案例库、授课方式和讲师授课风格等。

第五，评审结果。确认每位讲师都能符合要求。

将试讲和评审的过程录制下来，培训师可以更直观地看到自己的表现。同时，每位评审官要带着任务参与评审，必须给培训师提各种建议。试讲环节的锻炼，对培训师的成长是很有必要的。

试讲评审内容包括：

第一，课程结构设计是否合理。如果一天的课程设计了八个模块，就是不合理的。

第二，课程开发是否充分，是否进行了充分的调研。课程开发的目的是要解决实际问题，如果偏离了这个问题或者不能解决该问题，课程开发是不充分的。

第三，课程内容是否符合培训需求。

第四，讲义的设计是否合理。讲义里如果都是些花边新闻，是不符合企业高大上的形象的。

第五，案例及其他教育方式是否充分。如果一天的课程有90%的内容都是在讲其他企业的案例，显然和本企业是没有太大关系的。

第六，讲师的授课技巧是否合适。

第七，培训的进程安排是否合适。两天课程四个模块，一天半的时间在讲第一个模块，剩余三个模块只用了半天时间，是不合适的。

第八，培训的辅助性脚本是否具有可执行性。如果脚本只有开发人可以使用，那等于没有。

四、教学教法

课程开发出来之后，讲授方法不同，培训效果也不一样。常见的教学方法具体如下：

头脑风暴、案例分析、小组讨论、音视频、提问、游戏、角色演练、竞赛、组织仪式、沙盘模拟、讲授、实战演练、作业、辩论、测试、考试、讲故事、激励。

贝尔斯用"学习金字塔"说明不同的学习方法对教学效果的影响：

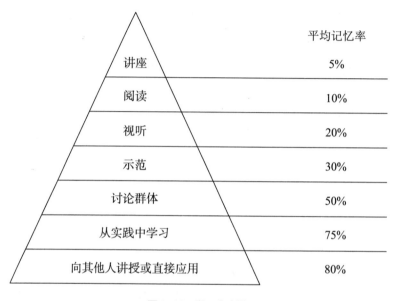

图6-12　学习金字塔

还有一个统计结果说明教学方法对于教学内容的影响效果：

表6-3　教学方法统计表

序号	培训内容培训效果培训方法	知识		态度		分析能力		人际关系		学员接受		知识保留	
		名次	平均值	名次	平均值	名次	平均值	名次	平均值	名次	平均值	名次	平均值
1	案例	2	3.56	4	3.43	1	3.69	3	3.02	2	3.80	2	3.48
2	研讨	3	3.33	3	3.54	4	3.26	5	2.21	1	4.16	4	3.42
3	模拟	6	3.00	5	2.73	2	3.58	4	2.50	3	3.78	6	3.26
4	视听法	4	3.16	6	2.50	7	2.24	6	2.19	5	3.44	7	2.67
5	自学	1	4.03	7	2.22	6	2.56	7	2.11	7	3.28	1	3.74
6	角色扮演	7	2.93	2	3.56	3	3.27	2	3.68	4	3.56	5	3.37
7	游戏法	8	2.77	1	3.96	5	2.98	1	3.95	6	3.33	3	3.44
8	讲授	5	3.10	8	1.99	8	2.01	8	1.81	8	2.74	8	2.47

教学方法是课程开发中比较重要的一环，下面简单介绍七种教学方法。

1.头脑风暴

头脑风暴，是指小组对特定解决方案进行讨论，通过提出尽可能多的创造性观点，实现解决特定问题的方法。

使用头脑风暴的三种情形：

- 开场问题汇总
- 问题解决
- 激发学习兴趣

头脑风暴控制技巧：

- 不允许有批评性的评价。
- 自由发言。
- 求数量，不求质量。
- 提倡合并并提出改进意见。
- 做记录并给予最后的评判。

2.案例分析

案例分析，即在培训班中将学员分成小组，对特定的案例进行讨论分析，实现培训目标的一种授课方法。

案例讨论需要学员的互动性较多。

案例分析的三种分类：

- 演说介绍式案例
- 参照故事案例
- 小组讨论案例

三步骤开发案例脚本：

- 选题
- 编写案例
- 编写分析回顾要点

案例的标准格式：记叙文文体

- 题目。
- 正文：时间、地点、人物、起因、发展、结果。
- 分析。

案例分析5要点：

- 案例要提前准备。
- 数据绝对准确。
- 时间把握要得当。
- 案例要和现状相符合或者有借鉴意义。
- 符合历史潮流，最好符合最新理论。

3.角色扮演

演示特定的操作步骤和流程，让学员现场演练和实习相关步骤，讲师在旁指导。

角色扮演适用的两种课程：

- 实操技能培训。
- 角色体验培训。

搭建教学环境：

- 模拟现实环境布景。
- 教学设备、器材准备。
- 相关人员准备。

设计角色扮演脚本：

- 角色分工
- 现场任务实施清单
- 讲师布置流程和要点
- 行动要点评审
- 设备及文档清单

实施角色扮演教学：

- 培训前场地、设备布置及检查
- 分配角色

- 发布任务
- 过程监控
- 回顾总结

角色扮演的关键：

- 培训师的设计是否适合学员的真实情况，并能够在角色扮演中反映出真实情况。
- 培训师是否能让学员参与其中。
- 培训师的点评是否具有可操作的指导意义。

角色扮演要注意：

- 使用真实的案例。
- 分别设定角色（销售培训中的"销售员""客户""观察员"）。
- 让学员按照实际情况来操作。
- 必要时可以使用录像，全过程录下来。最好录两次，使学员既能够看自己的表现，还能够看自己的进步。
- 参与角色的扮演者谈体会，旁观者反馈观察结果。

4.小组任务

小组任务适用的三种情形：

- 开场
- 完成指定任务
- 特定教学问题讨论

开发小组任务脚本：

- 建立模板
- 设计任务书
- 设计活动布置脚本

任务布置与现场控制技巧：

- 设定小组成员角色
- 任务布置
- 现场指导与控制技巧

小组讨论关键：

- 所讨论的话题是工作中经常发生，但平时尚未深入思考的。
- 讨论的话题不能简单幼稚，而要具有一定的难度，能够引发学员做深入的思考。
- 有能够使学员全部进入的组织方法。
- 培训师的点评、总结、指导能力。

小组讨论需要注意：

- 人数控制在3~6人。
- 了解任务。选择组长，由组长组织讨论，做小组讨论汇报。
- 控制时间。时间过长，学员会感到浪费时间；时间过短，问题得不到充分的讨论。
- 引入竞争，使讨论更加投入。设计2~3个讨论话题，一个小组做公开汇报，其他小组做出评价。
- 就同一个话题提出不同的观点。提前设置不同角度的讨论。

5.视频

通过观看电影/短片学习引入特定的知识，如项目管理。演示视频过程中和之后的研讨和解析是关键，是讲师内功的表现。

- 《亮剑精神》
- 《当幸福来敲门》
- 《偷天换日》

……

6.游戏

通过组织特定的、有准备的游戏，让学员能够体验到一定的管理思想、做人思考点等内容，提升个人认识。

游戏分类：

- 复习游戏
- 开场游戏

- 激发游戏
- 分组游戏
- 沟通游戏
- 主题游戏

7.设计竞赛活动

通过小组之间的竞赛增进学员的参与度，提高授课效果。

竞赛适用的三种情形：

- 团队建设
- 小组任务
- 教学成果检查

设计竞赛规则：

- 设计关键点，关键点要清晰，让学员一目了然，不能比赛了半天，还不知道要做什么。
- 设计评价准则，简单、公平、合理即可。
- 选择奖品。

竞赛活动布置要点：

- 公布任务，可以说两遍，避免学员记不住
- 公布评审规则，可以说两遍，避免学员记不住
- 现场控制要点，若有严重跑偏和超时，要稍作停顿，再强调一下要点
- 结果统计与兑现

小技巧：设计活动脚本的标准步骤：

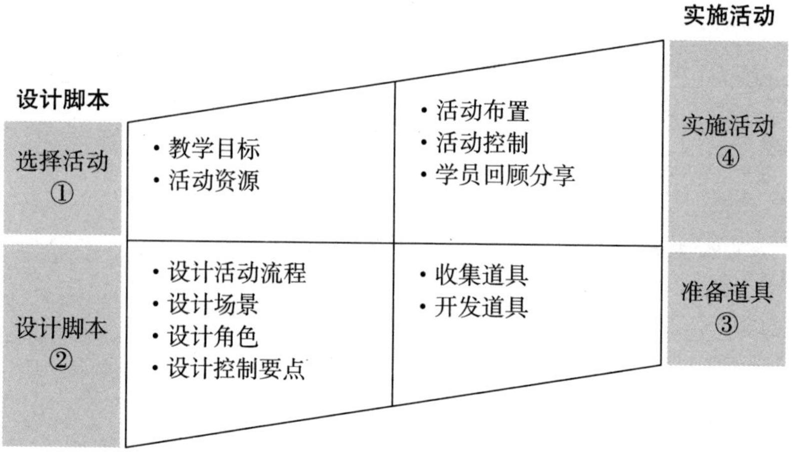

图6-13 设计活动脚本的标准步骤

附件一：

奥斯本的头脑风暴法

头脑风暴法可分为直接头脑风暴法（通常简称头脑风暴法）和质疑头脑风暴法（也称反头脑风暴法）。前者是在专家群体决策中尽可能激发创造性，产生尽可能多的设想的方法；后者则是对前者提出的设想、方案逐一质疑，分析其现实可行性的方法。

采用头脑风暴法组织群体决策时，要集中有关专家召开专题会议，主持者以明确的方式向所有参与者阐明问题，说明会议的规则，尽力创造融洽、轻松的会议气氛。

头脑风暴法应遵守如下原则：

1.庭外判决原则。对各种意见、方案的评判必须放到最后阶段，此前不能对别人的意见提出批评和评价。认真对待任何一种设想，而不管其是否适当和可行。

2.欢迎各抒己见，自由鸣放。创造一种自由的气氛，激发参加者提出各种荒诞的想法。

3.追求数量。意见越多，产生好意见的可能性越大。

4.探索取长补短和改进办法。除提出自己的意见外，鼓励参加者对他人已经提出的设想进行补充、改进和综合。

为方便提供一个良好的创造性思维环境，应该确定专家会议的最佳人数和会议进行的时间。经验证明，专家小组规模以10~15人为宜，会议时间一般以20~60分钟效果最佳。

专家的人选应严格限制，便于参加者把注意力集中于所涉及的问题上。具体应按照下述三个原则选取：

1.如果参加者相互认识，要从同一职位（职称或级别）的人员中选取。领导人员不应参加，否则可能会对参加者造成某种压力。

2.如果参加者互不认识，可从不同职位（职称或级别）的人员中选取。这时不应宣布参加人员职称，不论成员的职称或级别的高低，都应同等对待。

3.参加者的专业应力求与所论及的决策问题相一致，这并不是专家组成员的必要条件。但是，专家中最好包括一些学识渊博，对所论及的问题有较深理解的其他领域的专家。

头脑风暴法的主持工作，最好由对决策问题的背景比较了解并熟悉头脑风暴法的处理程序和处理方法的人担任。

头脑风暴法专家小组应由下列人员组成：

● 方法论学者——专家会议的主持者。

● 设想产生者——专业领域的专家。

● 分析者——专业领域的高级专家。

● 演绎者——具有较高逻辑思维能力的专家。

头脑风暴法的所有参加者，都应具备较高的发散思维能力。在进行"头脑风暴"时，应尽可能提供一个有助于把注意力高度集中于所讨论问题的环境。有时某个人提出的设想，可能正是其他准备发言的人已经思维过的设想。其中一些最有价值的设想，往往是在已提出设想的基础之上，经过"思维共振"的"头脑风暴"，迅速发展起来的设想，以及对两个或多个设想的综合设想。因此，头脑风暴法产生的结果，应当认为是专家成员集体创造的成果，是专家组这个宏观智能结构互相感染的总体效应。

头脑风暴主持者的发言应能激起参加者的思维"灵感"，促使参加者感到急需回答会议提出的问题。通常在"头脑风暴"开始时，主持者需要采取询问的做法，因为主持者很少有可能在会议开始5~10分钟内创造一个自由交换意见的气氛，并激起参加者踊跃发言。主持者的主动活动也只局限于会议开始之时，一旦参加者被鼓励起来以后，新的设想就会源源不断地涌现出来。这时，主持者只需根据"头脑风暴"的原则进行适当引导即可。应当指出，发言量越大，意见越多种多样，所论问题越广越深，出现有价值设想的概率就越大。

会议上提出的设想应由专人简要记载下来或录音录像，以便由分析组对会议上产生的设想进行系统化处理，供下一阶段（质疑）使用。系统化处理程序如下：

1.对所有提出的设想编制名称一览表；

2.用通用术语说明每一个设想的要点；

3.找出重复的和互为补充的设想，并在此基础上形成综合设想；

4.提出对设想进行评价的准则；

5.分组编制设想一览表。

在决策过程中，对上述直接头脑风暴法提出的系统化的方案和设想，还经常采用质疑头脑风暴法进行质疑和完善。这是头脑风暴法中对设想或方案的现实一致性进行估价的一个专门程序。在这一程序中，质疑头脑风暴法的第一阶段就是要求参加者对每一个提出的设想提出质疑，并进行全面评论。评论的重点，是研究有碍设想实现的所有限制性因素。在质疑过程中，可能产生一些可行的新设想。这些新设想，包括对已提出的设想无法实现的原因的论证，存在的限制性因素，以及排除限制性因素的建议。其结构通常是："××设想是不可行的，因为……如要使其可行，必须……"

质疑头脑风暴法的第二阶段，是对每一组或每一个设想，编制一个评论意见一览表，以及可行设想一览表。

质疑头脑风暴法应遵守的原则与直接头脑风暴法一样，只是禁止对已有的设想提出肯定意见，而鼓励提出批评和新的可行设想。

在使用质疑头脑风暴法时，主持者应首先简明介绍所讨论问题的内容，扼要介绍各种系统化的设想和方案，以便把参加者的注意力集中于对所讨论问题进行全面评价上。质疑过程一直进行到没有问题可以质疑为止。质疑中抽出的所有评价意见和可行设想，应专门记录或录音录像。

质疑头脑风暴法的第三个阶段，是对质疑过程中抽出的评价意见进行估价，以便形成一个对解决所讨论问题实际可行的最终设想一览表。对于评价意见的估价，与对所讨论设想质疑一样重要。因为在质疑阶段，重点是研究有碍设想实施的所有限制性因素，而这些限制性因素即使在设想产生阶段也是放在重要地位予以考虑的。

由分析组负责处理和分析质疑结果。分析组要吸收一些有能力对设想实施作出较准确判断的专家参加。如果必须在很短时间就重大问题作出决策时，吸收这些专家参加尤为重要。

实践经验表明，头脑风暴法可以排除折中方案，对所讨论问题通过客观、连续的分析，找到一组切实可行的方案，因而头脑风暴法在军事决策和民用决策中得到了较广泛的应用。

当然，头脑风暴法实施的成本（时间、费用等）是很高的，另外，头脑风暴法要求参与者有较好的素质。这些因素是否满足会影响头脑风暴法实施的效果。

简化头脑风暴法

1.选出一名会议主持者

主持者要尊重他人，善于鼓励组员参与、理解能力强并能够忠实地记录、善于创造和谐开放的会议气氛。

2.阐明中心议题，并写在白板或大白纸上

可以请1~2位组员复述，以确保每人都正确理解议题的含义。

3.轮流发言，并将每条意见用大号字写在白板或大白纸上

A.无条件接纳任何意见，不加以评论；

B.任何成员可以随时跳过，避免使无团队合作经验的组员不安；

C.尽量原话记录每条意见，主持者应边记录边与发言人核对表述是否正确。

4.当每个人都曾在发言中跳过（暂时想不出意见）时，轮流发言停止，整个过程一般会持续5~20分钟。

应用范围

头脑风暴包括两个阶段：

1.收集意见阶段

2.对意见进行评价阶段

组员在轮流发言停止之后，共同评价每一条意见。最后由主持者总结出几条重要结论。

这种头脑风暴会议对主持者的素质要求较高。

成人学习原理的知识点

美国的马尔科姆·S.诺尔斯等人在其著作《成人学习者》中提出的成人学习原理，具体包括：

1.实用导向

成人的学习内容与实践的关联很重要，在工作环境中，成人不会为了学习而学习，成人在学习之前会思考学习的理由，他们想知道"这对我有什么好处"。理论、概念、案例和练习的关联性要明确、清断，成人希望看到实际运用的案例。

2.目标导向

相对于以内容为中心的方法，成人更青睐以问题为中心，围绕解决问题设置的课程更受欢迎。成人还想知道课程将会怎样帮助自己达成个人目标，所以课程的导入阶段最好直击人心。

3.从经验中学习

在安全的环境下，提供模拟、角色扮演、练习实践的机会，应用新知识和技能进行练习。给予正确行为的强化反馈，对失误进行反思。

4.需要被尊重

成人拥有丰富的经验和知识，这应该被人尊重和认同。在课堂上平等地对待成人学习者，并鼓励他们分享智慧和观点。绝不取笑成人学习者或"以高人一等的口气"对他们说话。

5.自主学习和自我导向学习

成人需要积极参与到培训的过程中，并在活动中承担责任，如小组讨论、演说等。

当讲师作为引导者推动课程时，成人学习是最有效的。讲师要引导学习者自己获取知识和得出结论，而不是仅仅把事实告诉他们。

《成功培训的10步骤》一书的作者是著名培训师伊莱恩·比斯，他在书中指出成人学习规律的六个方面：

1.目的明确

绝大多数成人，无论是学习知识还是技能，都带有非常明确的目的性，即便某些知识或技能对他们来说并没有太大的用处，但这些知识如果能够给他们带来快乐，或者能够让他们了解某个行业的情况等，那么他们也会去学习。

2.自我概念

所有人都不希望被强迫去做什么，而成人在面对这一情况时，则通常会考虑寻求一些改变。

3.经验主义

成人在此前的生活、学习和工作中获得了一定的经验，因此在学习新事物时，他们会思考过去的经验能否派上用场。

4.实用主义

大多数成人都希望学习的内容和课程的形式能够直接明确，且内容比较实用，最好学了就能用。

5.反思批判

在学习的过程中，成人通常也会反思，这门课程是否真的是他需要的，是否有价值，今后类似的课程出现的时候，如何取舍等。

6.动力意愿

对于学习某一门课程，成人的态度通常会趋于两极，要么持积极态度，要么持消极态度，而很少保持中间的态度，即学亦可、不学亦可。这在很大程度上决定了他们是否能真正将课程内容全部学习完。

附件四：

信任背摔方案设计

一、项目类型

一个个人心理挑战与团队合作项目

一般为拓展的第一个项目，教练要有放松的心态，最好先做个小热身（另行介绍），然后再布置项目。器械简单，这是一个较经典的拓展项目。

要求教练摆正位置（客户、学员、朋友），摆正心态：要关注学员，多听他们的感受。

二、项目布置

站位：1队—女性　　　　　2队/3队—受力队员，男性

（可先询问有没有人曾经做过，如有可让其简单描述，体现积极参与，回答后要对其表示感谢并肯定他的说法）

三、项目名称

背摔：每一个学员都有机会站在背摔台上，脚后跟探出，绷直身体，笔直地向后倒下，倒在其他队员的怀抱（手臂）中。

1.由于项目进行中有身体接触，要求学员把身上所有的尖锐物品都交给助理教练或放在背摔台附近，包括戒指、眼镜、手表等。

在项目中，队员是背冲大家倒下，所以裤兜中的物品也要取出来："快，迅速！"

2.要求队员在项目时要严肃对待：大家请先静下来，现在向大家布置安全防范措施。

3.背摔队员的动作：

伸直胳膊，掌心朝外，双手交叉，十指交叉握紧，从胸前翻出。

注意双手紧贴胸口，两臂肘弯处向里收紧，防止打到下面队员脸部。

做一下伸展动作，示意保护性。

教练要检查背摔队员的双手是否握紧，并在台上用布条捆住队员双手。

两脚向内侧打开，防止打到下面队员脸部，同时嘱咐最近的两个队员集中注意力。

背摔队员还应注意倒下时的动作要领：将身体重心放在肩背处，不可往远窜或直立跳下。

4.人在向后倒时会有一些自我保护动作——弯腰坐下/手向后扶等。

但在我们的项目中，不允许有自我保护动作，所以：

第一，要求大家要有良好的自我控制能力，保证倒时身体绷直。因为我们的保护队形是五六个小组的人面对面依次排开，你要是坐下来就只有两个人接你，后果可以想象。

第二，为了防止手向后扶，我们要把大家的手绑住。

5.在倒之前，要和保护队员有个交流过程，这很重要。

台上队员要大声问："准备好了吗？"

其他人确定准备好后，以"我的节奏"齐声回答："准备好了。"

然后，台上队员数"1、2、3"后要毫不犹豫地倒下去。

6.倒下后怎么接呢？

介绍台下保护队员动作：脚贴近，腰挺直，胳膊用力。（请人协助做示范）

首先要稳住自己。面对面，出同一侧脚。重心放在两腿中间，成自然弓步。

脚贴近，腰挺直，双臂平伸，肘心、掌心朝上，搭在对面队员肩上或胸口。胳膊自然弯曲。

"平行错开"，中间不要留空隙。以自己觉得能使上劲为准，不要用力向上迎。

眼睛注意看上面队员倒下来的方向，适当调整，要整队平移。

"抬头向上看，时刻关注他！"

可以不讲——在接上面队员时，要注意卸力，自然向下弯一点。

心态——要大家兴奋起来，松弛但不能放松。

接住后怎么办？——抱住上半身，慢慢先放脚。

7.请大家找和自己身高差不多的人，排一下队形，演练一下。教练要检查每一个人的动作。

排好后，施加一些压力。（教练检查保护的力量，横向冲击）

8.最后一个小要求：充电。

四、教练注意事项

- 台上队员面对着你时，可以有小动作——拍肩、沟通、适时鼓励。
- 用脚来调整台上队员的位置。
- 重复提出要求：看台上、台下队员的眼睛，调整队员心态、紧张程度。
- 气氛的把握。（紧张、热烈）

——语气要严肃，保证说话时所有人都在听；声音洪亮，使每人都能听见。

——布置项目时语速可稍快，不拖长音。

——过程中可使用如下口令，并不断重复以使学员紧张起来：

"抬头向上看！"

"不要说话，下面。看住他！"

"不管上面什么情况，你只要做到接住他！"

"不要笑！越是轻的人越不能松懈！"

"自始至终都不能松懈！"

"抱住上半身！"（倒后马上喊）

"不要有多余的话，听到回答马上喊1、2、3！"

......

在涉及安全问题的语言上，一定要斩钉截铁。

——充满激情地鼓励学员，语气要热烈，喊出来，大声地称赞他！可使用的语言有：

"好！太漂亮了！"

"真棒！太好了！"

"倒得好，接得更好！"

......

尤其是对第一个做的学员，前面布置项目时过于严肃，此时要活跃一下气氛。

- 沟通。（及时地鼓励、问询，与学员同甘共苦、融入其中）

——及时地鼓励

不仅对倒得好的队员激励，对保护队员也要及时鼓励。尤其是出现不敢倒被拉回来的现象时，要说："刚才保护做得非常出色，没有松懈，非常好！"

——耐心讲解及问询

女孩上背摔台时要伸手拉她，看她是否习惯于接受别人帮助。查看发卡、耳环、戒指等物，可重复讲解动作要领，"你倒得越直就会越安全"。

——融入其中

与大家一起为第一个做的人喊队训，然后调整队形，再上背摔台每做完一个都要点评一下，每次都要调整队形。轻的女生做时，可将女生调到中间接人，增加参与度。

- 控制节奏，掌握时间，根据相邻项目要求调整时间，多说一点，或快速结束。

- 其他。

——上来的队员始终不要让他向下看，可用手扶住他的头，绑手时也要注意。

——不要有批评的语言，如："这样可不行""你的动作做错了""不对"等。要使用三明治式的反馈方法，如保护队员间隙大，可说："×××胳膊最好再紧凑一点""后面往前挤，大家肩并肩"等。

——提醒第一对保护者不要磕脸，第二对要顶住后面的冲力。

五、回顾要点

相互信任，换位思考

大家越接越好，整个项目实施过程中，我们感受到一种经验学习和认知学习的过程，也是个人追求融入企业的发展目标中，企业的发展和自身的超越完美结合的一个过程。

开放式问题用以收集信息

● 大家谈谈感受？最好试着和平时工作结合起来谈。

● 如果是第一个项目，要介绍回顾的目的。（另行介绍）

（一）关于信任

你为什么会这么直，毫无顾忌地倒下去？（第一个人）/为什么你不害怕？——引出信任

信任源自何处呢？——引出周密的组织、身体接触、能力等问题

"你为什么倒得那么直？不害怕吗？""你倒得很直，说说你是什么感受？"

"先请倒得直的朋友谈谈感受。""你是第一个勇士，谈谈你的感受。"

关于责任：

有害怕的吗？/怕什么？/谈谈你当时的心理活动？/恐惧源自何处？——引出对未知的恐惧

在下边接人时紧张，还是在上面做项目时紧张？——引出责任

"我们说第一个做的人是最勇敢的，为什么呢？"

"他比我们少一个什么环节？""他没有什么经验？"

"那么第一次接人的时候是什么感觉呢？你紧张吗？""什么原因使你保持高度注意力？"

举例：为青少年培训时，出现不接人的现象。"为什么在青少年中会出现这种现象呢？"

（二）关于换位思考

你接人时和自己倒时有什么区别？当我们有了接人的经验后，再看到有人倒得不直。是不是会想：我会比他倒得好！但当你身临其境时才发现：还挺高？"这是什么原因呢？"

进一步提问：

关于信任："信任源自何处呢？""认识的人和不认识的人接你，会有不同的感觉吗？"

信任不是盲目的，它是建立在相互了解的基础上。

"信任别人真的重要吗？只靠自己不行吗？"

举例： 老人走钢丝。

信任是相信自己判断力的表现。它建立在自信的基础上。

"你倒得不太直，是因为不信任大家吗？""是怕大家不接你吗？"

"那为什么还出现团身的动作呢？"——引出本能反应

"每个人都有保护自己的本能反应，都不愿把一件和自己有关系的事交给别人处理。你会怕他做不好，而影响团队绩效。作为一名经理，你认为哪个环节的工作是和绩效无关的呢？"

"难道我们事事都要亲力亲为吗？"

"有些人要倒之前总想回头看看，都被我制止了，为什么？"

"什么样的经理是让员工信服的？让每个人都充满干劲？"

"整天喋喋不休的？还是充分信任，及时给予支持的？

"当我们把一件任务交给你认为能胜任的人后，是否需要了解进程中的每一个细节？"

"了解信任、做到信任会对你、对团队有什么好处呢？"

"增加团队凝聚力、提高工作效率，使你成为雇员的追随者。"

（三）恐惧来自未知

往往我们认为眼所看不见的东西是神秘和可怕的。恐惧来自未知，同时会传染给他人，其实谈论死亡的过程，比死亡本身更可怕，人最怕的东西就是死亡，如果能够战胜面对死亡的恐惧，我们就能在任何情况下把握自己。

举例： 小孩要妈妈！

我们看不见后面的世界和将要发生的变化，这就要具备良好的心理素质。敢不敢倒并不绝对说明他的心理素质是好是坏，但在准备好之后，就要果断、勇敢地去尝试，主动和被动的感觉是不一样的，而且在失重的状态下能很好地控制身体。知识与技术是一方面的，在社会要想获得成功，非智力因素可能更重要。

以前我们都是看见了才相信才去做，现在要锻炼相信了做了才看见。问大家一个问题，相信下面这句话的朋友请举手：

相信你能改变世界。

相信你能（改变世界）的朋友请举手。

相信（你能改变世界）的朋友请举手。

希望大家记住这个问题，也记住你的回答。在拓展训练结束后问问自己，在你完成一项任务后，再问问自己，也许你会得到不同的答案。

举例：走钢丝的世家，老人60岁时最后一次表演，结果摔死了，后来了解情况时得知：以前都是他的助手为他做准备工作，只有这一次，他事事都要亲力亲为，谁办他都不放心。

当然，这不是导致悲剧的唯一原因，但这充分说明了：信任的重要性。同时也可看出：这也是一种失去自信的表现。当你在一遍遍地问你的雇员时，你就是在怀疑自己的判断力。

（四）充分信任队友

你为什么会做得这么直，毫无顾忌地倒下去？

项目中你是背向大家倒下，表示了你充分信任队友。信任在团队建设中，是基石，没有信任就没有合作。下面是人，而人是最复杂的，这就需要信任与配合。倒者要对大家绝对信任，就好像领导与被领导者之间相互信任的关系，信任到可以把生命交付给下属，而下属完全保证对领导的负责。

当领导将一项任务交给你时，就好像他决定背向你倒下来了，你是否会像今天保护他的生命一样，积极地、一丝不苟地、全神贯注地完成这项任务呢？

我们大家作为部门领导，当你将任务交给某人时，你是否能像今天倒下去那样，做到毫不犹豫，完全信任呢？ 还是一再地回头，或者一天问8次：你行吗？ 行吗？

——什么样的领导是员工敬佩的？ 留给大家思考。

信任感破坏容易，一旦失去，很难弥补，信任被打破之后怎么办？ 如何打破人与人之间的隔膜？

举例：夫妻，只有不相疑，才能长相知。（适合有女队员在场的情况）

当然"相互信任"不仅仅是简单的4个字，如何让自己的员工从职务高低、权尊言贵的等级束缚中解脱出来？ （职务较高的队员先讲）

举例：许多公司发给雇员的严规戒律就有一大堆。而美国诺得斯特龙公司的规章制度就只有一条：

> 欢迎你加入我公司。我们的宗旨是为客户提供一流的服务。
>
> 规章制度：第一条，在各种情况下善于做出正确的判断。
>
> 仅此一条。任何时候，有任何问题请问部门经理、本系统总经理。

我们认为，也许3~5个人的小公司这就足够了。除非你认为一个拥有35000人，年营业额在40亿元的公司还不够大。

并不是这样一来，各种难题就迎刃而解了。但他们主动出击，事先为雇员创造了必要的工作环境。这一招和你们公司一样吗？信赖你的员工，他们才会和你同心协力。

只信任熟悉的人。"熟悉"的"熟"字下面是四点水，是用温火煮出来的；是用"心"去炖，去玩味。

信任不是盲目的。它是在充分地了解自己，并且是在充分地了解团队的基础上建立的。

这种了解和认知分为这样几个层面：

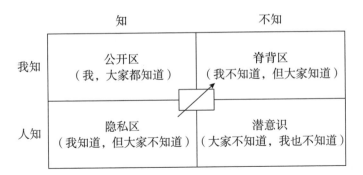

不在人群中认识自己，都是毫无意义的。自己认识自己，使拓展项目成为一面镜子，并要求自己在镜子面前回头，看到自己看不到的东西，了解自我认知的脊背区，看到自己看不到的心理特征，更加充分地了解自己，更好地融入所在团队。

比如，我和同事们说："我这人特较真儿，有点情绪化，有时候可能表现出急躁，不耐烦，态度不好，请大家多见谅。"一旦发生这些情况，大家都不会奇怪，并且都愿意帮助我。

不是要解开隐私，而是使别人对你产生新的认识。

本意——心急—大话西游中：悟空，你说出来——沟通的方式是在下边接人时紧张，还是在上面做项目时紧张？

自己的负责精神也可以使别人对自己更加负责，要像只有一个人在下面接人一样努力和负责。一个组织间必须相互信任，把自己融入团队，只有信任他人，他人才能帮助你，才能同样信任你。乐于助人的人，一定会赢得他人的帮助。

也只有受到这种责任感的驱使，我们才能克服本能的反应，控制好自己的身体。在工作中，一个人越是勇于承担责任，他就越有可能得到提升。相反，逃避或推卸责任只能导致一种情况——被淘汰。

成年人随着年龄增长，社会交往增多，阅历加深，他的社会责任感会不断增强。

我们在培训青少年时，经常有接不好的现象，为什么呢？有的孩子说：反正有这么多人接，少我一个也不影响。他还没有意识到什么是责任。

到别人做背摔时有时不是很直，会不会想"我上去一定比他做得好"。但是结果却更糟。

总结：想让我们大家都有一种"换位思考"的意识。

如果我们在面对不同的同事、部门、客户的时候，换个角度去为对方想一想，事情是不是会顺利一些。不同角色的体验是不同的，在下面接人与亲自到上面倒的感觉是不一样的。不亲自体验不要轻言"行""不行"，凡事要身体力行，要设身处地地替别人想，看起来容易做起来难，对自己没做过的事不要轻易下结论。

举例：某销售总监在做背摔时，下面都是各地的销售代表。他不敢倒。回顾时问他，他说：我不知道底下的人是怎么想的！这是由于他以前在工作中，很少和员工在情感上有交流，不知道他们的工作、家庭是否有困难，是否需要帮助，而只问业绩好不好，销售报告有没有交，等等。在1个月后的反馈中，他告诉我们，他这个月亲自拜访了各地代表处，主动了解他们有什么需要，效果非常好。

举例：一个保险公司的财务主管，做背摔时很紧张，是坐着下去的，后来坐下聊天时，他的心情非常激动，说：我平时的工作性质决定我可能有得罪大家的地方，有的地方可能很不通人情但不是对大家不信任。通过做这个活动，我对大家有了了解，也希望大家理解我一些。但确实可以调整自己的态度，可以更友善和通情达礼一些，善意和温和地告诉别人行，不行，而不是不耐烦和冷淡的。其他队员也表示，会多理解和支持他的工作。

总结：我几乎对所有人说：你倒得越直就越安全。为什么？其实每个人在失重过程中，都会有本能的身体反应，为什么我们要控制呢？

个体认为比较安全有利的，一旦做出，将对群体造成不利影响，比如坐下去，对自己很有利，但却给下方保护的队员造成困难局面。这种局面反过来会使你受到不必要的伤害。

举例：小区里的水管坏了，换了个新的，大家都不愿先开水龙头，为什么？——不想走自家的水费，在工作中当我们为了眼前利益而想偷点懒的时候，请你再考虑一下，这样做是否真的对自己、对团队有利？

能不能与敢不敢。（也可用于断桥、单杠）

向后直倒是任何人都具有的能力，但为什么站在台上就不敢做，就犹豫。过去的经历对现在的影响，有些是积极的，有些是消极的。

中年人年富力强，经历、经验、精力都最好，是国家建设的中流砥柱，应进行人力资源的第二次开发，但这部分人有守业的想法，这与我们东方文化有关。

年龄大一些的学员：生下来就挨饿，上了学就停课，毕了业就下乡，回了城就没工作。

每个人的性格都不是一块铁板，生命中的经历尤其是挫折、不顺都会在上面留下一道阴影或裂痕，久而久之，人的灵魂就不再完整，生活也越来越缩手缩脚，越来越放不开，但有一部分人把这些经历视为人生的财富，随着这些财富的积累，他会越来越成熟，越来越自信，他会更加珍惜生活，从而更加坚强，所以要珍惜过去的经历，使之成为前进的动力。

举例：ABC疗法：

A：指事件本身的发生：如一起车祸，造成双腿残疾。

B：指人在事件发生后的不同想法：有的人会想：完了！这辈子什么都别干了；

有的人会想：足球梦是实现不了了，但好在我还有手，我还能思考。

C：这些想法所带来的不同后果：第一种人会意志消沉，失去生活的勇气；第二种人也许喜欢上了文学，最终成为一名作家。

所以，事件本身并不可怕，痛苦的经历也不可怕。关键是你以什么样的心态去面对它。

双方通过大声呼应来进行信息交流，信心可以得到增强。通过互相鼓励和团队压力来增强个人信心。在底下接人的人，他自己做项目时心里会更踏实。集体要多关注个人，多给别人一些鼓励和赞美。

木桶原理

在团队中，任何岗位都是重要的。不论看起来多么微不足道的工作，都不能掉以轻心。其实，有些影响是暂时看不到的。

经验分享

团队特征：年轻莽撞，过分自信，对自己估计过高；平均素质低，不善于思考。

出现的问题及处理意见：

- 声音太小，尤其在室外回顾时，听不见。

　　——应将音量放大一倍，可在室外进行练习。

- 布置项目时，没能让学员紧张起来，嬉笑现象没有及时制止。

　　——应严格按程序进行，熟练流程，及时制止如下现象：

　A. 没喊"1、2、3"就倒的——（可问他："为什么不喊？你要给大家一个集中所有注意力的时间"）

　B. 后看的——［迅速将其头扶正（在蹲下调整队形之前，可让他感觉一下，或深呼吸。总之，最好让他有事情做）］

　C. 嬉笑的——（运用"不要笑！""不能松懈！"等较严肃的口令及时制止）

　D. 做自己的事，离开的——（"离开队伍，不论你干什么，都要和我请假"）

　E. 队训喊不齐的——（及时说"重来！重来！"）

F. 队训声音小的——（"大家喊得很齐，但缺乏气势。女生要把声音喊出来！"）

G. 明显坐下去的——（及时拉回，表扬一下保护队员，重讲一遍动作要领）

H. 有人在未上台之前哭，并非常惧怕向后倒，导致其他人有相似心理的——（应及时表扬下面的保护者。调整队形。给予鼓励，讲明要领）

第一次不好，可再做一次。

注意点：——往往易受经验主义影响。太过自信。

           ——项目开始前不亲自检查器材。准备不充分。

关注细节，熟练口令，可避免此现象。

- 回顾时不自信，不能很好地控制局面。关键是准备不充分，自己还不理解，节点故事太少，内容枯燥无味。

    ——多看书，收集可用的小故事，讲给别人，看是否能听懂，及时总结，并记录，带班前一定将以前的经验看一遍。

    ——多练习，整理组织语言，做到简练易懂。

- 永远不要否定学员的说法！要让学员说他的想法，然后让大家一起分析，而不是针对他、改变他。前期如果控制不好，如遇到像不合作的人，有故意捣乱的情绪，就不要让他发言，尽量找情绪正常的人发言。

    ——有人认为，曾经上过当，不应该相信别人。可以说，这是一种个别的社会现象。俗话说："害人之心不可有，防人之心不可无。"其实，无私者无畏。你只要不贪图眼前利益，能从大局出发，就能保持冷静的头脑。

- 在项目过程中，与积极者沟通，告诉他一些想法，等回顾时，让他谈。

- 转题前，一定要先总结上一个节点。最好一边问问题，一边将要讲的、熟悉的节点写在黑板上。将所有问题问完，认为节点已足够后，一般为6~8个即可，再找出3个主要的进行讲解。

- 控制时间，节奏不能太慢。如两天的班，可以减少回顾时间，慢慢使其进入状态。

- 对不善于思考的人，要给他们讲。将准备的节点都讲给他们，让他们觉得原来不那么简单。

不甘于现状，又不思进取，如何改变?

一、原因分析

在带下属和培训咨询的过程中，笔者遇到不少这样的人：不甘于现状，又不思进取。这些人在工作上的表现是：

- 业绩平平，能力平平，态度动摇不定;
- 见了荣誉就抢，见了困难和责任就躲;
- 内心想学习，想提升，一听要下那么大的功夫就犹豫了;
- 看到朋友、熟人和同事职务晋升、收入提升就羡慕，一转身就没有了想法。

即使工作中给了他很多机会，也抓不住，主要原因是动力不足。个人如果没有改变的动力和意愿，无论外力怎么努力都是无用的，有点像烂泥扶不上墙，让人们同情其处境，憎恨其消极态度。

笔者有个个人职业生涯咨询的业务平台，碰到的咨询案例中各种人都有，有些人在咨询的时候，不用过多的推动，一点就透，出具的一个月行动方案很规范，之后再追踪的时候，大多也执行得不错。但是会有80%以上的人，咨询的时候说得很好，等出具行动方案的时候就磨磨蹭蹭的，时有追踪，基本上就放弃了。还有10%左右的人都不接电话了……

二、靠谱的建议和策略

针对不甘于现状，又不思进取的朋友，我这里有几个"药方"，相对来说，还比较靠谱。

1.分析自己的需求

人最容易跟身边的人比较。乞丐不会羡慕百万富翁的生活，也不会憎恨他们，但会特别憎恨隔壁街比自己乞讨收入多的乞丐。相类似地，人们会特别痛恨身边的人过得比自己好，收入比自己高，房子比自家的大。

所以，我们要分析自己的需求，包含生理的需求、安全的需求、归属的需求、尊重的需求和自我实现的需求到底是从什么地方滋生出来的？通过自己的努力能否达成？这些特别重要，要不然只可能会是，有人说做销售好你就去做销售，有人说做财务好你就去考财务证书，有人说做自媒体挣钱你就去做自媒体，而不去考虑自身的实际条件如何。到最后，什么事情都尝试了，但是一事无成。

2.设立靠谱的目标，小步快跑

不要像幼儿园的小朋友一样，设立过大的目标，要当宇航员，要当科学家等。一定要根据自身的实际条件和过往的工作经验，以及人生经历来设置靠谱的目标。这些目标设定一定要跟公司的岗位要求结合起来，不要总想着斜杠。如果自己的本职工作都做不好，那所谓的斜杆也不靠谱。比如，本单位对于学历的要求比较高，你只是大专或者本科学历，可以设定3~5年内在职念一个MBA或者更高学历的目标，这样的时间长度是没什么问题的。

设定好大的目标之后，还要把目标拆解。我曾经在2019年年初把人力资源经理人班的HRD和HRM聚在一起，辅导大家做了2019年的年度职业计划。在年底检查的时候发现，做得最好的也就完成了60%，绝大部分同学根本就没有行动……这些人还是企业管理岗位上的人员，很多人还推动企业绩效管理的工作，他们都不能把个人的年度计划执行好，换作其他人的话，岂不是更低？！这还仅仅是一年的计划而已。所以，如果你拟订了一个大的计划，务必把这个计划做拆分，如果可能的话，拆分到月度最好，最起码也要拆到季度。要不然的话，那个计划是看的，不是干的，达成了是因为运气好，达不成是应该的。

3.持之以恒，养成习惯

一个人的改变，尤其是从舒适区走出来的改变是非常困难的。举个例子：笔者转行做培训师之后，因为从公司离职了，所以之前参加的公司的羽毛球和瑜伽这些锻炼就没有了。为了保持好的身体状态，我定了早上跑步的目标。刚开始的时候每年目标是300公里，每天去操场跑3圈，一个月保证跑15天，这样慢慢坚持下来，现在每年500~600公里，每天3公里，只要不外出讲课就坚持跑步，慢慢地，习惯就养成了。

所以，如果你真的是不甘于现状，而又不思进取的话，那就按照下面的
3步来操作吧：

- 我的需求
- 我的目标和子目标
- 我的计划执行

这样执行超过一年，你所做的事情就养成了好习惯，终身受益！

7

培训讲师的管理

学习管理部门是企业的赋能单位，是企业的人才生产基地。而讲师作为人才的生产者和赋能者，在企业的培训学习过程中显得尤为重要。从一家公司对待讲师（内外部讲师）的态度，就可以看出这家企业对待人才的态度。企业内外部讲师队伍的管理是企业培训体系建设至关重要的一环。

本章节学习内容：

- 优秀讲师的八个特征
- 讲师的胜任力模型
- 讲师的管理
- 案例：华为大学的讲师管理

对于一个培养人才的机构而言，良好的师资队伍是企业学习管理部门的必备条件。只有建立了一支足够优秀的师资队伍，才有可能实现企业制定的人才发展战略，满足业务发展的需求。

华为特别重视讲师的成功实践经验。任正非认为，企业为员工提供培训的目的主要是支撑企业的业务发展和战略目标，因此，华为作为获取利润的营业组织，必须要强调讲师的成功经验，这样才能将相对抽象的培训内容转化为可以提升实践能力的经验。华为筛选讲师对成功经验的关注超过了对职务高低的关注，华为大学的讲师主要是来自华为内部拥有成功经验的各级管理者和业务骨干，以及一部分对培训感兴趣的员工。这些兼职讲师大多在华为做了多年的管理工作，或者在专业岗位担任重要角色，他们既有丰富的实践经验，也具备理论知识，能够很好地将经验转化为理论知识，同时确保理论应用到实践。

华为大学的师资队伍建设强调实践，也内外部并举。对于如何将外部的师资与华为内部的文化统一起来，华为的逻辑是先发展内部讲师，以内部讲师为基础，再把外部的"大师"请来与华为内部的讲师进行交流。华为有自己的主线条，再将主线条与外部"大师"一起交流，慢慢的主线条会越来越清晰，越来越健康。

企业学习管理部门是企业的能力中心，是个赋能中心，所以必须要建立一支优质的讲师队伍，但是任何事物都需要有一个起步和发展的过程。想要吸引优秀人才加入到讲师队伍需要一步一步来，一开始可能无法吸引优秀的人才，但是待遇上去了，自然就能吸引优秀的人才加入，也就是说，在讲师待遇上要体现在实处，让优秀人才看到讲师待遇的提高。一般企业培训学习机构的建设，在起步阶段都是高薪吸引内部对培训感兴趣的经理人加入，像用友大学建立之初就是这个操作方式。刚开始的时候，要先给予，之后再要求贡献。若不能给予讲师合理的待遇和更多的奖励，就没有人会相信企业真的重视学习培训，就吸引不了优秀的讲师进来。所以华为大学和用友大学都建立了对讲师队伍真正有效的物质和精神激励机制。在专职教师的职级、工资、股权等方面，华为大学沿用了华为业务平台的机制，并根据讲师队伍的特点进行了改进。

建立起行之有效的物质和精神机制后，能够鼓励优秀的人才加入讲师队伍，并且他们会以认真负责的态度讲好课程，而当好了讲师既有收入，又能晋升，这就使师资队伍建设进入了良性循环。

当然，讲师是企业重要的赋能者，所以也不是所有人都可以做讲师的。

一、优秀讲师的八个特征

培训的直接目的是带来行为的转变，从理念向行为转变，是一个非常漫长的过程。

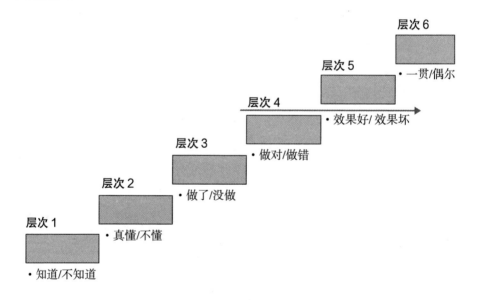

图7-1　培训的目的

在企业内，如果能够通过培训让员工的行为符合企业文化和价值观的要求，那么培训的目的就达到了。为实现这样的目的，对培训师提出了如下要求：

● 有教学的愿望

如果让一个没有意愿当讲师的人做内训师，那么他会很难受。笔者在不同的企业做内训师选拔时经常会发现：很多经理或主管特别不愿意讲课，甚至畏惧当众发言，但是因为其职位和业务比较熟练，被部门和人力资源部，甚至领导点将，赶鸭子上架。有这样一群从心里就不想讲课的人来推动企业的学习项目，效果可想而知。

因此，一定要找愿意分享、业务精通的人来做讲师，同时要给他们赋能，先教会他们怎么讲课。这样才能达到事半功倍的效果。一般外部的专职讲师如果不是热爱这份事业，仅仅把培训作为谋生的工具的话，他们会厌倦上课这件事情，不太喜欢在业务上精益求精，总想着挣够钱退休，或者转行做其他事情，内部讲师在选拔的时候也要注意兴趣点。

● 深广的专业知识和行业背景

讲师和兼职讲师需要具备与培训相关的基础科学知识，如组织行为学、认知心理学、教育行为学等。全职讲师要想把培训做好，建议在工作期间，多跳几次槽，尤其是不同行业之间的交叉跳槽。笔者本身就在国企、民企和外企工作过，感觉工作阅历对培训很有帮助。尤其是服务的最后一家单位，集团旗下有1000多家公司，企业的多业态平台为笔者积累了丰富的行业背景。专职讲师最好掌握一门人际沟通风格测评技术，包括九型人格、4D、DISC、PDP、MBTI等，只要熟练地掌握其中一种即可。通过对人际沟通风格的把握，在教学的过程中，某一学员发言两次后，培训师就能敏锐地判断出学员所属的型号，在后续的沟通中给予其更有针对性的引导。

● 表达能力及相关的培训技巧

培训师不仅能开发课程，更重要的是能将开发的课程用合适的方式呈现出来。如果只是把培训内容都写在PPT上照着读，效果会大打折扣。当然也不是要求每位讲师都必须是演讲高手，只要在课程开发阶段把授课方法匹配到相应的内容模块上，课前多加演练，就没什么大的问题了。

● 耐心

大部分讲师可能也就开发几门课程，超过十门课的就是高产了，也会有讲师一辈子只讲一到两门课程。这就意味着同一门课讲师会年年讲、月月讲，反反复复地讲，讲到自己都怀疑人生的程度。同一件事情做的次数多，虽然很熟练，但是会心烦，同样讲课讲多了本来就会烦躁，再遇到挑衅的学员，难免情绪会出现波动。这就要求讲师一定要有耐心，要有渡人的胸怀。

- 幽默感和亲和力

这是讲师最重要的特征之一。要是讲师站在台上一副面目可憎的样子就麻烦了。幽默感和亲和力是由内而外散发的，这两种特质能够活跃课堂气氛，迅速拉近师生之间的距离。一位讲师可以不帅，可以普通话没那么标准，但是一定要有幽默感。当然，幽默感可以后天培养，亲和力也可以工作后打造。

- 培训的持续热情

热情也是活跃课堂气氛的有效方式，可以带动学员的积极性。即使讲师热爱培训工作，真心喜欢分享，也会有情绪低落的时候。一直保持持续的热情从事授课工作，也是很有挑战的。真正的兴趣，真的热爱培训事业的人，是那种一上场就情绪高涨的类型，是讲了很多年依旧喜欢的类型。

- 知道培训能解决的问题和不能解决的问题

培训只能解决培训能够解决的问题，培训并不是万能的。讲师一定要清楚地知道学习项目是众多解决问题的选择之一，有可能不是最好的选择，所以每次接到新的培训需求之后，一定要从业务的角度去多问几个问题，多与需求部门的经理沟通，看看是不是有更加便捷的解决方案。

- 其他品质，如聆听、分享、不歧视学员、灵活把握学习进度等

聆听是指不论学员陈述的观点错与对，不轻易打断学员发言，适当地回应，鼓励学员把情况说清楚。分享是指愿意传播自己所掌握的知识、技能和经验。不歧视学员是指在课堂上不能只关注领导，不关注普通员工，培训师的职责是传道授业解惑，对所有的学员要一视同仁。灵活把握学习进度是指根据现场学员的实际水平和状态灵活调整课件与课时。如果学员水平相对弱一些，可以适当压缩课程内容，将重点内容讲细讲深；如果学员水平相对比较高，除了PPT的内容，还要做其他内容的演绎和填充；如果学员的需求和培训组织方反馈的完全不一致，也可以在现场直接进行问题收集，再实战演练。

培训师的八大特征，不是每个人都会具备，但只要刻意练习，多多少少都能修炼出来。如果修炼不到位，培训师到了现场会感觉别扭、不自在，这就是

所谓场域的能量不合。如果笔者碰到满场气氛沉闷，不愿意互动的学员，讲起课来就会比较累；如果学员互动积极，笔者提出一个问题，台下一大片人举手；讲一个笑话，学员都笑得东倒西歪，笔者的培训热情也会被激发出来。

二、讲师的胜任力模型

优秀讲师的胜任力模型共分为以下几个层次：

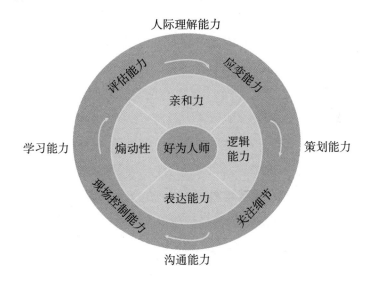

图7-2　优秀讲师的胜任力模型

层次一

好为人师。成为优秀讲师的首要条件是从心里热爱这份职业，喜欢分享，乐于助人，喜欢赋能团队。

层次二

包含四项内容：

亲和力。讲师不能面目可憎，一脸的严肃相，跟电影里廉政公署的人员一样；要有亲和力，让学员一接触就感觉此人是和我们一伙的，容易亲近、值得沟通交流。

煽动性。在这里"煽动性"是个褒义词，能够点燃现场学员的学习参与热情；能够引导学员热情十足地投入课程中，不但愿意分享个人见解和经验，还愿意跟其他小组比赛。

逻辑能力。讲师如果逻辑不清，在课堂上会异常的尴尬，并会让内部学员跟着一起着急，让学员有冲上去大声说"我来讲"的冲动。讲师必须清晰每个课程之间和课程中每个模块间的逻辑关系，能把内容掰开了揉碎了讲清楚，能把所讲的内容融入潜意识里。

表达能力。讲师应该是愿意表达、愿意呈现的，也愿意去演绎的。曾经有行业内的资深讲师授课的时候神采飞扬，但是一到课间休息就"缩"到讲台里面，谁也不爱搭理，这也不是很好的事情。所以建议讲师的表达能力是内外兼修的，那样会比较舒服。

层次三

包含四项内容：

现场控制能力。碰到现场挑衅或质问老师的学员要淡定从容，哪怕装也要装出来，对于这点，如果培训师有跨行业、规模企业的从业经验是比较有优势的，如果没有，培训师要继续按照自己的知识体系呈现，千万别现场乱了阵脚。对于课程进度和节奏能够灵活地掌控把握。

评估能力。对于学员的基本情况和能力，在课前要有初步的评估；对现场学员分组练习、实战的结果评估要保持公平性，言中要害；对学员的水平能力配合度要做到心里有数；课后针对现场学员的表现，能够给出相对客观的评估。

应变能力。处理突发情况的能力，例如，学员提出跟课程不相关的问题该如何回答；学员配合度如果存在问题，能够客观引导，千万不要激化冲突；对于学员之间的问题，能够客观地处理。讲师表现得越淡定从容，学员就会越冷静。

关注细节。清楚每一页PPT所呈现的内容，包括配图、配色、时间、有无案例等。对课堂发生的情形，能够观察得细致入微，并能够妥善应对。

层次四

包含四项内容：

人际理解能力。可以借助测评工具了解学员的风格与个性；可以通过课程现场细微的动作和行为，理解学员的意图和学员之间的熟识程度。课间能够通过与学员简单随意的交流，获取学员的学习意图和兴趣点，并施加影响。

策划能力。策划课程的能力；开发策划一门新课，并且逐步打造成熟是讲师的必备技能。当然讲师也可以学习版权课程，虽然版权课程逻辑很清晰，但是也需要讲师把自己的经历与课程逐步融合，课程的呈现才会精彩。厉害的讲师，可以手中无剑心中无剑，课程现场带领学员开展行动学习和微行动学习，可以解决学员的实际问题。

学习能力。通过学习不断更迭课程内容，不能一成不变；企业的学习管理部门一定要比业务部门学习速度快，才能引领公司的学习项目。这里的学习包括外部学习、内部学习、读书、工作实践、交流等多种活动。成熟的职业讲师如果想不落伍，每年需要看30~50本书才能保证自己不与时代脱钩。

沟通能力。准确把握客户和学员需求，听清楚问明白，尤其是学会倾听，讲师讲课讲久了之后，会习惯性地说起来没完没了，这是非常不好的现象。讲师一定要学会该闭嘴的时候闭嘴，多观察学员和客户的肢体动作、行为表情、语音语调，做个有同理心的倾听者。深入挖掘需求，高效激发学员学习意愿，做一个有输出，也愿意输入的正常人。

当然讲师也是人，不可能尽善尽美，务求逐步改善。图7-3是讲师的个人素质和业务能力要求。

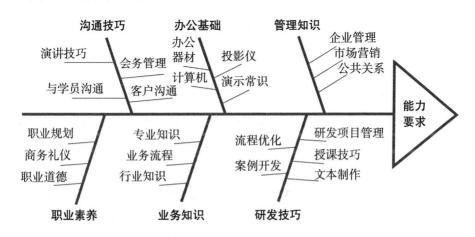

图7-3 讲师的个人素质和业务能力要求

三、讲师的管理

讲师管理会涉及外部讲师和内部讲师两大类，笔者会重点说说内部讲师管理。因为外部讲师管理说白了就是选机构、选老师，当然，如果可以深度绑定一家有能力的外部机构也是一个很好的选择。就像一家上市公司可以跟一家会计师事务所、审计师事务所、律师事务所深度合作一样，有利于借助外部的力量，拔高企业的管理水准。内部讲师管理对大多数的中小型企业来说更有现实意义，通常情况下，企业在内部培养出来的讲师往往有成为高级别领导的潜质，这是干部培养中很有效的渠道之一。

图7-4是培训机构筛选流程、培训师选择和课程采购流程。

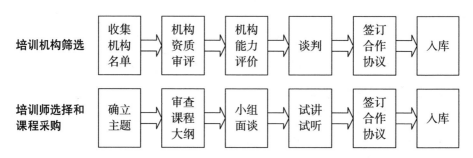

图7-4　培训机构筛选流程、培训师选择和课程采购流程

1.外部机构的筛选

（1）机构和讲师筛选的流程

培训机构的筛选包括收集机构名单、机构资质审评、机构能力评价、谈判、签订合作协议和入库几个步骤，其实跟一般的招投标项目没什么区别。收集机构名单可以直接百度，例如"××年最知名的十大培训机构""销售过亿元的培训机构"，或者通过业内熟人推荐。如果企业之前聘请外部机构的机会比较少，可以多约见几家机构，国内的和国外的机构配比着面谈几家，慢慢地就会找到感觉了。同时通过机构的面谈，还能为公司的培训体系开展和培训需求的挖掘拓宽思路，找到一种微妙的感觉。机构资质审评内容

有注册资本金、销售额、自有讲师、课程体系、合作客户等。通过货比三家，最后敲定一家或者两家合作机构即可。

如果跟一家机构合作久了，心里会有踏实的感觉，甚至可以将机构的BD当作自己的培训部门和培训经理使用，既放心又专业。某咨询公司有个小姑娘，她只有两个客户：一个是城市的自来水公司，另一个是污水公司，她的大部分时间就是在这两家公司"上班"。一旦公司有培训的需求，她基本上前中后台全包。公司执行的培训项目、参训的学员情况，甚至培训的后期资料存放，没有人比她更清楚。以至于公司的HRD有学习相关的事情想了解细节，首先打电话向她问询。

学习项目合作的机构的培训师选择和课程采购包括确立主题、审查课程大纲、小组面谈、试讲试听、签订合作协议和入库几个步骤，需要公司培训部门和业务部门，甚至外部专家参与到过程中。

（2）培训机构的筛选维度

筛选机构的时候，可以考虑以下4个方面：

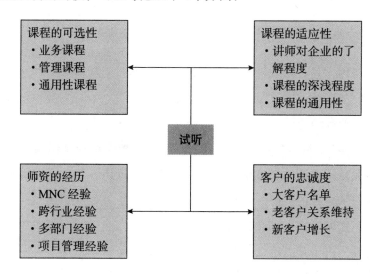

图7-5 培训机构筛选维度

第一，课程的可选性。

包括业务课程、管理课程和通用性课程。一般管理课程和通用性课程选外部讲师的企业比较多。当然，也有企业将培训全部外包，连业务课程也是选择跟机构合作。还有，有的企业管理类课程也由内训师讲，安排内训师学一个版权课，接着就可以在企业内部讲授了。

跟一家机构合作，一定要审核主打的课程方向，不但要看机构主力课程的数量，还要看课程的主要方向在哪里？是主打领导力、管理技能、公开课、营销方向，还是生产管理方向，选拔的机构一定要跟企业的主要需求一致。因为前面讲过企业类型不同，培训模型不同，培训资源的主要投入方向是不同的。

第二，课程的适应性。

包括讲师对企业的了解程度，课程的深浅程度和课程的通用性。深浅程度是指课程针对什么级别的人员，学员职务不同，教育程度不同，工作年限不同，匹配的课程深浅是不一样的，要看机构课程主要服务的学员是在哪个层级，不要轻易相信机构的承诺，因为课程分级是需要时间和精力的。通用性是指课程是对这个级别所有人员都通用，还是只对本企业内该级别的人通用。有些企业虽然选择的是通用类课程，但也会需要讲师根据企业的实际情况做定制性开发。

如果经验丰富，还有同行业经验，那是最佳的选择。如果讲师都是通用性课程的讲师，只是版权课程的演绎者，经验不够丰富，如果本企业的行业特殊，学员都是老江湖，那么对讲师的行业背景和职务水平要有约束。

第三，师资的经历。

包括MNC经验、跨行业经验、多部门经验和项目管理经验。笔者参与过一些企业培训投标，基本上要把个人的简历、资历、各种证件的复印件和扫描件都提供给客户公司，供他们评标的时候使用，就跟被面试一样。

在这里强调一点，如果给高管上课，讲师最好是做过高管职务；如果是给中层讲课，讲师最好有公司高管的经历；如果是给基层员工讲课，讲师最好有中层经理的岗位历练。当然，以下内容是需要慎重考虑的要素。

- 公司的规模：大型企业、中型企业、小型企业；
- 公司的性质：外企、国企、民企。

如果讲师没有对等企业的工作历练，那么给这些企业的学员授课是一件非常有挑战性的工作。有天分和学习能力特别强的讲师除外。

第四，客户的忠诚度。

包括大客户名单、老客户关系维持和新客户增长。机构连续使用该机构和其推荐讲师的频率如何等。别小瞧这些内容，如果机构能力比较强，就比较有黏着力，可以把客户紧紧黏住，让企业欲罢不能。如果可能的话，可以请机构安排同行业，或者标杆企业的公司去做交流考察。这样也是很好的考察机构实力和客户忠诚度的方式。

筛选培训机构可以从上述四个维度考量，落脚点是试听，即便没法安排试听，也要看看讲师以往讲课的视频。

（3）外部讲师管理关注点

第一，根据项目选择讲师。如果某个讲师的课程受众层面一般是基层员工，那让他给公司的高管讲领导力的课程可能就有些勉为其难。因为授课对象不同，授课的口吻和授课的案例和教学方法是不同的，让一名讲师讲授层级差异极大的课程，那不是一般的挑战。

切记：选做过高管的讲师给高层和中层讲课，选做过中层经理的讲师给基层员工讲课。尽量不要让没有高管经历的讲师去给高管讲授课程，会有不小的风险。

一定要看讲师的工作背景，至少要看讲师的授课经历。

第二，课前一定要与讲师沟通。和讲师的课前沟通是为了保证讲师能够充分了解课程需求和学员的真实情况。一般情况下，成熟度高的讲师会在课前提供一份需求调查问卷，课后提供作业、考题和行动计划。最好安排讲师课前跟培训组织方、学员单位的领导和部分学员做个电话访谈沟通。既可以让讲师了解客户和学员的需求，也可以在上课的时候发现一些"熟人"。

让讲师进入一个陌生的教室，给一群完全陌生的学员授课还是很有挑战的。这种情况需要讲师做好心理建设。

第三，课后与讲师的互动。课程结束后，讲师如果有安排考试和辅导，最好组建一个学员群，把讲师也拉进群，学员有问题在群里相互交流，讲师为了增加黏性，也会答疑的。课后的讲师跟进，非常有利于学习转化。

第四，"迫使"讲师或者机构与企业共同成长。如果企业的培训是系列培训，或者是循环培训。哪怕只做初级经理的培训，但是体量比较大，有上百人，可能就需要去一个班又一个班开展讲授。每讲完一门课，要跟讲师或者机构沟通如何优化课程，删减课程内容或者将企业的案例融入讲师课件中，在下次的课堂中呈现。一般讲师都会配合调整的，因为这样的操作对讲师也是一次突破和成长。

第五，年终要给授课讲师发放奖状和贺卡等礼物。可以不局限于奖状、贺卡这些形式，也可以给讲师寄一本当当排名前十的书籍，或者颁发奖杯、荣誉证书等。如此讲师的感受会很好，并且会在朋友圈炫耀，这在无形中给企业或培训机构做了次宣传。

第六，不要克扣讲师的课酬来给公司省钱。尽量不要跟讲师或培训机构砍价过猛，为了节省几百元钱，你有可能只能接受一位第二梯队的讲师了。另外，不要轻易克扣讲师的授课费用，无论授课内容质量好坏，除非是讲砸了，否则你的企业很容易就进入黑名单。

2.内部讲师队伍的培养

内部讲师队伍的建立，包含但不限于下面的内容：

来源： · 中高层管理人员 · 资深的专业人员 · 培训部专职人员 · 外聘的专家 遴选： · 制定遴选标准 · 自愿报名 · 评估并颁发聘书 培训： · 进行内部培训师的培训 · 组织讲师进行沟通与交流	课程系统： · 课程开发培训 · 课程主题设计 · 明确课程开发要求 · 报课题,进行课程开发 · 组建课程库 · 课程试讲和认证 激励： · 津贴 · 晋升 · 培训

图7-6　内部讲师队伍的培养

（1）内部讲师选拔

目标	主要工作和方法	交付成果及描述
·分析公司新战略趋势，了解培训所面对的核心问题 ·分析培训师的现状，了解公司培训课程体系设计目标 ·明晰内部培训师选拔标准，设定选拔评估方案 ·实施选拔流程和标准，形成初步名单	·收集信息和人员访谈 —— 分析企业经营计划、培训策略、用人标准 —— 组织进行内部培训师情况调研，了解员工的意见与想法 ·专案研讨会 —— 对培训师选拔标准进行探讨、沟通 —— 分析和研讨培训计划、课程开发计划，并以此为基础设计内部培训师选拔覆盖部门职位 ·辅导实施 —— 培训相关人员执行选拔流程，辅导执行选拔过程 —— 提供选拔评估过程支持	·讲师选拔标准 ·讲师选拔评估办法 ·讲师选拔评估流程 ·讲师选拔实施计划 ·讲师选拔结果评估报告

图7-7　内部讲师选拔

● **目标**

第一，分析公司新战略趋势，了解培训所面对的核心问题。培训也是从企业的战略目标或者年度计划目标出发，发展战略和年度计划目标的主攻方向是培训的攻坚点。前面章节说过培训的战略目的是达成企业的战略目标和年度计划目标，如果培训不能支撑业务结果，不做也罢。

第二，分析培训师的现状，了解公司培训课程体系设计目标。包括企业现有内训师的数量，企业内训课程的数量及类别，课程开发时间等。这属于摸底阶段，有时候不摸底还好，一摸底，发现自己公司一穷二白。

第三，明晰内部培训师选拔标准，设定选拔评估方案。这个需要根据企业和员工的实际情况来确定，不能一味地追求高大上。另外，不要求培训师的建设一步到位，分批分层次去做，小步慢跑，获得的效果往往比求全责备要好很多。

第四，实施选拔流程和标准，形成初步名单。这个事情要做就做得像模像样，要有仪式感，起步可以慢一点，但是立身不能太低。

● **主要工作和方法**

第一，收集信息和人员访谈。首先要分析企业经营计划、培训策略和用人标准。经营计划中包含经营目标，想要达成经营目标需要评估现有人员的能力，如果能力不够，是从外部猎取还是内部培养。同时要分析用人标准是低端、中端还是高端。其次要组织进行内部培训师情况调研，了解员工的意见与想法。要知道员工是不是自愿加入培训师选拔。

第二，专案研讨会。首先对培训师选拔标准进行探讨、沟通，其次分析和研讨培训计划、课程开发计划，并以此为基础设计内部培训师选拔覆盖部门职位。在会上组织各部门领导和现有培训师一起探讨，形成方案，确定选拔范围。这个环节可以由人力资源部自己操作，也可以请外部机构协助完成。

第三，辅导实施。首先推进培训相关人员执行选拔流程、辅导执行选拔过程，其次提供选拔评估过程支持。因为执行选拔的评委来自公司各部门，大家对内训师的理解和选拔标准都不太一致，虽然前面环节有过研讨，但在真正实战选拔的时候，还是有所不同的，所以对评委的辅导不可或缺。不要认为公司和部门的领导懂就能干好这个工作，实际情况是：如果不辅导，他们真的干不好!

● **交付成果及描述**

交付成果包含讲师选拔标准、讲师选拔评估办法、讲师选拔评估流程、讲师选拔实施计划和讲师选拔结果评估报告。选拔讲师不是随便哪天选都行，而是定期组织，像运作一个小型项目一样。当然，人力资源的很多工作都可以按照项目的模式操作，如薪酬、工作分析、培训等。

一般来说，内部讲师选拔基本选愿意讲、能讲且讲得好的经理人。虽然前面介绍讲师的胜任素质模型中提到讲师需要具备的能力和素质条件有很多，但其根本还得是愿意讲。

切忌把一堆领导放到内训师队伍里，然后就没有然后了。

● 内部讲师选拔要素表

良好的个人形象和个人魅力	☑
优秀的表达能力	☑
卓越业绩	☑
好为人师、愿意分享	☑
良好的培训控场能力	☑
宽厚的理论基础	☑
在某一个或几个领域有自己独特的见解	☑
逻辑思维缜密	☑
熟练掌握各种培训方式	☑

图7-8　内部讲师选拔要素

（2）内训师选拔流程

内训师选拔流程如图7-9所示。

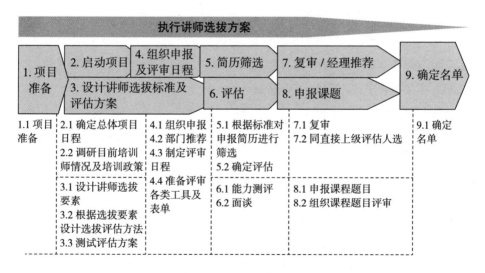

图7-9　内训师选拔流程

第一步　项目准备

前期把该做的工作预先做到位，同时通过大量的访谈、交流、沟通把项目提前预热，不能冷不丁地启动内训师的项目，否则会让员工觉得莫名其妙，业务部门也会感觉无从配合，也不知道这个事情对他们来说到底有什么用，有可能会怀疑是不是人力资源部门又在搞事情。

第二步　启动项目

启动项目时要在全公司发通知，让公司领导在企业内宣扬这件事情。领导的支持，哪怕是口头支持也是有助力的。然后确定总体项目日程，调研目前培训师情况及培训政策。

第三步　设计讲师选拔标准及评估方案

设计讲师选拔要素，根据选拔要素设计选拔评估方法，测试评估方案。

第四步　组织申报及评审日程

组织申报工作，一般是部门推荐结合员工自荐两种方式，制定评审日程，准备评审各类工具及表单。

第五步　简历筛选

根据标准对申报人员的简历进行筛选，确定评估人员名单，最好让候选人在简历中写明曾经讲过哪些课，擅长什么内容。

第六步　评估

能力测评和面谈。有时候，简历并不能百分百呈现出候选人的能力，所以还需要在面谈中进一步验证和挖掘。

第七步　复审/经理推荐

与直接上级共同评估人选，主要了解候选人日常工作表现以及当内训师的意愿。

第八步　申报课题

申报课程题目，组织候选人课程题目评审。

第九步　确定名单

从上述九步可以看到内训师选拔作为一个完整的项目，不仅要选拔出内训师，同时要确定培训课程。这些步骤可以一步步来，也可以合并进行，关键是要看运作项目人员的管理水平了。

3.内训师的培训和管理

（1）内训师的培训

目标	主要工作和方法	交付成果及描述
· 根据学员选拔评估，明确培训需求 · 设计有针对性的培训大纲及教学需求 · 设计具有针对性的讲义和教材 · 保证培训有效实施	· 培训需求调研及研发 —— 通过访谈和文案研究，分析TTT培训的目标和具体内容，形成精准的培训需求 —— 定义各级别培训师的培训要点 —— 建立中级和初级培训师训大纲，并进行有针对性的开发 · 培训实施 —— 基于实战模拟训练的授课 —— 实战模拟授课 —— 课程过程实时控制 —— 培训效果评估（现场对学员评估）	· 课程大纲 · 学员手册 · 讲师教学工具包 · 讲师手册（授课脚本） · 视频录像计划 · PPT设计图稿 · 学员认证标准及评审表 · 标准学员讲义（课堂上完成）

图7-10　内训师的培训

● **目标**

确定培训的目标，通过实战培训帮助学员开发出一门课程。

第一，根据学员选拔评估，明确培训需求。

第二，设计有针对性的培训大纲及教学需求。

第三，设计具有针对性的讲义和教材。

第四，保证培训有效实施。

● **主要工作和方法**

第一，培训需求调研及研发。首先，通过访谈和文案研究，分析TTT培训的目标和具体内容，形成精准的培训需求，即明确项目要做什么和需要解决的问题。其次，定义各级别培训师的培训要点。最后，建立中级和初级培训师培训大纲，并进行有针对性的开发。

第二，培训实施。要基于实战模拟训练的授课，组织开发出一门课。一般来说，学员正常发挥，在3天的TTT课程中可以完成新课程30%~50%的开发进度，课后的两周到一个月之内进行实时跟踪，基本课程都能完整交付。同时在培训的过程中要实时辅导控制，并在现场对学员进行评估。

- **交付成果及描述**

交付成果包括课程大纲、学员手册、讲师教学工具包、讲师手册（授课脚本）、视频录像计划、PPT设计图稿、学员认证标准及评审表、标准学员讲义（课堂上完成）。

（2）TTT培训内容

培训内容包括课程开发、授课方式、演讲技巧、控制和管理课程。这部分内容前面章节有介绍，不再赘述。

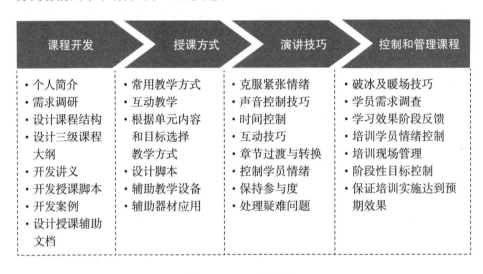

图7-11　TTT培训内容

（3）TTT教学方式的组合与搭配

课程开发出来后，课程脚本中会包含授课方式。不同的培训目标，授课方式也是不同的。

个人学习采用的典型教学方式有讲授、模拟演练、实地考察、听课、提问、阅读、看电影/短片。

团队学习采用的典型教学方式有案例分析、小组任务、小组辩论、现场讨论、头脑风暴、游戏、组织仪式。

（4）内训师的认证

内训师选拔出来后，再经过培训，接着要对他们进行认证。如果他们开发出来的课程讲授的效果不错，这门课就属于他的品牌课程。如果是从外部引进版权课，也可以在内部认证一些专门讲这门课程的内训师。内训师认证可分为一级、二级、三级，也可以是初级、中级、高级。与此同时，要鼓励内训师进行课程优化和新产品研发。

（5）内部讲师激励

企业在年底评优时，如果希望活跃内训师的氛围，调动内训师的积极性，可以增加一些针对内训师的荣誉，如十佳讲师、十佳催化师、十佳教练、终身荣誉讲师等，而他们的奖杯、奖状和奖金如果跟优秀员工、优秀经理是一个水平，内训师就会很重视。同时还可以每年安排内训师旅游，如果有晋升的机会，要优先考虑他们，有的优秀内训师会成为全职讲师，也有一部分内训师可以再回到业务部门做业务或管理。最后，要给内训师加薪、加福利。

（6）内部讲师的报酬

内部讲师的报酬支付方式一般有以下几种：按小时、按课程次数、按满意度和讲师补助标准等。企业根据自身情况确定支付方式即可。笔者2004年在一家房地产经纪公司做人力资源经理时，都是找业务部门的经理做业务员的培训，一个小时支付200元，在当时北京三环附近一平方米房子价格也就4000元左右，这个培训报酬就比较有价值了。有些企业会认为，培养出内部讲师，他们就有义务在企业讲课。这种想法是错误的。内部讲师相比外部讲师更了解企业情况，如果授课技能靠谱、培训效果有保证，内部讲师至少要跟外部讲师同工同酬。

一些聪明的企业甚至鼓励内部讲师去外部企业授课，或者做一些学习论坛的演讲嘉宾，这样不但可以让内部讲师收入增加，还可以为企业带来不错的广告效益。如果能够成为企业内部讲师成为公司经理人的荣誉之一，那么该企业一定不会缺内部讲师的。

（7）内部讲师的评比与晋升路径

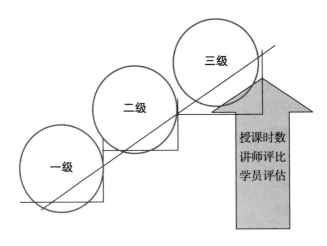

图7-12　内部讲师的评比

内部讲师的级别可以是一级、二级、三级，或初级、中级、高级，评选的标准有授课时数、讲师评比和学员评估。

现在大家可以思考几个问题：

- 你的内部讲师管理欠缺什么？
- 为什么人力资源部费半天劲选拔出来内部讲师，也开始授课了，可是到最后内部讲师不满意，企业也不满意？
- 那么内部讲师项目到底是企业不重视，还是确实做得不好呢？

笔者的真实感受是，往往在企业内能把内部培训项目做起来的企业，一定是企业老板重视的，如果企业老板不重视，根本没戏。企业老板要像重视业务那样重视人才的培养，企业的内部讲师队伍建设才有可靠的保证。

正常情况下，企业如果存续时间较长，人才的发展要优于业务的发展才行。一般情况下企业大学的校长要么是企业老板，要么就是一位常务副总裁，真正所谓的大学校长只是执行校长，只有这样，企业大学才能做起来。另外，企业的高管，尤其是老板一定要到企业内讲几堂课才行，至少一个月讲一次课，这是非常有价值的。

（8）关于内部讲师培养的几点体会和经验

第一，内部要有学习和交流的机会。切不可选拔出来后就结束了，要经常组织讲师在一起聚会交流，形成内部讲师团队的交流文化。交流可以是业务交流，也可以是基础的团建活动，形成一个圈子之后，氛围就有了。

第二，引入外部版权课程时，内部讲师享有优先学习的机会。内部讲师不能只开发讲授内部课程，同时也要有外部课程的引进，让内部讲师享有优先参加学习的机会。内部讲师学习转化后，可以起到个人技能和价值提升的效果。

第三，专职和兼职讲师区别对待。有些课程只能专职讲师授课，有些是兼职讲师授课，并且专职讲师的质量要高于兼职讲师，课量也要相对饱和。

第四，专职讲师来去自由。专职讲师一般从部门中来，也可以回到原部门，设置流动机制。如果专职讲师业绩突出，企业某些管理岗位有空缺时，要优先推荐这些优秀的内部讲师赴任。

第五，给荣誉。前面说到的可以给讲师颁发"十佳讲师""十佳催化师""十佳教练"或"终身荣誉讲师"。

第六，内外部授课合理计酬，体现价值。一定要让企业老板重视内部讲师培养。

4.内部讲师管理文档清单

从SOP[①]的角度看，需要建立如表7-1所示的内部讲师管理流程：

表7-1　内部讲师管理文档清单

系　统	模　块	项目成果
内部讲师管理流程、标准	内部讲师选拔标准、流程、考核评估办法	内部讲师选拔标准
		内部讲师选拔流程及其作业表单
		内部讲师选拔评估办法（针对胜任能力）
	内部讲师培训流程、培训考核办法	内部讲师培训流程及其作业表单
		内部讲师培训计划
		TTT培训评估办法
	讲师晋升通道及标准	三级讲师晋升通道及其管理办法
		各级讲师行为标准
	讲师管理及认证	内部讲师激励管理办法
		内部讲师认证管理办法

---

① SOP，是 Standard Operating Procedure 三个单词中首字母的大写，即标准作业程序。

系　统	模　块	项目成果
		集团公司对分公司内部培训师队伍建设管理方案
TTT培训	标准TTT培训课程讲义及教材	TTT训练-培训课程开发实战（2天）
		TTT训练-个人呈现及现场控制技巧实战（1天）
		TTT训练-授课方式技巧提升实战（1天）
	TTT培训实施	TTT培训实施计划及准备表
		TTT课程实施及教学评估
		内部讲师标准课件（不少于2个小时）
讲师认证	讲师认证	内部讲师认证标准及评估指南
		内部讲师认证实施
		内部讲师实习试讲方案

四、案例：华为大学的讲师管理

华为大学是以业务和管理实践的需求为出发点进行运作的，公司需要什么样的人才，就"生产"什么样的人才，满足公司业务发展的需求。

1.整合内外部资源进行师资建设

华为大学在成立之初，由于并非独立核算的单位，经费依靠公司的拨款，自身没有收入来源。没有收入就无法从容地拥有良好的师资和课程，也就无法根据内外部的需求扩大培训范围，所以那时的华为大学附属性很强，在整合资源上受到了很大的限制。

在华为大学的发展过程中，华为认识到了这样的运作模式存在很多的限制，因此在2014年，公司将华为大学变更为独立核算的单位。这使得华为大学拥有了一定的自主决策权，能够自主地吸纳外部师资及外部课程资源，增加了对讲师尤其是兼职讲师的回报，使华为大学的师资力量更为壮大，课程资源更为丰富，培训质量变得更好。

在任正非看来，华为大学作为赋能机构，未来要起到"资源池"的作用。无论是内部的、客户的资源还是社会上的、大学里的资源，都要利用起来，再输出给华为的员工，以及华为之外的整个市场。华为大学内外部资源的利用，如图7-13所示。

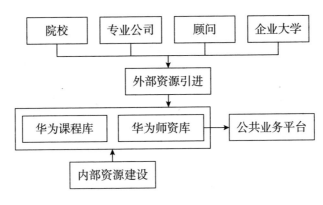

图7-13 华为大学内外部资源

任正非2013年在客户培训服务座谈会上说："社会是在不断滚动更新的，客户中有优秀的教师，社会上也有优秀的教师，教师资源是滚动的，学校的这个'资源池'也应是滚动的。瑞典人可以去辅导拉丁美洲的人，这个问题让这个人去辅导，那个问题让那个人去辅导，这就是电商的交易模式。"

2.华为大学的师资来源

华为的师资队伍建设是内外部结合。内部讲师主要来自三个群体：优秀的管理者、优秀的业务技术骨干和对培训感兴趣的员工。

华为强调让优秀的人来做讲师，发光发热。同时也会把社会上的金牌讲师请到华为来，跟华为的学员交流研讨，促进华为的发展进步。

3.华为的讲师晋升通道

在任正非看来，作为企业的赋能中心，企业大学必须建设一支优质的讲师队伍。但是任何事物都需要有一个起步和发展的过程，企业大学也不例外。

华为大学想要吸引优秀人才加入讲师队伍需要一步一步来，一开始可能无法吸引优秀的人才，但是待遇上去了，自然就能吸引优秀的人才加入。也就是说，在讲师的待遇上要体现在实处，让优秀人才看到讲师待遇的提高。这一点跟用友大学初建的时候有共同之处。任正非说："我们是先给予，再要求贡献。我们现在不要强行想象能建立一所理想的华为大学，不理想也是大学。若不先给讲师更多的奖励，就没有人相信你会真正改革，就吸引不了更优秀的讲师进来。我们现在是万事在求人，必须要有正确的导向。"因此，华为大学要建立对讲师队伍真正有效的物质和精神激励机制。华为大学在专职教师的职级、工资、配股等方面既沿用了华为的大平台机制，也根据讲师队伍的特点做出了一定的改进。

在物质激励方面，任正非提出，要首先保障讲师的著作权。讲师的讲课和课程都需要有著作权，华为大学向讲师付费购买讲师的著作权，并作为华为大学的资源对外开放。而接受培训的一方，无论是内部部门还是外部的客户都需要向华为大学支付一定的费用。

在精神激励方面，任正非提出，讲师队伍也要设计晋升通道。讲得好的干部可以往更高阶的管理岗位调动，讲得好的技术骨干可以往高层的专家岗位调动。华为大学要让所有的华为员工认识到，讲师并非职业生涯终点站，而是通往高阶岗位的中转站。这是一流企业大学的做法。

华为大学建立起行之有效的物质和精神激励机制后，能够鼓励华为的优秀人才加入讲师队伍，并且他们会以认真负责的态度讲好课程，而当好了讲师既有收入，又能晋升，这就使得师资队伍建设进行良性循环。

4.华为大学讲师的分级管理和考核激励

在对师资队伍的管理上，华为也建立了分级管理和考核的机制，使得华为大学的讲师资历与华为的职位等级能够看齐。

要想成为华为大学的兼职讲师，先要经过项目组的选拔和认证，并且由项目 Sponsor PO[①] 批准，然后通过赋能才能登上华为大学的讲台。华为大学的兼职讲师有讲师、引导员和班主任三种角色，每位合格的讲师都由业务部门和华为大学共同确认。

---

① Sponsor Product Owner。

讲师承担正式教材的课程讲授任务，或带领学员开展演练、研讨等活动，如在新员工入职引导培训中，讲授华为核心价值观模块的讲师；在班级中进行案例分享、案例点评、与学员座谈、对学员进行评价等活动的引导员；承担教学任务的班主任，该角色由项目委托方与华为大学来共同确认。

讲师不同的角色有不同的级别，而每个级别对兼职讲师的职级、授课累计时长和学员满意度都有一定的要求。引导员的级别分为引导员和高级引导员。讲师的级别由低到高分别是：讲师、高级讲师、副教授、教授。

从2014年《华为大学兼职讲师课酬管理规定》中可以看出，华为大学兼职讲师的课酬受多种因素影响，包括兼职讲师级别、授课时长、学员满意度等。

华为大学兼职讲师课酬表，如表5-3所示。

在对讲师的考核上，华为大学一般实施年度考核制。考核内容分为能力考核、课程任务考核、纪律行为考核三大块。同样，在讲师的级别晋升上，华为不仅要看讲师的考核结果，也要看职级、授课累计时长和学员满意度。讲师只有在日常授课中不断地积累经验，才能升至更高的级别，才能在考核中占据优势。

此外，华为大学每年还评选优秀讲师，颁发荣誉奖章，给予适当的物质激励，并使其获得与国内外专家交流的机会。

附件：

×××集团内训讲师管理办法

第一章 总则

第一条 公司员工担任内部兼职培训讲师（以下简称内训讲师），向其他员工分享、传授理念、知识与技能，是公司内部知识积累、资源整合的有效途径之一。通过积极培养和提高内训讲师能力，发挥内部资源优势，以把公司建立成富有竞争力的学习型组织，特制定本管理办法。

第二条 内训讲师的主要职责为在集团范围内进行课程开发与内部授课等相关工作。集团各级员工均是内训讲师来源，内训讲师属于集团兼职职务，原职务职能不变。

第三条 集团人力资源部为内训讲师的主要管理机构。集团人力资源部主要负责内训讲师的选拔、评估、培训、考核、认证、日常管理、授课管理、课程评估、档案管理等工作，内训讲师专职岗位所属部门进行相关配合与辅助工作。

第四条 集团各部门、各公司作为业务知识、经验使用与传承的主要部门，有义务为集团内训讲师队伍建设，集团知识资源整合与传承工作的开展做贡献。各部门应积极推荐及培养部门内优秀员工参与内训讲师队伍，并将此项工作纳入骨干员工的绩效考核，同时作为员工升职的绩效得分点。集团也将内训讲师工作加入到各部门的人力资源考核项进行管理。考核部分细则详见《×××集团绩效管理办法》。

第二章 内训讲师的选拔与认证

第五条 内训讲师的分类

集团内训讲师依照培训工作性质，分为认证讲师、邀聘讲师两类。

（一）认证讲师。指集团内部员工通过推荐、选拔、培训、考核、认证程序后，获得正式讲师资格的讲师。

（二）邀聘讲师。指集团因工作需要，或经公司建议临时邀请的公司高管人员或内部专业人员进行授课的讲师。

第六条 内训讲师的任职资格

集团内部员工，如符合内训讲师相关任职资格的，可根据选拔认证程序，进行内训讲师资格认证。

（一）认证讲师等级制度及任职资格。认证讲师根据任职资格及职责的不同，分为初级认证讲师、中级认证讲师、高级认证讲师三个等级。

1.初级认证讲师任职资格：集团已转正员工，本职业务技能熟练，有良好的沟通与表达能力，认同企业文化和价值观，乐于与员工分享、交流工作经验及技巧。

2.中级认证讲师资格：连续2年通过初级讲师认证，本职业务技能精通，有优秀的沟通及表达能力，深刻了解企业、企业文化和价值观，乐于与员工分享、交流工作经验及技巧。

3.高级认证讲师资格：连续2年通过中级讲师认证，本职业务技能精通，有优秀的沟通及表达能力，深刻了解企业、企业文化和价值观，乐于与员工分享、交流工作经验及技巧。

（二）邀聘讲师任职条件。因工作需要临时聘请的，且具备良好的沟通能力与表达能力，深刻了解企业、企业文化和价值观，并乐于与员工分享工作经验及工作方法、内容。

第七条 内训讲师的选拔与认证坚持公开、公平、公正的原则。公开指经认证的内训讲师，均会在全集团范围内进行公示。公平要求内训师管理的各项工作都一视同仁，以统一的标准管理。公正要求考核公正、评估公正。其中，集团各级员工加入内训师队伍都从初级开始认证，通过连续的考核后逐级晋升。

第八条 内训讲师的选拔与认证程序

（一）内部认证讲师需按照推荐、评估、岗前培训、认证的程序进行选拔。

1.推荐以部门为单位，需由各部门负责人经与员工沟通后进行推荐，推荐候选人名单交由集团人力资源部。

2.经推荐的员工，由集团人力资源部对其进行评估，评估的结果将反馈至各推荐部门负责人。

3.经评估通过的员工，需参加由集团人力资源部组织的认证讲师岗前培训，并接受考核。

4.通过岗前培训及考核的员工，由集团人力资源部对其进行认证讲师等级认证，并于集团范围内进行通报。

5.认证讲师的选拔周期为一年，每年由集团人力资源部组织选拔认证工作。认证讲师自认证生效后，任职期间为一年，每年需进行考核，重新认证。

第三章　内训讲师日常管理

第九条　内训讲师授课流程管理

（一）认证讲师授课流程

1.计划内授课

（1）认证讲师制订本年度的授课计划。

（2）提交年度授课计划至所在部门负责人审批。

（3）经负责人审批后，交由集团人力资源部审批。

（4）集团人力资源部对授课课程进行认定。

（5）将经认定的课程及计划反馈至内训讲师及其所在部门负责人。

（6）内训讲师按计划实施授课。

2.临时授课

认证讲师临时授课，需由需求部门提交"课程需求表"，并经认证讲师所在部门及人力资源部审批。

（二）邀聘讲师授课流程

邀聘讲师授课需制订临时授课计划，并经邀聘讲师所在部门审批后提交至集团人力资源部对课程进行审批。

第十条　内训讲师授课计划制订，需按自身的讲师认证级别所对应的课时要求，制订年度（认证考核年度）内训计划。并提交至所在部门及集团人力资源部审批。邀聘讲师无需制订年度授课计划。

第十一条　内训讲师授课课程认定，由人力资源部负责。内训讲师所在部门配合人力资源部完成课程认定。

第十二条 内训讲师授课学时管理

（一）授课学时规定

1.授课时间1小时计算为1学时。

2.授课时间不足1小时，但高于半小时的计为0.5学时。

（二）认证内训讲师年度授课学时要求

1.初级认证讲师每年至少完成6学时的授课。

2.中级认证讲师每年至少完成4学时的授课。

3.高级认证讲师每年至少完成4学时的授课。

（三）邀聘讲师根据课程需要确定单次授课学时

第十三条 内训讲师授课课程资料管理

内训讲师授课的课程资料包括授课所使用的PPT、文档、视频等相关资料，需交由集团人力资源部存档备份。内训讲师课程资料的版权及使用权归集团所有。其课程内容作为集团商业机密进行保密管理，未经允许，不得提供给第三方。

第十四条 内训讲师授课评估管理

（一）认证讲师

人力资源部需对课程效果进行评估，通过填写《培训满意度调查问卷》做出评价。评价反馈记录需留存备案，同时返给认证讲师本人及其部门负责人。授课评价反馈将作为认证讲师考核的依据。

（二）邀聘讲师

集团人力资源部对课程效果进行评估，评价反馈记录需留存备案，同时反馈给讲师本人及其部门负责人。

第四章　内训讲师激励与培养

第十五条　集团鼓励内训讲师在完成本职工作的情况下，积极授课、开发课程、参与内部交流、参加外部培训等。集团也对内训讲师授课给予集团范围宣传、授课课酬、绩效积分加分、外出学习、研讨交流等激励。

第十六条　内训讲师课酬

内训讲师的课酬激励主要包括授课课酬、课程开发费，以及因授课、课程开发需要外出培训及购买课程材料等费用申请权限。

（一）内训讲师课酬：内训讲师课酬根据讲师级别实行差别化

1.认证讲师课酬：

讲师等级	课 酬
初级认证讲师	300元/1学时
中级认证讲师	500元/1学时
高级认证讲师	1000元/1学时

2.邀聘讲师课酬参照认证讲师课酬体系，依据员工级别为：

员工等级	课 酬
管理基层、执行层	300元/1学时
管理中层	500元/1学时
管理高层	1000元/1学时

3.以下情况不属于发放课酬的范围：

A.各类公司、部门会议、活动。

B.管理层、部门领导等对下辖部门及本部门人员开展的例行的分享、交流、培训及日常工作辅导等。

C.试讲、非正式授课。

4.其他因授课产生的费用说明：

A.差旅费，由培训需求部门承担。

B.授课所需道具、材料等，由内训讲师向集团人力资源部申请购买，人力资源部购买后负责物品的保管及发放。

（二）内训讲师课程开发费

1.初级认证讲师课程开发费为1000元/课（2学时）。

2.中级认证讲师课程开发费为2000元/课（2学时）。

3.高级认证讲师课程开发费为3000元/课（2学时）。

（三）认证讲师外出培训、课程材料支持

1.人力资源部支持认证讲师适当申请参加外部机构组织的，与本专业及课程开发相关的培训，参加外部培训须依据《×××集团培训管理办法》提出申请并获审批通过。认证培训师对所参与的外部培训要做详细的培训记录，并根据情况开发为内部培训课程。

2.为促进讲师开发课程和提高授课技能，每年认证讲师可申请购买部分图书、课程资料，由人力资源部汇总讲师个人提供的购置书单后，综合考虑集中采购，所购图书、资料、光盘等由人力资源部保管并形成优先保证讲师借阅的机制。

第十七条 内训讲师实行积分考核管理，通过积分总值排名评定的内训讲师绩效加分等级，具体参见本办法第五章内部讲师考核部分。

第十八条 认证讲师旁听内部培训课程

认证讲师可申请旁听其他认证讲师在本单位的培训课程。旁听后需填写《培训满意度调查问卷》反馈至此次培训授课内训讲师集团人力资源部。

第十九条 内训讲师座谈交流

集团人力资源部将不定期组织内训讲师的内部交流座谈活动。认证讲师需按要求参加内部交流活动。

第五章　内训讲师考核

第二十条 内训讲师的考核主要针对各级认证讲师进行。邀聘讲师无需进行考核。

第二十一条 内训讲师实行积分考核管理，由"课程浮动积分"和"年度综合积分"组成，根据积分情况，评级为：优秀、良好、合格、不合格，并对应获得相应绩效积分奖励：

（一）课程浮动积分，指内部讲师完成经人力资源部备案的集团、部门或外部的培训授课，以课程难度系数、培训满意度及学员受众人数等指标为主要依据，进行的积分累积。课程浮动积分的实际积分分值为基本积分乘以浮动积分各相关系数。具体积分计算公式如下：实际课程浮动积分＝单次课程基本积分 × 课时数 × 难度系数 × 考核系数 × 学员数量系数 × 职位系数 × 职级系数。其中：

1.单次课程基本积分为1分；

2.浮动积分，相关各项系数计算标准如下：

系数类别	分类内容	系数标准
难度系数	首次授课	1.5
	重复授课	1.0
	本职岗位专业内容	1.0
	跨专业内容	1.5
考核系数	满意度>95%	1.5
	80%≤满意度≤95%	1.2
	60%≤满意度<80%	1.0
	满意度<60%	0
学员数量系数	人数>40人	1.5
	15人<人数≤40人	1.2
	5人<人数≤15人	1.0
职位系数	基础普通员工	1.5
	中层管理人员	1.0
	高层管理人员	0.5
级别系数	初级内训师	1.5
	中级内训师	1.2
	高级内训师	1.0

（二）年度综合积分，指以年度为单位，对内部讲师参与项目的综合情况进行统计积分，主要考核如下7项指标：

1.授课总学时：年度总授课学时不少于所在讲师评定层级要求，积分10分；

2.授课满意度：年度授课平均满意度不得低于80%，积分10分；

3.资源共享：培训案例与培训游戏等资料上传后被采纳的数量和质量，每次酌情加分1~3分；

4.课程开发与优化：参与课程开发、优化及课程获奖等情况，每次酌情加分3~5分；

5.教研参与：参与教学教研活动情况，根据活动要求及任务，酌情加分3~5分；

培训体系建设的8节实战课

6.导师承担：担任新聘任内部讲师导师情况，每担任一次导师并认真完成导师职责，加分5~10分；

7.工作配合：配合人力资源部完成相关任务情况，根据任务质量加分3~5分。

（三）内部讲师施行每年度积分清算，每位内部讲师以个人年度实际积分，即"课程浮动积分"＋"年度综合积分"的总分值进行排名，并参照各层级人数占比获得对应绩效加分奖励，具体评级划分标准如下：

	优秀	良好	合格
初级讲师	10%	20%	70%
中级讲师	10%	20%	70%
高级讲师	10%	20%	70%
绩效积分奖励	3	2	1

第二十二条 内训讲师考核管理

（一）内训讲师的考核周期为一年。考核评定每年进行一次，由集团人力资源部负责统一组织。

（二）集团人力资源部汇总公司内训讲师本次考核周期内的各项信息，包括总授课学时、开发课程学时、年度总体学员满意度调查、内训讲师基本信息等。

（三）集团人力资源部针对汇总内训讲师的考核信息，按等级要求进行考核。

（四）集团人力资源部将考核结果反馈至各讲师及其所在部门，并进行沟通。

第二十三条 内训讲师考核结果由人力资源部发布。考核结果分为通过考核与未通过考核两种情况，积分考核管理结果为"优秀、良好、合格"的视为通过考核，积分考核管理结果为"不合格"的视为未通过考核。通过考核的内训讲师将自动获得当前等级的认证。未通过考核的内训讲师，将进行降级处理。已处于最初一级认证讲师等级的内训讲师，如未通过考核，将取消认证讲师的资格。

第二十四条 认证讲师等级变更。已连续2次通过本等级年度考核，并符合下一级认证讲师任职资格的讲师，可向集团人力资源部申请等级晋升。

经批准后由集团人力资源部进行认证。

第六章　附则

第二十五条　集团有权根据需要随时修改、变更本制度的相关内容，并可以通过电子邮件或在集团办公门户平台公布电子文档等形式告知。

第二十六条　本制度由集团人力资源部负责解释和修订。

第二十七条　本制度自发布之日起试行半年，正式实施。

附件一：《内训讲师申报表》

附件二：《培训需求申请表》

附件三：《内训讲师试讲评审标准》

附件四：《培训项目满意度评估表》

附件一：

内训讲师申报表

姓名		性别		出生年月日	
单位及部门		职位		学历	
毕业院校		所学专业		入公司时间	
现任内训师级别		受聘时间			
申报类别		申报级别			
主要授课经历					
接受过的专业培训 （教学教研相关）					
参与或自主开发 课程情况					
参加公司重大 教学教研活动情况					
本部门/单位意见					
	（签章） 年　月　日				
公司人力资源部审批意见					
	（签章） 年　月　日				

附件二：

培训需求申请表

日期：　　年　月　日

单位		部门		参训对象	
培训类别		参训人数		拟定者	
讲师要求					
培训内容					
希望达成目标					
建议					
备注					

附件三：

内训讲师试讲评审标准

姓名	部门	课程名称	A表合计	B表合计	总分（A×0.6＋B×0.4）

内训讲师试讲评审标准（A表） 教学、辅助（共100分）		
评审项目	评审内容（分值）	得分
仪表、衣着（10分）	仪表端庄（0~5分）	
	衣着得体、简洁大方、体现（0~5分）	
教学能力（80分）	课程有开场白和结束语（0~2分）	
	表达流畅、容易理解（0~4分）	
	教学态度积极、认真（0~5分）	
	有效引导学员，调动课堂气氛，合理互动（0~5分）	
	有效提问学员（0~4分）	
	问题解答简明扼要，切中正题（0~4分）	
	课程结束后强调课程重点（0~2分）	
	课堂讨论与练习适当（0~4分）	
	时间与进度安排合理（0~4分）	
	板书清楚且有条理（0~2分）	
	PPT制作规范（0~4分）	
	课程内容扣题，信息量适中（0~5分）	
	课程内容清晰，无明显错误或模糊（0~5分）	
	有案例，且案例与授课内容关联紧密（0~5分）	
	课程逻辑清晰（0~5分）	
	课程讲授中重点突出（0~5分）	
	准备充分，有助教学（0~5分）	
	知识层面广（0~5分）	
	理论联系实际，课程生动，易于接受（0~5分）	

授课辅助 （10分）	是否使用了视频、音频、动画、演示等教学辅助手段（0~2分）	
	运用辅助手段是否得当（0~4分）	
	视听辅助清楚，易于理解（0~4分）	
A合计		

内训讲师试讲评审标准（B表） 呈现技巧（共100分）		
评审项目	评审内容（分值）	得分
目光 （20分）	A.很少注视学员（0~3分）	
	B.有意识地注视学员，并利用目光给予肯定或回馈（4~10分）	
	C.合理地与学员进行目光接触，经由目光了解学员的课堂反应（11~20分）	
声音 （20分）	A.声音单调，语速单一；发音不清楚；习惯性地发出无意义的声音（有"口头禅"）（0~3分）	
	B.自然地改变速度、音调和音量；发音清楚（4~10分）	
	C.音质清晰，音调、语速变化有加；有效地运用声音改变情绪，加强感情效果（11~20分）	
手势 （20分）	A.肢体僵硬；手势紧张、重复且分散学员注意力（0~3分）	
	B.手势稳定自然；力度到位（4~10分）	
	C.手势与语言配合到位；反映情绪；能加强效果（11~20分）	
表情 （20分）	A.面无表情；几乎没有什么情绪反应，没有微笑（0~3分）	
	B.愉快、舒适；偶尔有微笑；适当地借助表情来反映主题和情绪上的变化（4~10分）	
	C.充满活力和生气；真诚、开怀地微笑；随时借助面部表情表达情绪的变化及强调主题内容（11~20分）	
肢体 （20分）	A.垂头丧气、弯腰驼背、姿势欠佳（0~3分）	
	B.重心位于两脚，抬头挺胸收腹，呼吸控制得当（4~10分）	
	C.轻松自然，在适当的时机合理移动，以调动学员注意力（11~20分）	
B合计		

培训体系建设的8节实战课

附件四：

培训项目满意度评估表

您好！非常感谢您参加此次培训，您真诚的评价和期望是我们追求的动力和方向。烦请您认真填写以下问卷（在您认可的方框内画"√"）衷心感谢您的支持！

课程名称：_____ 培训师姓名：_____

学员姓名（可不填）：_____ 培训时间：_____

课程：

内　　容	很满意		满意		尚可		不满意		很不满意		原因或建议
	10	9	8	7	6	5	4	3	2	1	
1.教学目的是否明确？											
2.课程内容是否清晰？											
3.理论是否与实际结合？											
4.教材等对课程学习的帮助？											
5.讨论、作业、练习等的安排？											

培训师：

内　　容	很满意		满意		尚可		不满意		很不满意		原因或建议
	10	9	8	7	6	5	4	3	2	1	
6.教学准备是否充分？											
7.语言表达清晰、容易理解？											
8.调动课堂气氛调控适当？											
9.问题解答简明扼要有力？											
10.师德风范是否端正？											

培训组织：

内　容	很满意		满意		尚可		不满意		很不满意		原因或建议
	10	9	8	7	6	5	4	3	2	1	
11.培训时间安排合理吗？											
12.培训的教学设施满意吗？											
13.培训的组织满意吗？											

培训服务：

内　容	很满意		满意		尚可		不满意		很不满意		原因或建议
	10	9	8	7	6	5	4	3	2	1	
14.现场服务是否令您满意？											
15.现场环境是否令您满意？											

本课程最精彩的内容：

_____

_____

您的收获：

_____

_____

年底如何向老板说年终奖少了？

如果感觉自己的年终奖低于预期，环境允许的话，可以跟公司内部的朋友私下沟通一下，看是不是大家都比往年低了？如果是比往年都低了，那么就不要吱声了，因为叽叽歪歪也没用。如果大家都没有什么变化，或者比去年高一些，而你的业绩也不差，就要留心了。

跟老板谈年终奖，一定要慎重，不能不管不顾地进门就谈，发脾气摔东西，而是要讲策略和套路。

一般分为五个步骤：

第一步　谈自己过去一年的工作情况

主要谈工作中取得的成绩，哪些成绩对公司有哪些影响等，要说得具体，比如有具体数据的说具体数据，有具体案例的说具体的行为事件，这样保证有理、有据、有节。

这个环节一定要说功劳，不能只说苦劳。苦劳说多了就会让人感觉你是来发牢骚的……

第二步　谈团队和个人的成长

谈完成绩，接着要说说个人和团队的成长。人是要进步的，要不然会被公司和社会淘汰。如果你带大团队，就说说过去一年自己在团队建设和人才发展方面所做的工作，以及取得的成绩，以及对今后的影响等。一定要把这一部分说清楚，因为这是判断一位经理是否合格的关键点之一。

同时，再说说个人通过一年的辛苦工作，在哪些方面取得了突破，能力得到了哪些提升，等等。一个人如果个人不进步，仅要求团队进步是不靠谱的，只有领头人的进步速度快于团队，才是最佳选择。

第三步　谈工作中的问题

工作中一定会存在不足，管理中也会有缺憾，总之人无完人，要认识到个人和团队在过去一年中的成绩，同时也要清醒地认识到欠缺的地方。在跟老板谈的时候，你可以不重点谈，但是最好要点到不足的地方。这样会让人感觉你不是在粉饰太平，而是思路清晰。

当然这个部分也不能占据太大的篇幅，如果说得过于细致，反而会让老板感觉就应该给你少发一点年终奖……

第四步　谈明年的计划

这一步要结合公司下一年大的工作规划展开，不能只是保证局部最优。当然，要把部门承接工作目标的资源条件说清楚，毕竟个人的力量是有限的。要包含人员编制、学习成长、客户需求、内部调整等细节，不会让人感觉是假大空。

第五步　聊聊个人的期望

基于上面的四步，到了关键环节该图穷匕首见了。你个人对于自己过去一年的成绩感觉好还是不好？应该给予什么奖励会比较好呢？

这个时候可以适当地谈一谈了，当然首先要感谢公司领导的培养，其次说说自己的期望。但是最好不要"逼宫"，说说自己或者团队对奖金抱的期望值。不要藏着掖着，毕竟领导也不知道你到底想要多少，你直接说好了。

然后就静等花开吧……

这五步是部门经理跟老板谈奖金的做法，如果是个人的话，步骤也差不多。

8

第八节课

培训项目实施与效果评估

培训项目实施是验证培训设计有效与否的直接手段，只有将学习转化纳入学习过程的培训学习项目，才有可能真正落地。当然学员主管的绩效支持动作是学员行为转化的关键点。如果学习过程完整，学员主管到位，效果评估也就客观、公正了。

本章节学习内容：

- 设计学习的完整过程
- 有效的培训实施
- 训后学习转化的要点
- 培训的评估

一、设计学习的完整过程

回想一下我们曾经参加的学习项目，学习流程是不是这样的：接到培训通知、准备差旅、参加学习、学习结束发放证书、返程。甚至有些学习活动还省去了差旅、发证书和返程的环节，对不对？学习结束后，回到工作岗位该怎么样还是怎么样，学习转化全靠自觉或者听天由命。这样的学习项目能够达成学习目的的不会超过10%（经验数据），或者不会超过10%的人能够在训后转变行为！

从实践的角度看，如果想要提升学习的效果，需要把学习路径做一个优化：

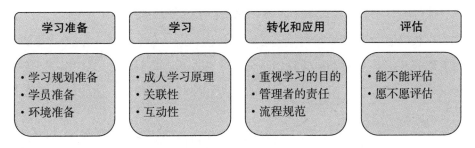

图8-1　学习路径

将学习转化为业务结果，以上四步是非常必要的，它影响着学员运用新知识的能力和意愿，也影响着学习项目的有效性。

1.学习准备阶段

学习准备包括学习规划准备、学员准备和环境准备。学习规划准备要考虑学习活动之前需要做哪些准备，教学活动中要做哪些准备，学习活动结束后要做哪些持续追踪和学习转化的工作。

学员准备的第一方面是知识准备。是指在课程开始之前，学员需要预热或者预习，要给学员发一些阅读资料，让学员提前阅读，初步建立基础的知识储备。

如果学员不具备课程的知识背景，并忽略了学习项目前期准备工作，课程中出意外是正常的现象。

学员准备的第二方面是态度。学员过往的学习体验影响学员参训的态度，如果之前的学习项目都是收获满满，那么学员参训的积极性就会高涨，参与度和配合度也会非常好，课前的预习也会很到位。如果学员之前的培训都是混日子，讲师也对付着授课，那么学员参加培训的态度会比较消极，讲师破冰热场的时间会比较长。如果学员和主管在培训前和培训结束后有关于培训情况的沟通交流，那么学员学习热情和训后的技能应用会比较好。在影响学员学习绩效的诸多因素中，有一半是跟管理者有关的，如果管理者对学习不支持或者持否定态度，学员的学习效果和训后转化意愿会大大降低。另外，把学习项目的介绍跟学员的工作和生活结合起来，能够让成人学习者的学习动机增强。当然，学员的同事对项目的看法也会影响学员的态度。笔者曾经跟国内一家银行的中高层做过系列课程，有学员反映说他的同事很认可我之前授课的内容，觉得比较实用，所以他才报名参加培训的。

一直以来，学习专家把学习等同于一次性的活动：上课+考试。学习管理者更关注学员对于讲师的评估，关注课堂效果，不关注学习转化，这是很有问题的。学习的目标一定是训后的学习转化和业务结果的达成，否则培训的价值会大大降低。

所以，学习完整的过程应该是与管理者讨论、培训准备、培训、管理者跟进、学习转化和应用、培训成果、持续改善。学习务必要带来转变，普鲁查斯卡和迪克勒蒙特提出行为改变的五个阶段：无意识、有意识、准备、行动、维持。

环境准备也就是员工的工作环境，吉尔斯·拉姆勒说过一句名言：天才对抗糟糕的体系，最终获胜的还是体系！学习环境和预期的行为如果不一致，项目就可能走向失败。因为学员会认为，公司说一套做一套。所以，准备阶段除了解学习业务外，还要与管理者合作，营造有利于学习转化的工作环境。

2.学习阶段

学习阶段是学习管理专家最愿意研究的阶段，在这个阶段需要注意以下问题：

- 确保学习内容和过程是围绕着业务结果展开的。
- 回顾和强化阶段一的内容。
- 教学教法要与教学内容匹配。
- 确保学员能够应用所学内容，解决能不能的问题。
- 确保学员理解这样做的结果，解决愿不愿的问题。
- 巧妙地过渡到阶段三。
- 符合成人学习原理。

3.转化和应用阶段

这个阶段要解决以下三个问题：

- 培训就是一次活动，活动结束就结束了。
- 学习管理部门和业务部门对于训后的学习转化都不负责，顺其自然。
- 缺乏完整的培训流程管理系统。

将学习转化纳入学习管理项目是培训学习能够真正落地的根本保证，如果把学习转化的责任在公司的培训管理制度中作了明确的规定，那么学习的效果就有了根本的保证。

4.评估阶段

把评估也纳入完整的学习过程，有几个原因：

- 评估可以带来强大的动力。
- 它为学习项目设定了清晰的目标。
- 评估本身就是一种学习体验。

来自外界的认可可以给学员带来强大的动力。学员需要觉得自己做出了进步并且得到了外界的认可，才能自信地回答"我愿意付出，努力实现改变"并持续付出努力。工作中获得成就感，可以带来更高的生产力、创造力和敬业度。如果员工感觉到他们的努力付出没有价值，他们就会放弃继续努力。《驱动力》一书写道："对于大多数人来说，激励他们出色地完成工作并获得认可的推动力，远比金钱和地位重要。"但是大多数的管理者完全没有意识到认可的重要性，所以他们也不会费心去考虑或者采取行动去支持员工训后的转化。

二、有效的培训实施

1.与业务部门一起策划实施培训班

策划实施培训班的流程如图8-2所示。

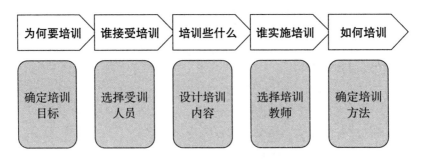

图8-2　策划实施培训班

人力资源部无论是协助还是组织实施培训活动，一定要跟业务部门的领导和受训学员沟通到位，共同策划实施，包括以下几方面内容：

（1）为何要培训，确定培训目标

有时候，即使业务部门提出了明确的培训需求，培训组织方在实施培训前，也要跟需求提出方和受训学员做深入沟通，进一步明确真实需求，确定培训目的的业务导向，以及培训是最佳的解决方案。

（2）谁接受培训，选择受训人员

培训学员的层次是课程设计的出发点。检查受训学员的教育水平、工作年限、工作经验和职务等信息，有利于了解学员的基础和水平。这个内容在前面的课程开发阶段已经阐述得很清楚了。根据学员的层次和基础，以及受训学员的人数去设计教学内容是比较妥当的做法。尤其受训学员的人数有限制的课程，一定要跟受训部门确认好，不能出现培训当天人数暴增的现象。笔者有个朋友就遇到过这样的现象，之前沟通是小班授课，课程当日总经理安排了全员听课，现场来了1000多人，在体育场露天上课，搞得跟演唱会似的。

（3）培训些什么，设计培训内容

确定培训内容是知识、技能还是态度，不同的培训内容所采用的培训方法是不同的。这个事情要跟业务部门沟通到位，因为不同业务领导者有不同的偏好。如果授课的方式跟以往的不同，一定要提前沟通确认，不要在现场出岔子，那可就丢人丢大发了。每次谈完之后，要整理一份备忘录，因为有的经理谈的时候什么都行，等到出结果时，又来个全盘否定。

（4）谁实施培训，选择培训教师

外部讲师还是内部讲师？通用管理类的课程，一般选择外部讲师，如果企业管理规范、规模较大并且有认证的讲师，也可以让内部讲师讲管理类课程；专业技能类培训一般选择内部讲师。需要强调的是，内部讲师一定要从企业内业绩出色的员工中选取，否则示范效果不好，容易被其他员工挑战。这个环节实际上是沟通预算的环节，有些公司培训的预算在各个单位，这个环节要达成共识。

图8-3所示是内外部培训的优劣势分析图：

内部讲师内训		团队外训	
优势	难点	优势	难点
·了解公司	·专业高度	·容易共识	·费用高
·了解业务	·授课水平	·专业授课	·结果保持度差
·成本低	·"脸熟效应"		
代表：新员工培训		代表：拓展训练	
外部讲师内训		单人外训	
优势	难点	优势	难点
·专业高度	·不了解公司	·针对性强	·费用高
·授课水平高	·与讲师配合技巧	·授课水平高	
·成本低			
代表：非人培训		代表：预算管理	

图8-3　内外部讲师优劣势

（5）如何培训，确定培训方法

做系列课程还是单一课程的培训？培训后是否有行为跟踪与辅导？业务

部门经理和培训组织方各承担什么职责？在培训之前沟通到位，有利于训后的学习转化工作。

上述这五个方面，一定要和业务部门保持紧密的沟通，否则会影响培训效果。在第一节课介绍的哈佛大学关于培训重要性的调查中就提到，培训前期、中期、后期各环节最重要的是培训后的主管。

2.授课前准备

（1）授课前准备一共分为四步：

第一步　文档准备

- 日程表。尤其是系列课程，一定要打印日程表发给所有学员，清晰每个环节的时间点和地点。
- 试题和评分标准。培训前要有调查问卷、学员访谈、阅读资料，培训后要有考题，不能只是学员给讲师打分，还得评估学员的学习情况，一般是培训师针对培训的核心内容出一套考试题。
- 讲师及课程简介。讲师介绍和课程简介做得精致一点，不要在用过的打印纸背面打印。

第二步　资料准备

- 培训教材
- 演示PPT
- 案例
- 教学方法脚本

第三步　培训场地及设备准备

- 场地布置。要提前跟讲师沟通是否要分组讨论，分成几组，桌椅怎么排列。
- 所需教学设备。电脑、投影仪、麦克风等的准备。
- 授课道具。笔者曾经碰到一个培训师要求培训场地必须有三层窗帘的情况。

第四步　与学员和讲师沟通

- 学员沟通培训需求。向学员发布培训具体安排和资料，督促其做好学习准备。在培训前一定要跟学员反复强调，以让他们对培训足够重视。

- 问培训师的需求。有的时候培训师比较忙，可能就忘记了授课中需要准备的东西，而这恰恰又是培训中非常重要的部分，会直接影响培训效果，甚至有可能直接导致培训无法正常开展。所以，培训前一定要和培训师沟通清楚。

（2）协助讲师做好授课前的准备

- 讲师关于教室布置要求。如图8-4所示，是笔者培训时最喜欢的教室布置形式，小班授课，一组5~7人，分3~5组，课堂效果最佳。
- 培训道具。课程不同，道具不同，一定要摆放到位。
- 培训过程支持人员。有的是培训师自己带助教，有的是培训组织方提供助教，根据企业对成本的考虑而定，如果企业从外地请的培训师，用老师的助教，还需支付额外的差旅费用。
- 各种演示环境建设。
- 授课用的办公用品。

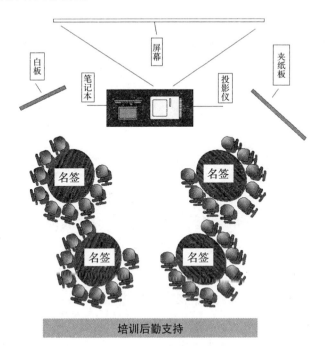

图8-4　培训教室布置

如果期望保证培训效果，就要做好培训前的准备工作。如果是中高层培训，尽量不要安排在企业内的会议室，这样到了休息时间，很有可能有几个培训学员就借故有工作而迟回或干脆不回来了。

（3）准备培训场地及设备的注意事项

培训场地应当能轻松容纳参加培训的所有人员，但不能太大。场地过大，人的精力管理起来会比较困难。要有桌椅，可以摆放培训资料，员工也可以在培训过程中做一些笔记。桌椅的摆放应当随意一些，可以根据教学要求摆放。避免使用大礼堂，这种场地只适合讲授型培训，而且学员很容易走神。

培训场地的照明环境。无论是白天还是晚上，教室里最好都能拉上窗帘，且灯光明亮，避免学员注意力分散。

培训场地的温度环境。例如冬天培训，室外温度很低，但是教室里非常暖和，要提前告知学员，避免学员穿着厚厚的衣服来听课还没法脱。

培训场地的出口。出口尽量安排一个，并且安排在培训师讲台的左侧或右侧，这样如果有学员想在上课的时候走动，也必须在所有学员和培训师的注视下，或多或少能限制住他们走动的意愿。

培训场地与卫生间的距离。距离一定不能太远，如果休息时间15分钟，从培训场地到卫生间的距离也需要步行15分钟，这就不合理了。

（4）后勤准备

在组织规模比较大、时间较长的新员工入职培训班中，后勤准备是一个重要的环节，后勤准备包括：

- 学员住宿。尽量能让大家住在同一家酒店，方便活动安排。
- 餐饮安排，不论安排桌餐还是自助餐，都需要卡好用餐时间。笔者前段时间去一个企业培训时就遇到了意外。培训安排在一个四星级的酒店，当时还有另一个会议也安排在这个酒店。结果到了午餐时间，因为另一个会议的人员用餐早，等笔者的学员去用餐的时候，餐厅已经没饭了，而上课时间又很紧张，这就尴尬了。
- 交通，统一安排还是学员自行安排，要在通知里提前告知。
- 班级会务管理，要选班长和学委。
- 意外事故处理，尤其是室外拓展培训，特别容易出现意外情况，所以要提前想好风险防范措施，提前准备预案。

● 服装，是否要统一。

这些工作看着都是细节，但非常重要。有时候，培训课程逻辑很清晰，培训师讲得也很精彩，可往往就在这些后勤环节出现了问题。

3.组织实施培训班的四个步骤

步骤一 课前检查

● 开通调试投影设备。笔者去异地培训，会提前一天到，如果是在本地培训会提前至少1小时到达培训场地，目的是调试电脑和投影的匹配度以及音响效果。曾经就出现过意外情况，笔者到达异地已经晚上12点多了，只能第二天早上再去会场，可到了现场发现电脑和投影没法匹配，如果当时主办方没有准备备用电脑就麻烦了。

● 播放课前音乐。尽量播放明快的音乐。

● 调测电源、空调等支持系统。曾经出现在闷热的夏天，周末写字楼没有空调冷气，两天课捂出痱子的经历。

● 检查各类教具到场情况。跟培训师保持沟通和在现场提供支撑的未必是同一个人，所以一定要提前按照培训师要求的教具清单再检查一遍。笔者遇到过一个情况，当时笔者要求现场要按鱼骨图来摆放桌椅，可到了现场发现是排排坐，于是笔者和现场支撑人员一起重新摆放桌椅，大清早的忙了一身汗。

● 接受学员报到，发放教材。尽量在进门处安排学员签到。如果是全天培训，要同时安排上午、下午和晚上的签到，以保证较好的出勤率。

● 接待老师。不论是内外部讲师，都要妥善接待，以免出现意外。

步骤二 启动培训班

● 宣布培训正式开始。

● 介绍培训纪律。

● 介绍培训时间安排。

● 介绍后勤保障。

● 介绍讲师基本背景，掌声请出讲师。

如果有可能的话，尽量安排公司老板在培训前讲几句，至少人力资源部负责人或培训负责人要先来个开场发言。

步骤三　课程支持

- 对培训过程中讲师需求进行支持。笔者碰到过一个培训组织方，给台下所有学员都准备了水，唯独没有给培训师准备水。
- 辅助讲师进行教学。这个环节做好了，可以保障教学顺畅进行。
- 了解学员动态和对讲师授课效果的反馈意见。据此系列课程就可以做到及时调整，随时优化。
- 同讲师沟通学员反馈效果，并积极进行推动。

步骤四　结束培训班

- 感谢老师。
- 组织填写调查评估问卷。
- 感谢学员。
- 送别老师。
- 整理会场。

表8-1为培训实施部分的内容。在培训实施的过程中，对培训管理者的要求主要有两点：责任心和细心。

表8-1　培训过程支持表单

培训课程表	☐
培训纪律及培训要求	☐
培训协议	☐
费用预算表	☐
突发事件处理流程	☐
食宿安排表（如果需要的话）	☐
签到表	☐
开课及结束流程	☐
培训效果评估表	☐
考试题及评分标准	☐
讲师及课程简介（供每次授课前介绍用）	☐

要不断地总结和反馈，把每一次的培训当作运作一个小的项目，训后最好能做一次培训项目的复盘，把所有文件整理成项目文档库，以PPT或流程图的形式呈现项目的全过程，这样在日后碰到类似项目时完全可以参照该项目执行。

一个高效能的培训训练（IMPACT）要具备以下几个因素：

- I Interactive 互动的
- M Motivational 激励的
- P Practice 多练习
- A Application 能应用
- C Creative 有创意
- T Touch（EQ）受感动

培训的效果要好，需要多互动，多实战。笔者不建议整个培训过程都是老师一言堂，而是以"轻培训"的形式：老师深入讲清楚一个问题后，让学员现场演练。因为培训的最终目的是带来行为的转变，通过这种形式，将行为转变的环节前置到课堂达成。

三、训后学习转化的要点

天才之所以是天才，是因为他们付出了更多的努力进行练习。披头士之所以如此成功，是因为他们曾经在汉堡的酒吧进行每周7晚、每晚8小时的高度密集的演出。在他们第一次取得成功之前，已经进行了超过1200次的现场表演。莫扎特从4岁开始就比常人多付出百倍的努力进行练习才成为莫扎特的。美国丹尼尔·科伊尔在《一万小时天才理论》一书内讲道："深入练习是个自相矛盾的过程：你竭尽全力向着一个目标奋斗，你会感到能力有限，会犯错，但就是因为你的努力，才使你变得更加机敏。"有目的的练习（刻意练习）在任何人类行为中，都是取得卓越表现的前提。

学习转化是指训后在工作中应用学习内容以实现绩效改善，这个过程也需要深入练习。

1.影响学习转化的因素

经过实际研究发现学习转化失败的因素有以下几类：

学员：

- 目标不清或者没有目标
- 过去的经验影响
- 期望不高
- 动机不强

管理者：

- 缺乏责任共担机制
- 太忙了
- 模糊/矛盾的优先顺序
- 没有认可或奖励

评估：

- 缺乏跟进或评估标准
- 缺乏对目的或成果的质量评估

流程：

- 没有提醒
- 没有支持
- 缺乏跟进
- 没有行动计划

环境：

- 管理者不参与
- 没有应用机会
- 缺乏反馈或反馈不够
- 来自同事的压力

系统：

- 缺乏IT系统跟进
- 过程不具备透明度

2.提高学习转化的系统因素

经过深入研究发现提高学习转化的效果需要做好三个方面的工作：

（1）学员具备应用新技能的能力

- 学员必须具备工作中自我改变的能力
- 学员工作中有机会应用新的技能
- 培训过程中提供了大量练习的环节，学员掌握了技术
- 培训的内容对学员来说是有效的、实用的，跟工作关联度高

（2）学员有应用的动机

- 学员相信应用新技能可以改善绩效的程度
- 学员相信应用新技能改善绩效能够被认可和奖励的程度
- 学员对潜在的奖励和认可的重视程度

（3）学员的工作转化环境

学员主管方面：

- 主管提供反馈和教练的次数
- 学员所感知的主管对学习转化的支持和推动程度
- 学员所感知的主管对学习转化的负面评价程度

学员同事：

- 同事对这种改变的支持和抵触程度

奖惩机制：

- 学员应用新技能获得奖励
- 学员没有应用新技能受到处罚

3.提高管理者支持学员转化的意愿和能力

学员主管是影响学习转化的重要因素，也是学习转化氛围的主要营造者。主管对没有跟进培训项目，给出的最常见的借口是"忙"。当下时代快节奏的工作和生活状态，使每个人都很忙。而对于经理人的"忙"本质上来说，是这件事情不重要。为什么他们会有这样的想法？笔者认为根源在于两个方面：

（1）主管没有从中看到足够的价值

业务领导者往往把时间花费在回报最高的事情上。对那些无关紧要的事情，他们就会选择忽略。如果想让主管积极参与到学习转化的过程中，就必须让他们相信投入更多的时间辅导下属，可以获得更高的回报，只是周期长一些而已，但是可以一劳永逸。

另外，还要让公司的高层意识到，如果一线经理不给员工创造学习转化的氛围，整个项目就成了学习废品。鼓励高层把支持员工发展纳入管理层的年度考核中。

（2）主管能力不足／主管也不会

如果主管对辅导和教练员工没有信心，他们就会躲避或者自我麻痹，觉得自己太忙，没有时间做这件事情。毕竟在下属面前露怯是会让人难堪的。想要解决主管能动性的问题，可以从以下几个方面入手：

提前了解学习项目的内容。如果主管能够在学员之前学习项目的内容，那是最好不过了。笔者在实际培训咨询过程中，确实有这样的经历，先教经理，再教主管和员工。跟领导学习同样的课程，下属的积极性也会大大提高。即使经理不参加培训，如果课前对学习项目的预期业务目标、项目内容、教练方法和预期结果有一个简单了解也是可以的。

提高主管辅导教练的技巧。如果能够给经理们提供辅导和教练的内容，提升他们辅导和教练下属的技巧，在培训的学习转化阶段，能够把当次课程的教练方法提供一个简单的流程给到经理们，他们一定会乐于实施的。毕竟这也是一个建立权威的过程。

4.有三种非常简便的巩固学习效果的方法

（1）复述或者转训

主管在学员参加完培训项目之后，给出一定的时间，请学员准备。然后请学员给部门的同事做一个专题汇报，或者把所学内容向部门同事做一场转训。这样做一方面有利于学员巩固所学知识，另一方面也在更大的范围内传播了知识。

（2）阶段性报告

学员学习结束后，回到工作场所，主管要求学员定期递交阶段性的报告，总结他们学以致用的体验。定期撰写学以致用的报告，会帮助学员完成阶段性的学习转化目标。

（3）训后研讨

重新召集参与培训的学员在一起讨论所学的内容及学以致用的体验，对巩固和转化学习效果是非常有效的。不过要看时间和预算是否允许。如果不能聚在一起，也可以通过微信群、腾讯会议等互联网平台讨论，也能产生不错的效果。

综上所述，有两点非常关键：

- 高层领导的参与，让学习转化支持成为所有经理的工作内容之一。
- 为经理提供必要的教练信息和支持，协助他在培训前后为学员提供教练。

四、培训的评估

1.培训评估的四个关键问题

- 有没有发生变化？
- 这种变化是否由培训引起？
- 这种变化与组织目标的实现是否有积极的关系？
- 下一批受训者完成同样的培训后，是否还能发生类似的变化？

这几个内容实际上是培训的战略目的和直接目的达成得怎样的拷问，真的达成了吗？达成得好吗？能持续达成吗？如果把培训学习项目的活动跟效果在某种程度上关联起来，培训组织的信心就足了。

2.衡量培训效果的几个标准

- 培训结束后的感受
- 个人良好工作习惯的养成
- 良好组织工作习惯的养成

- 企业核心能力培养

- 经济效益提高

这几个内容是任何培训都会关注的，也是培训评估的关键点。

3.培训效果评估

图8-5　培训评估Level1~Level 5

Level 1 反应评估（Reaction）

反应评估的目的是了解受训者对于训练的满意程度。评估衡量对象包括课程主题及目标、时间安排、讲师表达及教学技巧、课程内容及教材品质、场地设备及服务品质，即整个培训的组织。评估课程内容、讲师和组织方。

评估方式可以采用问卷、口头询问和座谈法。

如果用的是外部讲师，在这个环节还可以和讲师沟通一下学员的能力水平和表现情况，哪些学员表现得好，哪些学员表现得不好。这一步对考察干部很有帮助。

Level 2 学习评估（Learning）

学习评估的目的是衡量受训者的学习效能，包括对知识、技能、态度的学习状况。

评估衡量对象包括与课程相关的知识有没有掌握，与课程相关的技能有没有练会，与课程相关的态度有没有转化。这些是培训的目的，也是冰山模型上可以转化的部分。

评估方式可以采用测验考卷、实地操作（例如窗口人员模拟操作）、观察评分和小组研讨。

Level 3 行为评估（Behavior）

行为评估的目的是了解受训者训练后在工作上所应用的行为状况。例如，培训的是电话销售技巧，培训结束后要评估学员是否能够按照讲授的技巧和规范性动作执行。

笔者曾经在一个人力资源大讲堂讲招聘技巧，培训结束一段时间后，一名学员联系我说：邓老师，我按照您在课堂上说的面试邀约话术总结了我们公司的话术，结果面试邀约率提高了30%。这就是很成功的一次培训行为转变。既然受训者的行为转变这么重要，那么在培训结束后，人力资源部一定要向学员所在部门的经理了解情况，因为他们对学员的工作状况最清楚。

评估衡量对象是学习的新行为是否在工作上出现。

评估方式可以采用现场评价、Focus Group（半结构化面谈）、行动计划、IDP（个人成长计划）和360度回馈。

如果评估结果是行为没有发生改变，就再组织一次培训，第二年换个培训题目再培训，培训次数多了也就记住了。

Level 4 成果评估（Result）

成果评估的目的是衡量训练后对组织产生的最终成果。

评估的衡量对象包括数量（例如连锁门店，培训前一个门店的人员配置需要12个人，培训后，人员效率提升，人员配置缩减至10人）、安全（一般生产型企业和金融机构会涉及）和成本（成本有没有降低）。

评估的方式可采用控制组VS实物组、趋势线分析、训练前后比较法、专家评估、当事人评估和主管评估。

例如，在银行窗口办理业务，最好的情况也得排30分钟的队，会让顾客很窝火。如果窗口服务人员经过礼仪培训，对每一个顾客都微笑相迎，说一句"让您久等了"，一般人听到后基本也就按捺住排队时的愤怒了。

所以，成果评估对一线窗口人员较容易，对管理人员或后台人员就相对困难了，因为他们的技能效果很难通过一次课程得到明显的提升。

Level 5 投资报酬率评估（ROI）

投资报酬率评估的目的是了解一段期间内企业投资人才培训的成本效益及投资报酬。

评估的衡量对象包括投入成本 vs. 产生效益，创造价值 vs. 竞争优势。例如，笔者最近在研究 OKR，刚开始导入 OKR 时，因为大家都不会，它的产出效率是低于 KPI 的，只有到了耦合点时，大家逐渐对 OKR 了解了，它的产出效率才会高于 KPI。

评估的方法可采用 Hard Data 和 Soft Data。

培训 ROI 就是培训的投入产出比，指的是每 1 元钱的培训经费投入所获得的收益。曾经有一项对摩托罗拉的调查显示：对员工每投入 1 美元的培训，就能产出 100 美元的收益。

投入产出比 =（总收益 – 总成本）/ 总成本 × 100%

培训 ROI 的价值包括：

- 使我们能够衡量培训对公司业绩的贡献。如果培训后确实带来了业绩的提升，公司领导一定会支持培训的
- 使员工有机会比较并选出最有价值的培训项目。在一次次的培训项目执行后，学员会反馈哪些课程是最有价值和最有用的，久而久之就形成本企业的培训课程体系
- 使培训的方向关注结果而非培训本身
- 证明一项计划中的培训投资是有价值的
- 为将来的培训设定一个基准
- 改变公司高层的固有看法

一般在企业中，只要经营状况出现问题，最先削减的就是人力资源费用，而人力资源费用中最先削减的是培训费用。

培训 ROI 的成本包括：

- 培训项目的设计和改进（内部员工的时间成本，外部员工的支出，现有资料以及其他小额支出）
- 宣传推广支出（内部员工的时间成本，负责推广的外部机构成本，宣传画册及其他小额支出）

- 行政支出（行政部门员工的时间成本）
- 讲师［时间成本，行政费用（如交通、餐饮等费用）］
- 培训资料与设备（资料的印刷成本，设备的租赁成本）
- 学员［时间成本，行政费用（如交通、餐饮等）］

培训ROI的收益包括：

- 人工成本的节省（提高工作效率的培训将会导致员工多出一些，将多出的员工转入新的岗位/任务中去，或减少他们的工作时间）
- 产量增加（因技能的提高、方法的改进提高生产效率，同样的时间有更多的产出）
- 成本的节省（减少机器故障或维修成本）
- 额外的收入（更好地为客户服务，更多的新产品推出，更有效率的内部运营等）

企业经营就是经营客户和经营员工。经营员工要给员工做职业发展规划，最重要的工具之一就是员工能力提升培训。如果企业让员工发展好了，员工会对客户更好，从而提高了客户的忠诚度，达到经营客户的目的。

4. 特殊情况的评估

- 新开发课程：着重于培训需求、课程设计、应用效果等方面，如培训需求的匹配性，课程设计的合理性，逻辑的清晰性
- 新讲师课程：着重于培训方法、培训质量等综合能力方面，如新讲师现场表现情况。讲师是课程的载体，非常重要
- 新培训方式：着重于课程组织、讲义、课程设计、应用效果等方面
- 外聘的培训：着重于课程设计、成本核算、应用效果等方面
- 针对问题、投诉的培训：着重于对问题解决的价值

（1）培训效果评估的六个步骤

- 明确关键产出

这一步要回顾培训的目的，看一下业务结果导向的培训目的（战略目的、直接目的）达成得如何。这一步相当关键，不能只是总结多少人参加了培训，学员给讲师满意度打分如何，不能就想着过关。一定要看学习效果如何，如

果项目发生了改变，需要再次确认成功的标准。所以，结果规划轮的内容在这里需要重新回顾一下。如果前期目标、行为、衡量标准已经确认准确，那么就收集相关数据。

● 设计评估细节

一旦关键产出确认完毕，就可以设计评估过程的细节。包含决定何时收集数据，越早收集数据、越早评估，越有利于项目的持续改善。行为改变属于短期目标，越早观察到越有利，因为行为改变不太受其他因素影响。当然培训真正的目的不是行为，而是行为带来的结果，行为的改变预示着绩效改变。但是绩效改变受到的影响因素太多，有可能短期内很难确认出来是培训导致的。

当然还要选择比较的标准。培训能否改善绩效，需要回答跟谁比是改善的，是跟员工之前比，还是跟未参加培训的员工比。无论如何对比，都要说明合理性在哪里。另外，收集数据的方式和收集数据的类型也要提早确认，不能临时抱佛脚。还要提早筹划你的评估方法和数据收集方法是不是实操的、靠谱的。开始收集数据前，先思考如何分析结果，可以寻求专家的帮助，确保数据可用于分析。

● 收集并分析数据

开始评估前，先思考你会如何分析数据，提前想好你将如何处理负面结果或没有产生效果的项目，因为没有效果的项目始终存在。

● 报告结果

清晰简洁地向管理层汇报评估结论，最好用一页纸的篇幅介绍实施概要，其中包括评估的结果和行动建议。花费了时间、金钱及精力运作的学习培训项目，学习管理部门有义务向出资人汇报他们获得了什么回报，以及项目产生的价值和制订的相应的行动计划。

● 凸显价值

每样东西都有品牌，当然学习管理部门也不例外。品牌来自人们的看法和观点，所以有效地宣传和推广评估结果，对建立品牌至关重要。如果不给学习产品做宣传的话，别人就不知道它的价值。

● 持续改善

花时间进行反思，观察环境，寻找潜在的威胁和机遇。能否持续改善是区分卓越企业与一般企业的重要标志。

（2）培训报告的样板

模板　培训报告

1. 导言
2. 方法和流程
3. 评估结果
4. 投入与产出比
5. 培训反馈
6. 参考意见
7. 培训结论
8. 附录

再看如图8-6所示的培训相关工作重要性的调查。第一位是培训后的主管，第二位是培训后的学员，第三位是培训前的学员，第四位是培训前的主管。这意味着，我们在构建企业培训体系和组织培训时，一定要盯住学员和学员的主管。

（请用1~9来表示各项重要性的程度，1代表最重要，9代表最不重要）

	学员	讲师	主管
培训前	3	5	4
培训中	6	7	9
培训后	2	8	1

注：哈佛大学针对70余家机构的专家所做调查的结论。

图8-6　培训工作重要性调查

附件：

训后的绩效支持——经理必知

一、什么是绩效支持

绩效支持是指一切可以帮助员工始终在正确的时机做正确的事的行动。它可以是一张检查清单，也可以是一套嵌入式的绩效管理电子系统。绩效支持的内容包括自动修正错误（如拼写检查）、专为特定目的设计的工具等。绩效支持的形式可以是材料、系统，也可以是人——同事、经理、专家等。

绩效支持的优劣是由任务的性质、工作环境以及工作内容决定的。我们应该寻找最简单、性价比最高的解决方案，避开那些过度设计的内容。如果一张简单的纸质清单就能解决问题，那么就没必要考虑其他解决方案了。

二、实施绩效支持的最佳时机

- 尝试掌握一种新工序或新技能
- 执行不常用的工序
- 执行涉及过多步骤或因素的复杂任务
- 工序经常改变
- 工作很简单，没有时间或需求进行培训
- 失误会导致严重后果或巨额代价

三、绩效支持的类型

绩效支持的类型和形式无穷无尽，唯一的限制就是我们的创造力和提供绩效支持的意愿。最常见的绩效支持包括：

- 提醒
- 步骤指导
- 流程图和决策树
- 模板

- 检查清单
- 视频或演示
- 教练
- 信息库
- 专家帮助

四、什么是优秀的绩效支持

由于绩效支持的目标是推动工作绩效，所以，如果员工在工作中有需要，不管工作的时机和环境如何，都应该能够轻松、快速地获得所需支持。这时，我们需要选择一种最佳的绩效支持形式和传输机制。例如，如果在工作中使用手机有风险，或者工作禁止员工使用手机，那么手机应用程序就不能发挥作用。再如，如果你的网络出现问题，那么就不能利用在线搜索功能来解决问题。所以，我们应尽量多用嵌入式说明。例如，附在汽车蓄电池电缆上的使用说明，肯定比埋在一堆用户手册里的说明更常用。

专一。优秀的绩效支持都是为了满足特定目的而设计的。它是一种记忆辅助，而不是对问题、事件或理论的概述。"好的检查清单……非常准确。它不会包含无关信息——我们不可能照着一张检查清单就学会开飞机。检查清单应该只提供最关键、最重要的步骤。"

实用。绩效支持的目的是帮助人们正确、高效地完成工作。我们在设计和测试绩效支持的时候，应该考虑到目标用户可以支配的时间和资源。

清晰。工作辅助和其他形式的绩效支持必须清晰直观，便于目标用户理解。例如，酒店里给非母语员工提供的工作辅助几乎都是示意图。

节约。绩效支持必须在两方面做到节约：低成本、少字数。绩效支持只能提供完成工作所需的必要信息：不能多，也不能少。如果员工需要花时间才能找到需要的信息或者要点，绩效支持就失去了它的意义。

有效。不管是哪种绩效支持，都必须在实际工作环境中发挥作用。我们提供的绩效支持应该代表最佳应用规范。检查绩效支持有没有用的唯一方法就是测试。"在测试工作辅助样本的时候，我们总能发现许多没有考虑到的问题。"只有经过测试、修改，并且通过经验和建议不断完善的工作辅助才是最好的绩效支持。

及时更新。企业和个人必须不断学习和适应才能保持竞争优势，绩效支持系统也需要不断进化和完善。这是因为环境在改变，新的最佳实践不断涌现。电脑支持系统的优势之一就是可以比较方便地进行及时更新。

所以，培训材料必须根据工作内容"量身定制"，这样才是有效的绩效支持。"绩效支持的嵌入化程度越高、越直观、越具体，执行者从中获得的结果越高，越有可能再次选择这类支持。"

职场上遇到领导老是拿着鸡毛当令箭，这种情况该如何处理？

职场上遇到领导老是拿着鸡毛当令箭，这句话本身就有问题。

你的领导难道做部门和业务管理非得要拿个东西做依靠吗？人家手里有岗位职权，让你做什么工作你干就好了！不愿意服从领导安排，那你可以选择离职或者调换个部门，何必在那里愤愤不平呢？

在职场上，我们经常见到很多人对自己的领导这个不满、那个不满，有时候甚至反目成仇，但就是不离职，相互仇恨。这是一种病态啊！

一、要有服务好自己领导的能力

客观地想一下：在企业上班，你的领导就是你最大的客户，他决定你的升职，还有心情的愉悦程度。既然这样，你为什么不把你的领导服务好呢？！

经常听一些年轻人说自己的领导这也不好、那也不好，难道领导的领导没有鉴别能力吗？客观地讲，显然不是！

那么如果是这样，你就应该踏踏实实地按照领导安排把工作做好！

你的领导做你的岗位工作的时候，从常理上讲，应该是比你要高效的，毕竟人员的晋升主要的依据还是业务能力、绩效成绩和价值观认同。

二、彼得原理

彼得原理是美国学者劳伦斯·彼得（Dr. Laurence Peter）在对组织中人员晋升的相关现象研究后得出的一个结论：在各种组织中，由于习惯于对在某个等级上称职的人员进行晋升提拔，因而雇员总是趋向于被晋升到其不称职的地位。彼得原理有时也被称为"向上爬"理论。

这种现象在现实生活中无处不在：一名称职的教授被提升为大学校长后无法胜任；一个优秀的运动员被提升为主管体育的官员后，导致无所作为。

对一个组织而言，一旦部分人员被推到其不称职的级别，就会造成组织的人浮于事，效率低下，导致平庸者出人头地，发展停滞。

将一名职工晋升到一个无法很好发挥才能的岗位，不仅不是对本人的奖励，反而使其无法很好发挥才能，也给组织带来损失。

三、要学会帮助领导

彼得原理的存在会让一些下级觉得自己的领导是笨蛋。即使做领导不太称职，你也需要尊重，让你来做那个岗位，未必会比你的领导做得好。

正确的做法是帮助领导迅速适应新的岗位，做出成绩，继续提升！

一般情况下，如果一个部门的老员工不服领导的安排，会导致部门工作效率低下，业绩产出差。时间长了部门领导承担领导责任被调离，但是新领导绝对不会在部门内部产生，一定会从外部招聘或者从其他单位调过来。

新来的领导即使不带信任的下属过来，了解一个部门也需要时间，这样也会影响你的发展速度。所以，正确的做法是大家共同努力，把业务做好，让部门的领导越来越称职，继续晋升，然后新的领导也会顺其自然地在本部门中产生。

后 记

　　《培训体系建设的8节实战课》的第一稿是在2018年完稿的，当时是我的助理根据我的培训系列微课的课程录音整理的。2020年，突如其来的新型冠状病毒感染的肺炎疫情打乱了工作节奏，笔者在2月完稿了第三本专业书籍《业务领导者的人才管理课》的写作。5月工作刚刚步入正轨，6月北京新发地又暴发了疫情。于是我把精力投入到《培训体系建设的8节实战课》创作中。在此期间，书稿写作了第二稿和第三稿，审核了两稿。

　　回想从2017年7月到2020年7月的四年时间，我在授课咨询之余总共写了四本书：《招聘的8节实战课》《绩效管理的8节实战课》《业务领导者的人才管理课》《培训体系建设的8节实战课》。这四本书是我的授课课程体系中的四门课程。每一门课程都是我工作经验积累的结果，每一本书都是对课程的升华，其中的快乐与收获只有我最懂。

　　《培训体系建设的8节实战课》作为我第一轮创作的收官之作，三稿二审（我的写作习惯，向出版社提交稿件之前自己写三稿审核两稿）之后长出一口气。如释重负之余，又有些不知所措，好像写作成了生活中的一部分。我的自媒体粉丝已经突破了20万，在今日头条、微信公众号等自媒体上逐渐打造了一个自我IP——人力资源实战邓玉金，这也算是四年创作的另一个收获了。

　　经过近30年的发展，国内企业培训业务慢慢地被二线、三线城市的企业管理者所接受。之前我的线下课程基本上都集中在一线城市，最近几年二线、三线城市的企业需求量慢慢占到了60%的比例。在课量放量的同时，社会对于内外部讲师的需求量增加了，要求提高了，所以最近几年兼职讲师和自由讲师逐渐成为一个欣欣向荣的职业方向。在授课的过程中，确实能够感受到学员的学习热情。这也进一步激发了像我一样既愿意授课又有责任感和使命感的讲师们的工作热情。

写本书的目的是拓宽培训知识和技能的宣传面。在授课的同时，能够感受到学员的热情和学习的热情，但是面对面的授课影响面毕竟就是那些听课的学员，即使我每年可以讲100天课，每节课有40人，连续讲20年，也就能影响80000人。所以，我从2014年开始做在线直播课程，2017年开始做自媒体，并出版书籍，目的是把自己所掌握的知识和经验的积累传播出去，影响更多的经理人，让他们少走弯路。当然本书最想影响的一波人是企业的培训管理者。我在书中一直强调业务结果导向的培训学习活动，培训工作来源于企业业务战略。但是真正有战略思维的HR少之又少，不是大家不想那样做，而是没有能力、没有机会接触到业务工作，也不太可能跟公司的战略拟定者们有深入的沟通和互动。所以年轻人在工作之初的5~10年只能有活干活，有事做事。响应性的工作做多了，不去追究为什么这样做，结果就是工作效果一般，甚至为了培训而培训，如果培训管理者执行力还比较强的话，一定会搞得怨声载道。一旦出现纰漏，就会成为"背锅侠"。

《培训体系建设的8节实战课》一书共八章，从理论和实践的角度阐明了企业开展培训业务需要关注的事项，从学习准备、开展学习活动、学习转化和评估改善的全流程对企业培训学习做了阐述，注明了关键点和操作注意事项。每次实施培训学习活动之前，培训组织者重读一遍此书，一定会有不同的收获。当然由于我的知识和经验的缘故，本书还有很多不完善、不严谨的地方，希望在以后的实践中逐步完善。

写书的过程痛苦并快乐着，其中的艰辛只有做过此事的人才能明白。一年写一本书，四年积累下来，我的第一轮创作告一段落。非常感谢身边的亲人和朋友的鼓励与支持，感谢助理和编辑老师的支持！感谢读者朋友们的大力支持！

2020 年 7 月 18 日星期六

邓玉金

于北京

培训体系建设的8节实战课

图书在版编目(CIP)数据

培训体系建设的8节实战课／邓玉金著. －－北京：
中国法制出版社，2021.12
ISBN 978-7-5216-2271-3

Ⅰ.①培… Ⅱ.①邓… Ⅲ.①人力资源管理－职工培
训－教材 Ⅳ.①F243

中国版本图书馆CIP数据核字（2021）第229505号

策划编辑：潘孝莉

责任编辑：刘 悦（editor_liuyue@163.com） 封面设计：汪要军

培训体系建设的8节实战课

PEIXUN TIXI JIANSHE DE 8 JIE SHIZHANKE

著者／邓玉金

经销／新华书店

印刷／三河市国英印务有限公司

开本／710毫米×1000毫米 16开 印张／20.25 字数／400千

版次／2021年12月第1版 2021年12月第1次印刷

中国法制出版社出版

书号ISBN 978-7-5216-2271-3 定价：69.00元

北京市西城区西便门西里甲16号西便门办公区

邮政编码：100053 传真：010-63141852

网址：http://www.zgfzs.com 编辑部电话：010-63141822

市场营销部电话：010-63141612 印务部电话：010-63141606

（如有印装质量问题，请与本社印务部联系。）